삶이 묻다

삶이 묻다

초판 1쇄 발행 2016년 3월 2일
초판 2쇄 발행 2018년 3월 25일

지은이 이상원 이관직
펴낸이 장대윤

펴낸곳 도서출판 대서
등록 제22-2411호
주소 서울시 서초구 방배동 981-56
전화 02-583-0612 / 팩스 02-583-0543
메일 daiseo1216@hanmail.net

디자인 참디자인

ISBN 979-11-86595-16-9 (03230)

* 책 값은 뒤표지에 있습니다.
* 잘못된 책은 교환하여 드립니다.

이 책은 신 저작권법에 의하여 한국 내에서 보호받는 저작물이므로 무단 전재와 무단 복제를 금합니다.

삶이 묻다

이상원 · 이관직 지음

도서
출판 **대서**

추천사

본서를 다음과 같은 이유로 기쁘게 추천합니다. 첫째, 생활신앙인으로서 주님을 배우고 닮아가려는 이들의 생활 밀착적인 질문에 대한 구체적인 응답을 다루고 있습니다. 삶의 온기가 느껴지는 질문과 그에 대한 적절한 응답은 독자들로 하여금 주님께로 더욱 가까이 나아갈 수 있도록 도와줍니다. 실사구시의 책입니다. 제시되어 있는 질문 하나 하나는 일생에서 경험하는 우리 자신의 질문이기도 합니다.

둘째, 마치 사사시대를 살아가는 것처럼 영계가 혼란스러운 때에 인격적으로 또한 사역적으로 존경받는 검증된 저자들의 땀의 열매이기에 책의 무게와 안정감을 제공합니다.

이미 알려진대로 공동저자 이상원 목사님과 이관직 목사님은 총신대학 신학대학원에서 후학을 양성하는 교수로서 그 치열한 학문성과 인격의 고매함으로 존경받으시는 우리 시대의 석학이십니다. 수많은 이론과 유행이 명멸하는 때에 결코 흔들리지 않는 성경의 원리에 세워진 본서의 내용은 읽는 이로 하여금 삶의 중심을 잡게 할 것입니다.

셋째, 윤리학과 상담학의 시너지 효과를 경험할 수 있습니다. 학문은 그 자체로 고유한 영역과 지향점이 설정되어 있기 마련입니다. 또한 이 사실 자체가 한계를 의미하기도 합니다.

그런데 두 분 교수님은 전공의 영역을 뛰어 넘어 독자들에게 향합니다. 이러한 결단은 독자를 사랑하는 마음이 그 바탕이 되었기 때문이라

확신합니다. 어떻게 하든지 독자들로 하여금 엉켜있는 삶의 실마리를 풀어낼 수 있도록 사랑이 녹아 있는 삶의 대안을 제시하려고 두 분이 따뜻한 마음을 모은 것입니다. 자칫 한 우물을 집요하게 파헤치는 학자로서 가질 수 있는 딱딱한 이미지를 두 분이 서로의 손을 잡음으로 학문간의 간극을 뛰어넘는 온기를 느끼게 합니다.

넷째, 일선 목회자로서 목양할 때 성도 양육에 요긴한 도움 교재로서 가치가 크기 때문입니다. 개인 상담과 소그룹인도 그리고 심방을 통한 다양한 목회현장에서 담임목회자의 지도와 격려와 함께 본서를 성도들의 손에 들려주면 심층 심방의 열매를 거둘 수 있으리라 기대됩니다. 일상에서 경험하는 삶의 문제는 각각 독립적인 것 같지만 실상은 얽히고설킨 문제입니다. 가정에서 경험하는 문제는 사회문제로 이어지는 것처럼, 한 인격이 경험하는 다양한 삶의 국면은 거기에 반응하는 인격적 훈련과 세계관에 따라 확연히 달라질 것입니다.

본서에서 제공하는 성경적 원리를 바탕한 다양한 경험과 검증된 사례는 문서로 다가오는 탁월한 멘토로서 독자를 이끌어 줄 것입니다. 모든 성도에게 도움이 되겠지만, 특히 청년들의 손에 들려주고 싶은 마음은 저만의 생각은 아닐 것입니다. 기다리던 또 한 권의 성경적이며, 신학적이며, 생활중심적인 좋은 책이 우리 곁으로 다가온다는 사실이 큰 기쁨이 됩니다.

오정호 목사 (새로남교회/ 미래목회포럼 이사장)

CONTENTS
목차

추천사 • 5
저자 서문 • 9

제I부: 윤리학의 관점에서 본 삶의 문제들

1. 원치 않는 아이 낳아야 하나요? • 15
2. 성도들 간의 돈거래는 바람직하나요? • 22
3. 십일조를 해야 하나요? • 29
4. 교회출석과 주일성수를 반드시 해야 하나요? • 37
5. 기독교인이 복권을 사도 되나요? • 45
6. 온라인 헌금은 바른 헌금방법인가요? • 53
7. 바른 직업선택의 기준은 무엇인가요? • 61
8. 기독교인은 보험에 들면 안 되나요? • 69
9. 성도는 건강에 어느 정도 신경을 써야 할까요? • 77
10. 사별한 목회자가 재혼해야 할까요? • 85
11. 교역지의 목회자의 사례비를 책정하는 원칙은 무엇인가요? • 93
12. 교회공사수주를 교인에게 맡기는 것이 바람직하나요? • 105

제II부: 상담학의 관점에서 본 삶의 문제들

13. 이기적인 교인들을 어떻게 이해할 수 있나요? • **115**
14. 자녀를 꼭 낳아야 할까요? • **125**
15. 가까운 교회로 옮기는 것이 이기적인 행동인가요? • **134**
16. 타종교 재단이 운영하는 학교에 자녀를 보내도 되나요? • **142**
17. 불신자와 결혼해도 될까요? • **150**
18. 혼전 성관계 경험을 배우자에게 고백해야 하나요? • **163**
19. 성도가 꿈을 어떻게 이해해야 하나요? • **175**
20. 혼인신고하지 않고 살면 안 되나요? • **186**
21. 잘못을 인정하지 않는 부모를 용서해야 하나요? • **197**
22. 도움이 필요한 성도를 어떻게 도울 수 있나요? • **203**
23. 상습적인 가정폭력자 교인을 어떻게 도울 수 있나요? • **211**
24. 상기실식하는 교인을 어떻게 도울 수 있나요? • **221**
25. 치명적인 암 환자의 임종을 어떻게 도울 수 있나요? • **230**

저자 서문

모세는 신명기 전 장에 기록되어 있는 자신의 고별설교에서 이스라엘 백성들에게 "너는 마음을 다하고 뜻을 다하고 힘을 다하여 네 하나님 여호와를 사랑하라"(신 6:5)고 명령한 다음 바로 이어서 이렇게 덧붙였습니다. "오늘 내가 네게 명하는 이 말씀을 너는 마음에 새기고 네 자녀에게 부지런히 가르치며 집에 앉았을 때에든지 길을 갈 때에든지 누워 있을 때에든지 일어날 때에든지 이 말씀을 강론할 것이며 너는 또 그것을 네 손목에 매어 기호를 삼으며 네 미간에 붙여 표로 삼고 또 네 집 문설주와 바깥문에 기록할지니"(신 6:6-9). 이 두 본문을 연결하여 읽을 때 얻게 되는 다양하고 풍부한 교훈들 가운데 하나는 하나님을 향한 전인적인 사랑(6:5)은 아주 구체적이고 사소한 사안(길을 갈 때, 누워 있을 때, 일어날 때, 손목, 미간, 문설주, 바깥 문)에서도 드러나야 한다는 것입니다. 그렇습니다. 현대 그리스도인들이 빠지는 오류들 가운데 하나는 거시적으로는 자신 있게 신앙을 고백하면서도 미시적으로 들어가면 그 신념이 실종되어 버린다는 것입니다. 그 결과 그리스도인의 삶이 속빈 강정처럼 되어 버립니다. 바른 그리스도인의 삶이란 미시적이고 구체적인 현실 속에서 하나님의 뜻을 찾고 적용하고 실천하려는 몸부림과 노력이 귀납적으로 건실하게 쌓여 간 후에 때 자연스럽게 드러나는 결과물입니다.

이 책에 실린 글들은 2014년과 2015년의 2년에 걸쳐서 월간지인 「목회와 신학」에 매월 게재되었던 것들로서, 현대사회의 미시적인 구체적인 현실들을 하나님이 원하시는 뜻대로 살아내는 것이 무엇인가를 찾아내기 위하여 전개한 깊고 정밀한 기도와 성찰과 고민의 흔적을 모은 것들입니다. 이 글에서 다룬 사안들은 거의 대부분 현대 기독교인들이 판단과 결정에 어려움을 겪는 것들입니다. 그러나 하나님은 그리스도인들이 어떤 상황 속에서 이러지도 못하고 저러지도 못한 채 항상 머뭇거릴 수밖에 없도록 자신의 뜻을 불명확하게 계시하시지는 않으셨습니다. 우리가 기도하고 성경말씀을 오류가 없는 하나님의 살아계신 말씀으로 진지하게 받아들이고, 우리가 처해 있는 상황들에 대한 연구를 성실하게 지속한다면 하나님이 원하시는 방향은 명료하게 드러나게 되어 있습니다.

이 글은 두 범주로 나누어 배열되어 있습니다. 제I부는 기독교윤리학의 관점에서 현실 속에서 제기되는 사안들에 대하여 분석하고 결단과 실천의 방향을 제시하고자 노력한 글들이며, 제II부는 목회상담학의 관점에서 같은 노력을 한 글들입니다. 현실 속에서 제기되는 문제들에 대하여 이 두 학문분과의 접근과 분석과 방향제시를 한 책 안에서 같이 보여주는 것은 독자들의 균형 잡힌 이해와 판단에도 상당한 도움이 되리라고 봅니다. 왜냐하면 기독교윤리학은 규범적인 학문으로서 옳고 그름을 예리하게 분별해내고 이상적인 방향제시에는 능숙하지만 어려움을 만난 사람들을 따뜻한 마음으로 보듬는 면에서는 취약할 수 있는 반면에, 목회상담학은 곤경을 만난 사람들을 따뜻하게 이해하고 위로해 주는 일에는 뛰어나지만 아픈 곳을 도려내고 단호하게 규범적인 방향제시를 해야 할 때 머뭇거릴 수 있기 때문입니다.

윤리학의 관점에서의 분석과 방향 제시는 총신대학교 신학대학원에서 기독교윤리학을 담당하고 있는 이상원이 맡았고, 상담학의 관점에서의 분석과 방향 제시는 동 신학대학원에서 목회상담학을 담당하고 있는 이관직이 맡았습니다. 이상원과 이관직은 동 신학대학원 졸업 동기이자 오랜 친구로서 이 책을 공저했다는 점에서도 의미가 있습니다. 이 글들은 대체로 성도들에게 유익한 글들과 목회자들에 유익한 글들로 구성되어 있지만 두 유형의 글들이 모두 성도들이나 목회자들에게 필요한 글들이기 때문에 따로 구분은 하지 않고 배열했습니다.

지난 2년간 소중한 지면을 할애하여 글을 연재할 수 있도록 허락한 「목회와 신학」 담당자들에게 감사를 드리며, 또한 흔쾌하게 출판을 허락해 주신 대서출판사 장대윤 사장님과 편집을 위하여 수고하신 편집부장과 직원들께도 감사드립니다. 아무쪼록 이 책이 성도들과 목회자들이 바른 그리스도인의 삶을 이해하는데 작지만 유익한 도움이 될 수 있기를 바라면서 서문을 대신합니다.

2016년 1월 28일
공동저자 이상원 이관직

제 I 부
윤리학의 관점에서 본 삶의 문제들

1
원치 않는 아이 낳아야 하나요?

> 20대 후반의 여성입니다. 3년째 교제하던 남성과 혼전 성관계를 가졌고 얼마 전 임신을 했어요. 임신 소식을 알렸지만 그는 결혼도 하기 어려운 형편에 무슨 아이냐며 낙태를 권합니다. 결혼 계획은 없으니까 아이를 낳을 거면 혼자 키우라고 하네요. 원치 않는 아이를 낳는다면 저도 그렇지만 태어날 아이도 힘들고 불행한 삶을 살 것 같아요. 어떻게 하면 좋을까요?

남자와 여자가 만나 사랑을 하고 사랑의 결실이 결혼, 출산으로 이어지는 것은 가장 바람직한 삶의 경로라고 할 수 있겠지요. 이런 삶의 경로에서는 아기의 생명 존엄성과 부모의 행복이 조화를 이루며 상호 상승 작용을 합니다. 그러나 타락한 세상에서 이 조화는 빈번하게 깨지곤 합니다. 조화가 깨지는 데는 타인의 입장보다 자기 입장을 중시하는 이기주의, 왜곡된 도덕적 판단력, 이윤과 효율성이라는 이념의 지배를 받고 있는 사회, 약자를 위한 제도적 장치의 미비 등의 이유가 복합적으로 깔려 있습니다.

"낙태가 정당한지"의 문제는 태아의 인간 생명으로서의 가치와 부모의 행복이라는 가치가 충돌을 일으킬 때 제기되지요. 배 안에 있는 아이가 아무리 소중해도 임산부의 행복 추구에 '장애'로 등장할 때 갈등이 일어날 수 있습니다. 임산부가 아기를 장애로 여기는 경우들로 다음과 같은 사례들을 생각해 볼 수 있습니다.

첫째, 부부가 아기를 키울 만한 건강과 경제력과 시간적 여유가 있음에도 불구하고 육아를 부담스럽게 느끼는 경우. 둘째, 건강에 이상은 없지만 경제적·시간적 여건이 여의치 않는 경우. 셋째, 언젠가는 결혼하려는 미혼 커플이 혼전 성관계를 즐기다가 아기를 갖게 됐지만 아직은 육아에 재정과 시간을 할애할 수 없는 경우. 넷째, 결혼 계획이 없는 연애 상대와 성관계를 갖다가 원치 않는 아기를 갖게 된 경우. 다섯째, 성추행을 당해 임신을 하게 된 경우.

자매님의 경우는 네 번째에 해당하겠군요. 이외에도 더 세분화된 경우들이 있겠지만 이 다섯 가지가 원치 않는 임신의 표준적인 사례들이라고 할 수 있습니다. 이중 아기의 인간 생명 가치와 임산부의 행복이라는 가치가 가장 강력하게 충돌하는 경우는 넷째와 다섯째 경우로, 임산부는 미혼모로, 아이는 사생아로 남은 생애를 살게 됩니다.

행복추구권보다 생명 보존이 우선

아기의 생명권과 임산부의 행복추구권이 충돌할 때 문제의 핵심은 "어느 편에 손을 들어줘야 하는가"일 겁니다. 성경을 보면 답은 분명하죠. 아기의 생명권입니다. 마태복음 16:26절을 읽어보십시오. "사람이 만일 온 천하를 얻고도 제 목숨을 잃으면 무엇이 유익하리요 사람이 무엇을 주고 제 목숨과 바꾸겠느냐." 여기에는 두 개의 가치가 등장합니다. 하나는 인간의 목숨이고 또 하나는 천하입니다. 여기서 말하는 목숨은 신체적 생명을 가리키고 천하는 인간이 이 세상에서 얻을 수 있는 모든 가치 또는 행복의 총체를 가리킵니다. 예수님은 천칭 한쪽에 '인간의 신체적 생명'을, 다른 한쪽에 '이 세상에서 얻을 수 있는 행복의 총체'를 달을 때 절대적으로 '인간의 생명' 쪽으로 무게가 기운다고 말씀하십니다.

인간이 세상에서 얻을 수 있는 모든 가치의 합(合)보다 한 인간의 생명 존엄성이 더 무겁다는 것은 기독교 생명 윤리의 대원칙입니다. 하나님은 인간의 생명을 죄에서 해방하고 죽음에서 살려내기 위해 천하를 합한 것보다 더 소중한 성자 하나님의 생명을 십자가 위에서 희생시키셨습니다. 한 아기의 생명은 임산부가 누릴 수 있는 어떤 행복의 총합보다 무거운 가치이며 따라서 어떤 경우에도 태아의 생명을 임산부의 행복을 위해 희생시키는 것은 기독교 윤리적으로 정당화될 수 없습니다. 뱃속 아이의 생명권을 희생시킬 수 있는 유일한 경우는 임산부의 생명권과 충돌이 일어나는 경우뿐이지요.

예컨대 임산부가 자궁암처럼 치명적인 병에 걸렸다고 생각해봅시다. 이때 임산부를 치료하면 아기의 생명이 위태로워지고 아기의 생명을 살리려다 보면 임산부의 생명이 위태로워질 수 있겠지요. 이런 상황에서라면 임산부의 생명을 살리기 위해 뱃속 아기의 생명을 희생시키는 선택을 하게 됩니다. 자궁외임신이나 무뇌아의 경우에는 아기가 어차피 죽을 수밖에 없는 상황이고 게다가 이 상태를 방치하면 임산부가 죽게 되므로 불가피하게 임신 중절 수술을 해야 할 것입니다.

낙태를 염두에 두는 사람이라면 "뱃속 아이가 영혼을 가진 살아 있는 인간인가?"라는 질문을 할지 모르겠습니다. 뱃속 아기가 임산부의 장기 가운데 하나라면 낙태가 큰 문제 되겠느냐고 생각할 수 있을 겁니다. 저는 여기서 기독교 생명 윤리의 사도신경적인 전제를 제시하고 싶습니다. 이 전제에 따르면 수정이 이뤄지는 순간부터 그 수정체는 영혼을 가진 살아 있는 인간이 됩니다. 즉 수정 직후 이뤄지는 잉태의 순간부터 영혼을 가진 인간의 생애가 시작되며 모든 유형의 낙태는 초기든 중기든 후기든 모두 살인 행위가 되는 것입니다.

수정이 곧 생명의 시작

"수정이 이뤄지는 순간을 인간 생명의 시작점으로 봐야 하는 근거가 무엇이냐"고 물어보실 수 있겠네요. 저는 우선 시작이라는 시점이 반드시 '불연속성'을 특징으로 한다는 점을 언급하고 싶습니다. 다시 말해서 생명의 시작점 이전에는 영혼을 가진 살아 있는 인간의 특징이 전혀 나타나지 않다가 이 시점 이후에는 영혼을 가진 살아 있는 인간의 특징이 나타난다는 것이지요. 수정 시점이 철저히 불연속적이라는 사실을 유전학적 · 생물학적 · 성경적 · 교회사적으로 설명해드릴까요?

우선 유전학적으로 보자면 한 인간의 유전자 구성이 최초로 확립되는 순간은 바로 수정이 이뤄지는 순간입니다. 유전자는 수정 전 혼돈 속에 있다가 수정 순간 그 구성이 확립되는데 이때 확립된 유전자 구성은 죽는 날까지 유지됩니다.

둘째, 생물학적으로 봤을 때 생명체의 특징은 자기 복제와 단백질 생성인데 이 두 작용은 수정이 이뤄지는 순간부터 시작됩니다. 정자와 난자가 각기 독립적으로 있을 때는 이런 작용이 일어나지 않습니다.

셋째, 성경에서도 잉태의 순간부터 뱃속의 생명체를, 영혼을 가진 살아 있는 인격적 주체로 다룹니다. 가령 다윗은 태아 상태에 있던 자기 자신을 가리킬 때 '나'나 '너'처럼 영혼을 가진 인격적 주체를 가리키는 인칭대명사를 사용했고(시 51:5) 엘리사벳의 뱃속에 있던 세례 요한은 예수님을 잉태한 마리아가 오는 것을 보자 성령으로 충만해 뛰놀았습니다(눅 1:41). 이처럼 잉태의 시발점은 수정 순간입니다.

넷째, 교회사적으로도 살펴볼 수 있습니다. 아리스토텔레스는 남아의 경우 잉태 40일째 되는 날에 영혼이 몸 안에 들어오고 여아의 경우는 90일째 되는 날 들어온다는 주장을 폈는데 이는 생물학적인 근거에 따랐다기보다 단순히 명상 가운데 얻은 사변적 통찰이었습니다. 이 주장은 유대교에 들어와 신약성경 시대에 40일설, 90일설을 확산시켰습니다만 초대교회 교부들은 성경에서 이런 판단의 근거를 도무지 발견할 수 없었습니다. 오히려 성경이 잉태의 순간부터 태아를, 영혼을 가진 살아 있는 인간으로 보고 있음을 명확히 발견하게 됐지요. 그래서 그들은 40일설, 90일설 대신 잉태설을 주장하기 시작했습니다. 중세 시대에는 토마스 아퀴나스가 아리스토텔레스의 철학을 받아들여 신학을 구축했기 때문에 40일설과 90일설이 지배적이었습니다. 그러나 성경에 충실했던 루터와 칼뱅은 잉태설이야말로 올바른 성경적 관점임을 재발견하고 40일설과 90일설 대신 잉태설을 채택했습니다. 그리고 현미경이 발명되고 정자와 난자의 존재가 확인되면서 수정이 이뤄지는 시점부터 살아 있는 인간이 존재하게 된다는 관점이 생물학적으로 확립됐습니다.

낙태하지 말아야 할 그 밖의 근거들

다행스럽게도 로마가톨릭교회는 모든 신학적·윤리적 문제들에 대해 토마스 아퀴나스의 입장을 철저하게 추종하면서도 인간 생명의 시작점 문제에 있어서만은 낡은 사변적 생물학에 근거한 이론이라는 이유로 40일설과 90일설을 거부하고 수정란설을 채택하고 있습니다.

뱃속의 아기가 영혼을 가진 살아 있는 인간이요, 따라서 낙태가 살인 행위라는 이유 외에도 임신 중절을 하지 말아야 할 근거가 몇 가지 더 있습니다.

우선 원치 않은 아이를 임신한 가장 극단적인 상황, 즉 강제로 성추행을 당해 임신한 경우를 생각해봅시다. 성추행을 당했다는 사실이 낙태를 정당화하는 근거가 될 수 있을까요? 아닙니다. 뱃속의 아기가 성추행을 한 장본인은 아니기 때문입니다. 뱃속 아기도 잉태되기를 스스로 원했던 건 아닙니다. 임산부와 마찬가지로 피해자 입장에 있습니다. 보복을 한다면 성추행을 한 장본인에게 해야시 아기에게 하는 것은 보복의 표적을 잘못 설정한 것입니다.

둘째, 대부분 사람들은 사생아를 낳아 키우는 삶을 불행할 것이라고 예단하는 경향이 있습니다. 물론 사생아를 낳아 평생 키우는 것은 여러 모로 어려울 수 있겠지요. 그러나 이는 쉽게 단정할 문제가 아닙니다. 오히려 미혼모는 인간 생명을 포기하지 않고 살려내 키운다는 도덕적 자부심으로 삶의 의욕을 가질 수 있고 남들보다 더 친밀하고 애틋한 모자 관계를 형성하며 기쁘고 즐거운 순간을 자녀와 함께 경험할 수 있습니다.

원치 않는 아기를 가졌더라도 그 아기를 외면하지 않고 열 달간의 수고와 주변의 따가운 시선을 감내하며 끝끝내 한 생명을 성인으로 키워내는 삶은 극히 숭고하고 의미 있는 삶이요, 강도 만난 이웃을 외면하지 않고 치유한 선한 사마리아인 같은 사랑의 실천입니다. 살아 계신 하나님을 믿음으로 바라본다면 아이 키우는 데 아무리 큰 어려움이 찾아온다 할지라도 기도를 통해 하나님의 도움을 얻을 수 있을 것입니다. 한 생명을 소중히 여기는 그 마음가짐으로 아이를 키운다면 하나님께서 모든 필요를 헤아리고 그분만의 풍부한 지혜와 경륜으로 인도하시지 않겠습니까.

원치 않는 아이를 키우는 부담에서 벗어나고 싶은 마음은 충분히 이해합니다. 특히 어린 청소년기에 성추행을 당했다거나 성적 욕구와 호기심을 이기지 못해 충동적으로 성관계를 가진 후 임신을 하게 된 경우라면 더더욱 아이 키우는 일이 부담으로 다가올 것이며 더 쉽게 낙태를 고려하게 되겠지요. 그러나 낙태가 생명을 죽이는 심각한 죄라는 사실을 기억하십시오.

직접 키우는 것이 어렵다면 낙태반대운동연합이나 홀트 아동복지회 같은 기관에 의뢰하는 방법도 생각해볼 수 있습니다. 이런 기관들은 출산 직후 아기를 바로 데려감으로써 어린 임산부의 육아 부담을 덜어주는 제도적 장치를 잘 마련해놓고 있습니다. 또 기관 내에서 아이들을 책임감 있게 키우거나 적극적으로 입양을 추진해 아이들이 더 좋은 환경에서 성장할 수 있도록 돕고 있습니다. 비록 사생아로 태어나더라도 한 인간으로서 살아갈 기회는 반드시 줘야 할 것입니다.

아마도 자매님이 임신 중절을 생각하는 중요한 이유 중 하나는 미혼모나 사생아를 위한 제도적 장치가 충분치 않다는 현실 때문일 것입니다. 미혼모는 결혼하기가 상대적으로 쉽지 않고 취업 기회도 일반 여성보다 현저히 적지요. 사생아는 따돌림과 상처 속에서 힘겹게 살아가는 처지가 되기 쉽고요. 이런 어두운 사회 현실이 자매님에게 큰 두려움과 불안으로 다가와 낙태를 생각하게끔 할 것입니다. 핀란드 같은 나라만큼은 아니더라도 이제 국내에도 정부와 시민단체, 교회가 미혼모 육아에 대해 연대 책임을 짊어지는 방향으로 나아가고 있습니다. 미혼모도 다른 주부들과 마찬가지로 직장 생활을 하고, 사생아도 다른 아이들과 똑같은 대우를 받으며 성장할 수 있는 제도적 장치들이 미비하게나마 마련되고 있습니다. 생계와 육아 부담을 덜어주는 기관들의 도움을 받을 수 있고 무엇보다 교회와 성도들, 하나님으로부터 위로와 지지를 얻을 수 있을 겁니다. 천하보다 귀한 한 생명의 가치를 기억하고 주님 앞에서 부끄럽지 않은 선택을 하시기 바랍니다.

2
성도들 간의 돈거래는 바람직하나요?

> A와 B는 교회 안의 같은 구역에서 교회생활을 해 온 집사들로서 친한 사이입니다. 어느 날 A가 사업자금에 긴급히 필요하다면서 1년 후에 갚기로 하고 2000만원을 빌려 갔습니다. B는 같은 성도의 입장이고 절친한 친구사이임을 고려하여 이자도 생각하지 않고, 또 차용증 같은 것도 없이 돈을 빌려 주었습니다. 그런데 A의 사업이 잘 풀리지 않아 1년 후에 돈을 갚을 수 없는 형편이 되었고 B도 경제사정이 악화되어 돈이 필요한 형편이 되었습니다. 이로 인하여 A와 B는 서로 얼굴을 보기가 민망하고 서먹한 사이가 되었습니다. B는 친한 성도들 간에 돈거래를 하는 것에 대하여 회의가 들었습니다. 성도들 간의 돈거래는 해서는 안 되는 것일까요? 한다면 어떤 방법으로 해야 할까요?

모세 시대와 같은 비교적 단순한 구조를 가지고 있었던 고대의 신정적 사회에서는 종교와 정치-경제가 통합되어 있었습니다. 그러나 사회가 구조적으로 고도로 분화된 현대 사회에서는 양상이 사뭇 달라져 있습니다. 물론 인간의 삶이란 언제나 유기적인 하나의 통합적인 틀 안에서 진행되는 것이므로 분화된 현대사회에서도 교회생활과 정치-경제생활은 긴밀하게 연결되어 있습니다. 교회생활도 제대로 운영되려면 교회정치가 필요하고 경제적 뒷받침이 되어야 합니다. 또한 원활한 교회생활은 정치-경제생활이 원활하게 이루어지는 것을 도와줍니다. 그러나 고도로 분화된 현대사회에서는 교회생활과 정치-경제생활은 유기적으로 연관되어 있으면서도 두 영역이 성격과 기능에 있어서 어느 한 영역으로

환원될 수 없는 차이와 독특성을 가지고 있습니다. 교회생활의 일차적인 목적은 하나님께 예배를 드리며, 하나님이 주시는 말씀을 통하여 죄사함과 새 힘과 새 지침을 받으며, 성도의 교제를 통하여 서로를 위로하고 격려함으로써 영혼의 영적인 안녕을 도모하는 데 있습니다. 정치-경제생활의 주 목적은 일상의 삶의 관계적이고 재정적인 터전을 확립하는 데 있습니다. 만일 정치-경제적 요소가 교회생활이 그 고유한 목적을 추구하고자 할 때 장애물이 된다면 유보되어야 하며, 종교적인 요소가 정치-경제생활의 주 목적을 추구하는데 장애물이 된다면 역시 유보되어야 합니다.

돈 거래는 비상상황이 아니면 절제하는 것이 바람직

교회 안에서 성도들 사이에서 이루어지는 돈 거래는 특별한 비상한 상황이 아니면 절제하는 것이 바람직합니다. 성도들의 불완전성과 돈 거래 그 자체가 지니는 속성 때문에 자칫하면 교회생활의 고유한 목적을 추구하는 일이 심각하게 방해를 받고 성도의 교제 자체가 깨어질 위험이 있기 때문입니다.

첫째, 우선 돈을 빌려 가는 경우에는 반드시 그 조건으로서 미래의 어느 일정한 시점에 돈을 갚겠다는 약속을 맹세에 가까운 수준으로 하게 마련입니다. 그러나 미래에 벌어질 일을 예측하는 것은 매우 어렵습니다. 인간은 한 치 앞의 미래조차도 들여다 볼 수 없도록 만들어진 존재입니다. 또 돈이라는 것은 언제나 누군가로부터 받아내야 하는 것인데, 사람의 마음이 워낙 변수가 많고 그 사람이 처하게 되는 상황도 변수가 많기 때문에 계획했던 대로 돈을 획득하는 것이 쉬운 일이 아닙니다. 따라서 미래에 어느 시점에 돈을 갚겠다는 약속은 십중팔구는 지키지 못하는 경우가 많습니다. 약속을 지키지 못하면 당연히 돈을 빌려 준 사람과 빌려간 사람의 관계는 손상 받을 수밖에 없습니다.

둘째, 이처럼 약속이 지켜지지 않을 때 돈을 빌려 준 성도가 스데반과 같이 완전에 가까운 신앙인품의 소유자라면 돈을 갚지 않는 성도와의 관계를 유지시킬 수 있을 것입니다. 그러나 현실적으로 볼 때 대부분의 성도들의 신앙인품은 그렇게 완전하지 못합니다. 대부분의 성도들은 신앙의 정도가 깊지 않기 때문에 돈을 빌려간 사람이 제 때에 돈을 갚지 않으면 화가 나고 마음에 상처를 받기 일쑤입니다. 이렇게 되면 성도의 교제가 심각한 손상을 입게 됩니다.

셋째, 마땅히 돈을 빌릴 수 있는 장치가 없었던 고대사회와는 달리 현대사회는 합법적으로 돈을 빌릴 수 있는 은행이라는 기관을 이용할 수 있는 길이 열려 있습니다. 또 마이너스 통장도 있어서 일정한 금액을 빌려 쓸 수도 있습니다.

그러나 성도들 사이에서 돈을 빌려 주고 빌리는 관행을 100퍼센트 차단하는 것은 불가능합니다. 불가피하게 돈 거래를 하지 않을 수 없는 비상한 상황이 있을 수 있습니다. 이때는 어떻게 해야 하는가? 이 문제를 해결하는 방법은 돈을 빌려주는 행위에 대하여 모세의 율법이 제시한 지침을 검토해 보는 것입니다. 모세의 율법은 이스라엘 백성들이 돈 거래를 할 수 있다는 점을 전제하고 지침을 제시합니다. 모세의 율법은 돈을 빌려 주는 경우를 두 가지로 나누어 각각 다른 해결책을 제시합니다.

첫째, 모세의 율법은 출애굽기 22장 25절, 레위기 25장 36절, 신명기 23장 19절에서 동족인 이스라엘 백성에게 돈을 빌려 줄 때는 이자를 받지 말라고 명령합니다. 이 가르침과 연동되어 있는 것이 희년제도입니다. 희년제도는 50년째가 되면 금액의 고하를 막론하고 무조건 빚을 면제해 줄 것을 명령합니다.

둘째, 신명기 23장 20절을 읽어 보면 타국인에 대해서는 이자를 받고 돈을 빌려 주는 것을 허용했습니다. 왜 이런 차이가 나는 것일까요? 동족 이스라엘이 돈을 빌려가는 경우는 기본적인 생계문제를 해결하기 위한 생계형 대부였던 반면에, 타국인이 돈을 빌려가는 경우는 이윤을 남길 것이 충분히 예상되는 상황에서 이루어지는 일종의 투자였습니다. 생계형 대부의 경우는 돈을 빌려간 사람이 빌려간 돈을 생계문제 해결에 바로 쓰기 때문에 빌려 간 돈을 가지고 이윤을 남길 수가 없었습니다. 따라서 이 경우에는 이자를 받지 못하도록 했습니다. 그러나 투자형 대부의 경우는 이윤을 남길 것을 경제적으로 확실하게 계산한 후에 빌려가는 것이기 때문에 남긴 이윤 가운데 일부를 이자로 받도록 했습니다. 이 두 지침의 배후에 깔려 있는 원리는 생계형 대부는 시은(施恩)의 마음으로 하라는 것이고, 투자형 대부는 공정한 계약의 원리에 따라서 하라는 것입니다.

생계형 대부는 시은의 마음으로

모세의 율법이 제시한 이와 같은 지침들을 참고하여 우리는 불가피한 상황에서 성도들 간에 돈을 빌려 주고 빌려갈 때 두 경우를 구분하여 각기 다른 태도로 접근할 필요가 있다고 판단됩니다. 우선 성도들 간에 생계형 대부를 해야 할 때가 있습니다. 다시 말해서 성도들 가운데 너무 가난하여 생계를 유지하는 것이 어렵고, 은행에서 돈을 빌리려고 해도 신용이 뒷받침되지 않아서 돈을 빌릴 수가 없고, 불신자들에게 도움을 요청하는 것은 훨씬 더 힘든 상황에서 동료 성도들에게 도움을 요청해야 하는 절박한 성도들이 있을 수 있습니다. 또 경제적으로 넉넉하지 않은 상황에서 가족들 가운데 한 사람이 상당한 치료비를 요하는 진료를 받아야 하는 형편에 처한다든지, 학교에 입학을 했는데 등록금을 마련할 길이 막막한 상황에 처하여 도움을 요청할 수가 있습니다. 동료 성도들이 삶의 막다른 골목에 갇힌 상태에서 생계형 대부의 형태로 어렵게 돈을 빌려 달라고 요구할 경우에는 돈을 빌려 주는 것이 바람직하다고 판단됩니다. 단, 이 경우에도 몇 가지 조건을 고려할 필요가 있습니다.

첫째, 우선 성도들이 모두 신앙인품이 완전한 자들이 아니라는 점이 고려되어야 합니다. 단순히 측은히 여기는 마음으로 본인이 감당하지 못하는 수준의 도움을 제공하는 것은 나중에 돈을 빌려준 사람을 오히려 시험에 빠뜨릴 우려가 있습니다. 따라서 돈을 빌려 주고도 자기 생활에 지장이 없을 정도의 범위 안에서, 빌려 준 것에 대하여 마음으로 버겁게 느껴지지 않는다면 빌려 주는 것이 좋습니다. 만일 자기 자신의 재정 상태가 빌려줄 만한 형편이 안 되고 빌려 준 후에 마음으로 감당하기가 어렵다고 판단되면 조금 냉정하게 느껴지더라도 처음부터 단호하게 거절하는 것이 좋습니다.

둘째, 또 한 가지 유의할 점은 돈을 빌려 주는 성도는 상대방이 돈을 갚아야 한다는 점을 분명히 하되, 마음속으로는 돈을 되돌려 받지 못할 가능성까지도 각오하고 있어야 한다는 것입니다. 돈을 돌려받지 못한다 하더라도 돈을 빌려간 성도와의 교제가 깨지지 않도록 해야 합니다. 그리고 돈을 빌려간 성도의 형편이 계속 호전되지 않을 경우에는 희년의 정신을 생각하면서 적절한 시기에 돈을 갚지 않아도 된다는 뜻을 전달하는 것도 좋은 방법입니다. 왜냐하면 생계형 대부는 시은의 마음으로 해야 하는 것이기 때문입니다.

셋째, 마지막으로 이 경우에는 절대로 이자를 받으려고 해서는 안 된다는 점입니다. 회수를 한다 해도 원금만 회수하고 마무리해야 합니다.

투자목적의 대부는 공정한 계약의 정신에 따라

다음으로 성도들 간에 투자 목적으로 돈을 빌려주고 빌려가는 경우입니다. 이 경우는 상대방이 동료 성도라는 점이나 상대방에 대한 시은의 마음을 일단 유보하고, 냉정한 태도로 민법이나 상법상의 제반 규정을 충분히 숙지하여 공정한 계약의 정신에 따라서 돈을 주고받는 것이 바람직합니다. 물론 이 경우도 개인적으로 돈을 빌리는 것 보다는 은행에서 대출을 받는다든가, 주식의 형태로 자금을 조달하는 것이 더 좋은 방법입니다. 그러나 부득이하여 개인적으로 돈을 주고받아야 할 때는 법적으로 유효한 차용증을 주고받아야 하고, 일정한 이윤도 지불할 것까지 명시해야 합니다. 투자 목적의 대부의 경우는 현대의 고도로 발달된 경제 관련 법규들과 원칙들이 잘 다루고 있기 때문에 이 장치들을 최대한 숙지하고 이용하는 것이 안전합니다. 예를 들어서 성도들 간이라 할지라도 집을 사고 팔 때나 전세로 들어갈 때 철저하게 법적 절차에 따라서 진행해야 하는 것과 같습니다. 교회의 가르침은 생계형 대부의 경우에는 적절하게 활용할 수 있으나, 위험부담이 따르고 고도의 경제적 수완과 기술을 요하는 기업 활동이나 무역활동을 위한 투자형 대부를 다루기에는 적절하지 않습니다.

투자형 대부의 경우에 기업이나 무역활동에 실패하여 계약을 제대로 지키지 못하는 상황에 처할 경우에는 어떻게 해야 할까요? 불신자들은 이 경우에 문제들을 법정으로 가지고 가서 해결하는데, 기독교인들도 그렇게 해야 할까요? 네! 법정으로 가지고 가서 해결하는 것이 바람직합니다. 그 이유로 세 가지를 지적할 수 있습니다.

첫째, 우선 투자형 대부의 경우 큰 돈이 오고가는 경우가 많은 상황에서 문제가 발생하면 이 문제를 개인적으로 해결하는 것이 매우 어렵습니다. 십중팔구 돈을 빌려 간 사람과 빌려 준 사람 사이에 돌이킬 수 없는 심각한 상처를 입고 관계가 파탄날 수 있습니다.

둘째, 교회 지도자나 교회법은 일반적인 도덕법적 차원에서는 방향 제시는 할 수 있을 것입니다. 그러나 교회 지도자에게는 이 문제를 해결하는 데 필요한 전문적인 지식과 능력이 부족하며, 교회법도 관련규정이 거의 없거나 너무나 허술합니다.

셋째, 교회만이 하나님이 세우신 기관이 아니라 일반법정도 시민들

사이의 정치-경제적 갈등을 해소하고 공정하고 조화로운 인간관계가 유지되도록 하기 위하여 하나님이 세우신 일반은총의 기관이며, 재판관들은 이 문제를 해결하기 위하여 특별한 훈련과 전문적인 식견을 갖춘 자들로서 하나님으로부터 위임을 받은 자들입니다. 물론 고린도전서 6장 1절에서 8절까지에서 바울은 성도들 사이에서 벌어진 재정사고를 일반법정에 가지고 가서 해결하고자 하는 시도를 비판했습니다. 그러나 이 권고는 당시 소송사건과 고린도의 로마법정의 특수성이라는 지평 안에서 이해되어야 합니다. 당시 소송은 대부분 돈이 많은 탐욕스러운 부자들이 돈을 빌려가고 제 때에 갚지 못한 가난한 하층민들을 대상으로 제기했습니다. 그리고 대부분 금액도 큰 것이 아니었고 소소한 것이었습니다. 이 돈은 시은의 성격을 가진 돈이었습니다. 게다가 로마의 민사법정은 부정부패의 온상이었습니다. 돈이 많은 부자들은 돈으로 재판관들을 매수하여 거의 모든 판결이 부자들이 원하는 방향으로 이루어졌습니다. 바울은 이처럼 시은의 차원에서 해결해도 되는 사안들을 부자들이 법정으로 가지고 가는 것이 못마땅했고, 게다가 부자들과 재판관이 비열하게 결탁하여 가난한 자들을 착취하는 타락한 법정의 도움을 받는 것이 더 못마땅했던 것입니다. 이와 같은 특수한 상황에서 일어난 일을 문맥을 고려하지 않고 일반화시키는 것은 신중을 기할 필요가 있습니다. 누군가로부터 빌려간 돈을 받아 내는 일 그 자체가 성도들 간의 인격적인 교제를 치명적으로 망가뜨릴 수 있습니다. 따라서 이 일을 하나님이 세우신 전문기관에게 맡기면 성도들의 인격적인 교제가 치명상을 입는 것을 상당히 완화시키면서 문제를 해결할 수가 있습니다.

3
십일조를 해야 하나요?

> 경제적으로 어려운 교인이 있습니다. 교회에서는 십일조를 우선순위로 떼어놓으라고 하지만 도저히 그럴 형편이 안 되는 분입니다. 가끔은 순종하겠다며 빚을 내 헌금을 하기도 합니다. 순종의 마음과 의무감 그리고 현실적인 여건 사이에서 갈등하는 그분에게 어떤 말로 권면하면 좋을까요?

위의 질문이 설정하고 있는 상황에서 고민하는 성도의 문제는 세 가지로 요약될 수 있습니다. 첫째는, 경제적 형편이 어려워서 일상생활 자체가 힘겨운 상황 속에서도 반드시 십일조에 해당하는 금액을 떼어내어 헌금으로 드려야 하는가? 둘째는, 십일조는 돈이 없을 경우에 빚을 내면서까지 준수해야 할 헌금원리인가? 셋째는, 십일조의 명령은 의무감을 가지고 시행해야 할 명령인가? 이 질문들은 십일조에 대한 성경의 가르침에 대한 충분하고 바른 이해가 부족하기 때문에 나오는 것들입니다. 신구약에 제시되어 있는 십일조와 헌금에 대한 가르침을 바르게 이해하면 이런 문제들은 자연스럽게 해소될 수 있습니다. 따라서 이 글에서는 먼저 성경 전체에 제시되어 있는 십일조에 대한 가르침을 문맥과 구속사의 맥락 안에서 소개함으로써 십일조에 대한 성경상의 가르침의 전체적인 틀이 어떤 것인가를 제시한 후에 이 틀 안에서 위에서 제기된 문제들에 대하여 답변하는 방법으로 글을 풀어 가려고 합니다. 특히 십일조에 대한 성경적 가르침을 바른 신학적 전망 안에서 깊이 연구한 문헌으로서

김인환, 『십일조신학: 십일조 생활 어떻게 해야 하는가? 성경적 이해와 적용』(서울: 총신대학교출판부, 2010)을 읽으실 것을 추천합니다. 이 글은 이 책에서 많은 도움을 받았음을 밝혀 둡니다.

아브라함과 야곱의 십일조, 자발적인 감사 표현

인간이 일을 하는 가장 중요한 수단인 손가락이 열 개라는 점은 고대 인류사회의 문화를 형성하는 데 큰 영향을 끼쳤습니다. 고대 근동문화에서 숫자계산을 할 때 십진법이 사용된 것이라든가 고대근동의 왕국들이 세금이나 종교적인 헌금을 거둘 때 십분의 일을 거두는 관행이 좋은 예들입니다. 십일조를 헌금으로 드린 최초의 사례는 창세기 14:17-24절에 등장합니다. 이 본문에 따르면 아브라함은 롯을 구해내는 전쟁에서 승리한 후에 당시 살렘 왕이자 여호와 하나님의 제사장이었던 멜기세덱에게 전쟁에서 얻은 전리품 중에서 십분의 일을 드렸습니다. 전리품 중에서 십분의 일을 신전을 관할하는 제사장에게 바치는 것은 당시 이방왕국에서 통용되던 관습이었습니다. 다른 왕국사람들이 자기 신에게 십분의 일을 바친 것처럼, 아브라함은 여호와 하나님에게 승리에 대한 감사의 표현으로서 십일조를 드렸습니다. 아브라함이 바친 십일조는 세 가지 특징을 지니고 있습니다. 첫째, 하나님이 십분의 일을 바치라고 요구하신 것이 아니라 아브라함이 자발적으로 십분의 일을 드렸습니다. 하나님은 어떤 헌금의 기준도 제시하지 않으셨습니다. 다만 하나님께 어느 정도 헌금을 하는 것이 좋을까를 고민하던 아브라함이 당시 이방사회에서 십분의 일을 드리는 것을 본받아서 십분의 일을 드린 것입니다. 둘째, 아브라함은 미래의 축복을 받아 내려는 목적으로 드린 것이 아니라 이미 받은 축복에 대한 감사의 표현으로 드렸습니다. 셋째, 아브라함은 전 재산의 십분의 일을 드린 것이 아니라 전리품의 십분의 일을 드렸습니다. 다시 말하자면 벌어들인 소득의 십분의 일을 드렸다는 뜻입니다.

두 번째 십일조에 대한 기록은 창세기 28:10절에서 28절까지 나옵니다. 이 본문에 보면 야곱이 브엘세바에서 떠나 하란으로 향하여 가던 중 꿈을 통하여 하나님을 만난 후에 그 곳 이름을 벧엘이라고 명명하고 일어나서 하나님 앞에 서약하는 장면이 나옵니다. 야곱은 하나님이 하란 생활을 무사히 끝내고 고향집으로 돌아올 수 있도록 인도해 주시면 감사의 표현으로서 하나님이 주신 모든 것에서 십분의 일을 드리겠다고 서약합니다. 야곱의 십일조서약은 두 가지 특징을 보여 줍니다. 첫째, 이때도 하나님은 야곱에게 십일조를 바치라는 요구를 하지 않으셨습니다. 십일조를 바치겠다는 서약은 철저하게 야곱이 자원하여 행한 자발적인 것입니다. 둘째, 그러나 야곱이 십일조를 바치기로 서약을 한 뒤에는 상황이 달라집니다. 야곱이 서약을 한 이후에는 십일조를 바치는 것은 마땅히 해야 할 의무가 되었습니다. 아마도 이때부터 야곱의 후손들에게는 야곱이 서약한 대로 십일조를 바쳐야 하는 의무가 전통이 되어 내려 온 것 같습니다. 하나님 앞에서 한 서약은 반드시 지켜야 합니다.

모세 시대부터 십일조 의무화

세 번째로 십일조에 관한 규정이 등장하는 곳은 레위기 27:30-33절입니다. 이 본문에서는 십일조에 관한 규정이 서약을 다루는 내용 가운데 포함되어 있습니다. 이는 야곱의 십일조 서약이 모세시대까지 전통으로 유지되어 왔음을 뜻합니다. 하나님은 이 본문에서 십일조 서약을 공식으로 승인하고 모든 이스라엘 백성들이 지켜야 할 의무로 선언하십니다. 이때부터 이스라엘 백성들은 십일조를 의무적으로 하나님께 드려야 했습니다. 아브라함과 야곱에 의하여 자발적으로 시작된 십일조가 모세에 의하여 강제적인 의무로 전환되었습니다. 이 본문의 십일조 규정에서 두 가지 특징에 주목할 필요가 있습니다. 첫째, 하나님은 십일조를 여호와의 성물이라고 선언하셨는데(레 27:30), 이 말의 의미는 십분의 일은 하나님의 것이고 나머지는 사람의 것이라는 뜻이 아닙니다. 고대 근동의 제사의식이나 이스라엘의 제사의식에서 십분의 일은 전체를 대표하는 것이므로 십분의 일이 하나님의 것이라는 말은 전체가 다 하나님의 것임을 뜻합니다. 십분의 일을 헌물로 바치는 행위는 모든 것이 하나님의 것임을 고백하고 기억하는 것을 뜻합니다. 이것이 바로 헌금의 정신입니다. 헌금을 드릴 때 우리는 우리가 가진 모든 것이 하나님의 것이요, 따라서 하나님의 뜻에 따라서 사용할 책임이 있음을 고백하는 것입니다. 둘째, 본문 32절에 보면 "모든 소나 양의 십일조는 목자의 지팡이 아래로 통과하는 것의 열 번째의 것마다 여호와의 성물이 되리라"고 되어 있습니다. 이 말은 목자의 지팡이 아래로 소나 양을 지나게 하여 열 번째 되는 소나 양을 십일조로 바치라는 말이므로 소나 양의 숫자가 열 개가 채 되지 않은 경우에는 십일조를 드려야 하는 의무로부터 면제된다는 뜻입니다. 이 말은 소유한 산물이 너무 작은 가난한 자들은 십일조를 드리지 않아도 된다는 뜻입니다.

네 번째로 십일조에 관한 규정이 등장하는 곳은 민수기 18장 20절부터 32절까지입니다. 이 본문은 다시 두 부분으로 구성됩니다.

첫째, 20절에서 24절까지는 백성들이 드리는 십일조는 레위인의 생활비로 주도록 되어 있습니다. 이스라엘 백성들이 가나안 땅에 들어갈 때 다른 지파에게는 땅이 분배되었으나 레위인에게는 땅을 분배해 주지 않았습니다. 따라서 레위인들의 생계는 열지파가 십일조를 드리는 것으로 해결하도록 했습니다. 둘째, 25절에서 32절까지는 레위인이 십일조를 받은 다음에 받은 돈에서 다시 십일조를 떼어서 성막에서 일하는 제사장들에게 주도록 했습니다. 이처럼 십일조는 제사에 관련된 일에 전념할 수 있도록 하기 위하여 땅을 부여받지 못한 레위인들의 생계를 지원하고 성막이나 성전에 관련된 비용을 충당하는 목적으로 사용되었습니다. 이 말을 현대적으로 해석하면 십일조는 교역자들과 교회의 운영에 필요한 경비를 충당하는데 써야 한다는 것을 의미합니다.

다섯 번째로 십일조에 관한 규정이 등장하는 곳은 신명기 12:1-19, 14:22-29, 26:12-15절입니다. 신명기 12:1-19절에서는 이스라엘 백성들이 제사를 드리기 위하여 모일 때 음식을 만들어 먹는 일에도 사용하도록 했습니다. 특히 신명기 14:22-29절에서는 3년차에 드리는 십일조는 전액을 공동체 안에 있는 가난한 사람들을 위하여 사용하도록 특별히 규정했습니다. 14:29절과 26:15절에서는 십일조를 드리는 자들에게 하나님이 범사에 축복해 주신다는 사실을 분명히 했습니다.

구속 사역 완성 후 십일조의 제도보다 정신 강조돼

이상에서 살펴 본 것처럼 하나님이 십일조제도가 이방관습으로부터 기인한 것임에도 불구하고 이스라엘 백성 안에서 공적으로 허용하신 이유는 이 제도의 시행이 하나님을 예배하는 일을 재정적으로 도와 줄 뿐만 아니라 분깃이 없는 레위인들과 가난한 사람들을 경제적으로 도와줌으로써 이스라엘 공동체를 하나님을 바르게 섬기는 공동체로 만들 뿐만 아니라 평등하고 정의로운 공동체로 만드는 일에 기여할 수 있는 제도였기 때문입니다. 따라서 십일조는 하나님을 향한 사랑과 이웃을 향한 긍휼, 그리고 평등을 추구하는 정의의 마음을 제도적으로 표현한 것이며, 인간의 모든 소유는 하나님의 것임을 고백하는 것입니다.

그러면 십일조는 신약시대에도 그대로 유지되는 것일까요? 마태복음 23:23절에서 예수님은 십일조 그 자체를 반대하시지 않고 다만 바리새인들이 구약성경이 규정한 것보다 더 철저하게 십일조생활을 하면서도 십일조의 근본정신인 사랑과 정의의 마음을 잃어버린 것을 책망하셨습니다. 예수님이 십자가 위에서 구속사역을 성취하시기 전까지를 옛 언약의 시대라고 하는데, 옛 언약의 시대에는 십일조제도가 그대로 유지되었습니다. 아직 성전제사가 진행되고 있었고, 이 제사를 위하여 레위인들이 일을 하고 있었기 때문입니다.

그러나 예수님이 십자가 위에서 구속사역을 완성하신 후에는 십일조제도가 보다 풍부한 새로운 헌금제도로 발전되어 갑니다. 십일조제도는 모세의 율법 가운데 의식법에 속해 있는데, 의식법은 예수 그리스도의 구속사역이 완성된 이후에는 문자 그대로 지킬 필요는 없는 법입니다. 바울은 십분의 일을 바치는 형식에 매이지 않고 십일조제도에 담긴 정신을 살려내는 데 집중했습니다. 우선 고린도전서 16:1절과 2절에 보면 "매주 첫 날에 수입에 따라 모아 두어서"라는 구절이 있습니다. 이 구절은 첫째로, 매 주일 첫 날 곧 주일에 "정기적으로" 헌금을 하도록 명령하고 있습니다. 둘째로, "수입에 따라 모아 두라"는 말은 들어오는 수입에 비례하여 일정한 분량을 떼어 놓으라는 뜻입니다. 그러면 일정한 분량은 어느 정도일까요? 물론 본문에는 뚜렷한 언급이 없지만 바울이 십일조를 염두에 두었음이 분명합니다. 그러나 바울은 "십분의 일"을 규정하지 않았습니다. 셋째로, 고린도후서 8:2절에서 바울은 극심한 가난 속에 있는 성도들도 풍성한 연보를 넘치도록 했다는 점을 강조합니다. 바울은 가난하다고 해서 헌금을 하지 않아도 좋다는 말을 하지 않았습니다. 바울은 극심한 가난 속에 있는 성도들도 넉넉한 마음으로 헌금을 할 것을 강조하고 있습니다. 바울은 힘에 지나칠 정도의 헌금도 자원하는 마음으로(고후 8:3) 할 것을 권고하고 있으며, 어떤 정해진 규칙에 따라서가 아니라 "마음에 정한 대로" 인색하지 않고 즐겨내는 태도로 헌금을 하라고 권고합니다. 이 같은 바울의 권고를 잘 들어 보면 바울이 십일조를 신약시대 신자들의 헌금의 최대치가 아니라 최소치라는 생각을 마음속으로 가지고 있지 않았나 하는 추정을 가능하게 합니다.

바울은 이렇게 힘을 다하여 헌금을 하는 목적은 교회 공동체를 보다 평등하고 정의로운 공동체로 만들기 위한 것임을 밝히고 있습니다(고후 8:13-15). 이런 마음가짐으로 헌금을 하는 자들에 대해서는 하나님이 모든 은혜를 넘치게 하여 주시고 풍성함으로 채워 주실 것이며(고후 9:8, 11), 그의 의가 영원토록 있을 것이라고 약속하셨습니다(고후 9:9).

소득에 대해서만 적용해야

이제 성경이 말하는 십일조관의 전체적인 윤곽을 말씀드렸으므로 이 내용에 근거하여 앞에서 제기된 세 가지 질문들에 대하여 답변을 하겠습니다. 세 가지 질문에 대하여 구체적인 답변을 하기 전에 신약시대의 헌금의 큰 원리를 분명히 확립해 두는 것이 필요할 것 같습니다. 신약시대에는 모세시대처럼 십일조가 강제적인 의무조항은 아닙니다. 그러나 헌금생활을 할 때는 누구나 총 소득의 어느 정도를 드리는 것이 타당한가 하는 문제에 봉착하게 되는 데, 이때 "십분의 일을 떼는 방식"이 가장 적절한 방식이라고 판단됩니다.

첫 번째 질문은 경제적 형편이 어려워서 일상생활이 어려운 상황에서도 십일조를 떼어서 헌금으로 드려야 하는가 하는 것입니다. 이 질문에 대해서 저는 두 가지 관점에서 답변하고자 합니다. 첫째로, 레위기의 십일조규정에서 소나 양의 십일조를 드릴 때 9마리까지는 십일조를 하지 않아도 되도록 되어 있는 규정을 고려할 때 일상생활이 위기에 봉착할 만큼 어려운 경우는 십일조를 떼지 않아도 무방하다고 생각됩니다. 둘째로, 그러나, 우리는 초대교회 성도들이 "극심한 가난" 가운데서도 사실상 십일조를 능가하는 넉넉한 헌금을 했다는 사실을 상기시키는 바울의 의도가 무엇인가를 읽어낼 필요가 있습니다. 저는 가난한 중에도 넉넉하게 헌금을 하면 살아계신 하나님이 어떤 방법으로든 축복하시고 넉넉하게 채워 주신다는 믿음을 가지고 적극적으로 헌금생활에 임하라는 도전을 가난한 성도들에게 하고 싶습니다. 사렙다의 과부는 자기와 아들이 한 끼 먹을 것 밖에 남지 않은 극한 상황 속에서도 그 한 끼 남은 음식을 헌금으로 드리지 않았습니까? 그리고 하나님이 기적적으로 축복해 주시지 않았습니까?

두 번째 질문은 돈이 없을 경우에 빚을 내면서까지 십일조를 드려야 하는가 라는 것입니다. 이 질문에 대해서는 절대로 그럴 필요가 없다고 답변하고자 합니다. 십일조는 벌어들인 소득에 대해서만 부과되는 것이지 벌어들이지 못한 부분에까지 부과하는 것은 아니기 때문입니다.

세 번째 질문은 십일조는 의무감을 가지고 시행해야 하는 명령인가 하는 것입니다. 이 질문에 대해서는 십일조를 시작한 아브라함이나 야곱이 철저하게 자원하는 마음으로 십일조를 드렸다는 점을 강조하고자 하며, 모세시대에도 십일조를 포함한 헌금은 자원하는 마음으로 드리도록 되어 있으며, 신약시대에도 자원하는 마음으로 헌금을 드리도록 되어 있다는 사실을 상기시키는 것으로 답변을 대신하고자 합니다.

4
교회출석와 주일성수를 반드시 해야 하나요?

> 자녀가 어릴 때는 교회에 다니더니 이젠 컸다고 다니지 않겠다고 합니다. 교계 지도자나 교회의 실망스러운 부분들을 봐서인지 이젠 집에서 혼자 예배를 드리거나 나름대로의 신앙생활을 해보겠다고 하네요. 교회 출석과 주일성수에 대해 어떻게 말해주면 좋을까요?

질문을 한 성도의 문제는 교회 지도자들과 교회의 잘못된 삶의 모습에 대한 실망으로부터 시작되었으므로 교회 성도들과 교회의 바르지 못한 삶의 모습을 어떻게 받아 들여야 하는가 하는 문제부터 생각해 보는 것이 좋을 것 같습니다.

이 문제를 해결하는 가장 이상적인 방법은 교회나 교회 지도자가 실망스러운 모습을 보이지 않는 것입니다. 이 관점에서 문제에 접근한다면 교회나 교회 지도자가 실망스러운 모습을 보이지 않고 모범적인 모습을 보이도록 윤리적인 권고를 해야 할 것입니다. 그러나 이 글은 교회나 교회 지도자들을 대상으로 하는 것이 아니라 이들을 대하는 성도들을 대상으로 하는 글이므로 교회나 교회 지도자들에 대하여 실망했을 때 성도들이 대응하는 방법을 중심으로 이야기를 풀어 가고자 합니다.

성도들이 동료 또는 선배들이 바르지 못한 생활을 하는 것을 보고 실망을 하는 것은 자연스러운 일입니다. 그러나 다른 성도들의 바르지 못한 신앙생활을 보고 실망을 하는 것에만 머무르는 것은 교회와 인간을 피상적으로만 보는 데서 오는 미숙한 태도입니다.

어떤 성도들은 교회를 완전히 성화된 성도들의 모임이라고 생각합니다. 그러나 교회에 대한 우리의 이해는 이 차원에 머무르면 안 됩니다. 교회는 성인들을 모아 놓은 박물관이 아니라 죄인들이 끊임없이 훈련받는 학교입니다. 성도들은 예수님을 믿음으로써 속사람(무의식 또는 잠재의식)의 차원에서 거듭나 거룩한 사람이 되었습니다. 그러나 겉 사람(의식 가능한 마음과 생활 전체)의 차원에는 여전히 죄의 잔재가 남아 있고 죄의 영향을 받아 왜곡된 모습이 나타납니다. 겉 사람 안에 여전히 남아 있는 죄의 잔재와 왜곡된 모습을 붙들고 씨름하면서 조금씩 제거해 나가는 과정이 바로 신앙생활이고 교회생활입니다. 이 생활은 죽는 날까지 계속됩니다. 겉 사람 속에 남아 있는 죄의 잔재를 붙들고 싸워 나가는, 평생에 걸쳐서 진행되는 과정을 보지 않고, 죄와 왜곡된 생활모습에만 집중하여 어떤 성도의 상태를 단정하는 것은 성급하고 미숙한 태도입니다.

죄의 잔재와 왜곡된 생활모습에만 근거하여 어떤 성도의 상태를 판단할 때 실수를 범하게 되는 경우를 예로 들어서 설명해 보겠습니다. A가 성도들로부터 80점 수준의 바른 생활을 기대하고 있다고 생각해 봅시다. 그런데 교회의 B 장로가 50점 수준의 바른 생활을 보여 줍니다. 그러면 30점이나 기대에 미치지 못하기 때문에 A는 "어떻게 장로가 저렇게 살 수 있을까?"라고 생각하면서 실망하게 됩니다. 그런데 바로 이 판단이 치명적인 오판일 수 있다는 것입니다. 왜 그럴까요? B 장로는 예수님을 믿기 전에는 30점 수준의 바른 생활을 살았던 사람이었습니다. 그런데 예수님을 믿은 뒤에는 50점 수준의 바른 생활을 하고 있습니다. B 장로의 바른 생활 수준은 20점이 향상되었습니다. 20점이 바로 복음의 힘입니다. 예수님을 믿었기 때문에 이 정도로 변화가 된 것입니다. B 장로의 30점 수준의 과거의 모습을 모르는 상태에서 자신이 임의로 설정한 80점이라는 기준만을 가지고 B 장로를 판단하면 B 장로가 나쁜 사람이 되지만, B 장로가 과거에 30점이었던 시절을 알고 현재 50점의 생활을 하고 있는 B 장로를 보면 B 장로는 이전보다 훨씬 더 성화된 성도임을 알게 됩니다. 따라서 이 관찰은 실망할 이유가 아니라 희망을 가질 수 있는 이유입니다.

또 다른 경우를 생각해 봅시다. C 장로가 평소에는 80점 수준의 바른 생활을 했습니다. 그런데 나이가 들어 노인이 된 후에 60점 수준으로 떨어졌습니다. 그러면 C 장로는 성화되지 않고 퇴보한 것일까요? 반드시 그런 것만은 아닙니다. 사람은 나이가 들면 직장도 잃게 되고, 친구도 하나 둘씩 곁을 떠나게 되고, 돈은 없어지고, 몸은 여기저기가 고장 나서 아프기 시작하는 등 – 삶의 환경이 급속히 악화됩니다. 이렇게 몸과 환경이 악화되면 실망과 좌절과 고독에 더 쉽게 노출되고 자기 몸 하나 건사하기가 힘들어집니다. 만일 C 장로가 신앙이 없었다면 생활수준이 30점 수준으로 떨어졌을 것입니다. 그런데도 불구하고 C 장로는 믿음이 힘이 있기 때문에 60점 수준의 생활을 유지하고 있는 것입니다. 따라서 C 장로의 60점짜리 바른생활 모습은 희망의 이유가 될 수 있습니다.

신앙이 성숙해진다는 것은 단지 성경지식이 늘어나거나 기도하는 시간이 늘어나는 것만을 의미하는 것이 아니라 교회와 사람을 보는 시야도 더 따뜻해지고 깊어진다는 뜻입니다. 특히 교회와 인간의 연약성을 더 깊이 이해하고 더 깊은 차원에서 바라본다는 뜻도 담겨 있습니다.

교회 공동체의 중요성

다음으로 문제가 되는 것은 질문을 한 성도가 바르지 못한 생활을 하는 성도와는 한 공동체 안에서 함께 생활하고 싶어 하지 않는다는 점입니다. 물론 의도적으로 하나님의 뜻에 거스르는 생활을 하고 이로 인하여 교회의 순결을 더럽히며 다른 동료 성도들에게 영적인 해를 끼치는 성도들의 경우는 바울의 권고(고전 5:10)에 따라서 교제를 끊어야 할 때도 있습니다. 그러나 교회가 죄인들로 구성된 공동체라는 점을 고려할 때 교회생활을 하는 한, 의인이면서도 여전히 죄인인 성도들과의 교제를 피해갈 수 없습니다. 그러면 우리가 교회생활에서 여러 가지 연약성과 죄성을 여전히 안고 있어서 나에게 실망을 안겨주는 죄인들과 교제를 계속해야 하는 이유는 무엇일까요?

성도의 삶을 배울 수 있다

첫째로, 우리가 성도의 삶이 무엇인가를 배우고 또 그 삶을 실천하기 위해서는 반드시 우리를 실망시키는 동료들 가운데서 살아야 합니다. 성도의 삶이 무엇일까요? 성도의 삶은 여러 가지 다양한 방법으로 정의할 수 있습니다만 가장 중요한 핵심은 하나님의 계명을 지키고 실천하는 삶이라고 할 수 있습니다. 그러면 하나님의 계명의 핵심은 무엇일까요? 우리 성도들이 너무나 잘 알고 있는 사랑의 대강령(마 22:37-40)과 황금률(마 7:12)입니다.

사랑의 대강령은 두 가지 의미를 지니고 있습니다. 하나는 호감을 받을 만한 조건이 없는 대상을 호감을 받을 만한 조건을 가진 사람으로 대우해 주는 태도입니다. 다른 하나는 자기를 철저하게 희생하고 다른 사람의 유익을 구하는 태도입니다. 황금률은 다른 사람의 입장에 서서 생각하고 행동하는 것입니다. 이 세 가지 원리들을 생활 속에서 실천하는 것이 바로 성도가 살아내야 할 삶입니다.

그런데 이 세 가지 원리들은 두 가지 특징을 보여 주고 있습니다. 하나는 이 원리들은 반드시 다른 사람들과의 관계 안에서 고려할 수 있는 원리들이라는 것입니다. 홀로 골방에 머물러 있어서는 이 원리들을 이해할 수도 없고, 더욱이 실천할 수도 없습니다. 다른 하나는 우리가 어울려야 할 다른 사람들은 무언가 내 마음에 들지 않는 약점이나 결함을 안고 있는 사람들이라는 점입니다. 호감을 받을 만한 조건을 갖추지 못한 사람, 나의 희생적인 헌신을 필요로 할 만큼 결함이 있는 사람, 자신의 입장에서 생각해 줄 것을 요청해야 할 만큼 어려운 입장에 있는 사람 등이 이 원리 실천의 대상들입니다. 약점도 없고 결함도 없고 완전히 성화된 사람이라면 구태여 이런 원리들이 필요하지도 않습니다. 그렇습니다. 우리는 하나님이 주신 이 소중한 원리들을 이해하고 실천하기 위해서 반드시 공동체 안에 들어가야 하며, 내 마음에 실망을 안겨주는 사람들 사이에 들어가야 합니다. 먼저는 교회 공동체 안에 들어가서 내 마음에 실망을 안겨주는 사람들을 상대로 하여 사랑의 대강령과 황금률을 실천하는 훈련을 해야 합니다. 이런 훈련을 해 나가는 가운데 성도의 삶이란 무엇인가를 터득하게 되고, 하나님의 나라가 세상의 나라와 어떻게 다른가를 알게 되고, 천국백성에 알맞은 성품이 형성되어 가는 것입니다. 그런데 교회 공동체에서의 훈련과 연습은 더 큰 목적을 지니고 있습니다. 첫째 목적은 교회 공동체 보다 훨씬 더 힘들고 어려운 사회 공동체에서 성도로서의 바른 삶을 살아내기 위한 힘을 기르는 것입니다. 둘째 목적은 성도들이 장차 들어가서 살게 될 천국에서의 생활에 대한 적응훈련을 하는 것입니다.

모든 성도는 천상교회의 백성

성도들이 반드시 교회 공동체 안에서 신앙생활을 해야 하는 또 하나의 이유는 교회의 본질과 관련이 있습니다. 물론 나이 어린 유아들의 경우를 제외하면 구원은 개인의 결단의 문제입니다. 예수 그리스도를 구주로 고백하면 바로 그 순간 구원받습니다. 구원을 받는 데 교회생활이 필수적인 조건이 되는 것은 아닙니다. 예수님이 십자가 달리실 때 같이 옆에 달렸던 강도는 한 번도 교회생활을 하지 않았지만 예수님께 드렸던 아주 미약한 신앙고백 한마디에 근거하여 바로 구원을 받았습니다. 또 사람이 하나도 없는 곳에서 사는 사람의 경우에 교회생활을 하지 않아도 예수님을 믿으면 구원을 받습니다.

그러나 이런 특별한 경우에도 성도들이 교회로부터 벗어나는 것은 결코 아닙니다. 우리는 교회를 두 가지 유형으로 구분하여 이해합니다. 하나는 현세 안에서 살아가고 있는 신자들로 구성된 유형교회 또는 지상교회입니다. 다른 하나는 현세 안에서 사는 신자들뿐만 아니라 과거에 죽은 신자들과 미래에 등장한 신자들을 포함하여 현재와 과거와 미래의 모든 신자들을 포함하는 무형교회 또는 천상교회입니다. 여러 가지 불가피한 사정으로 지상교회는 출석을 하지 않을 수도 있습니다. 그러나 어떤 경우에도 천상교회를 피해갈 수는 없습니다. 성도가 예수 그리스도를 구주로 고백하는 순간 이미 천상교회의 백성으로 들어가는 것입니다. 우리에게 실망을 안겨 준 성도들도 천상교회의 회원들입니다. 따라서 우리는 우리에게 실망을 안겨 준 성도들과도 영원히 함께 공동생활을 해야 합니다. 지상교회에 나가지 않는다고 해서 실망을 안겨준 성도와의 만남을 피할 수 있는 것이 아닙니다.

우리는 동료 성도들과의 관계가 우리가 상상하기 어려울 만큼 긴밀한 것임을 잊어서는 안 됩니다. 고린도전서 12장 27절은 "너희는 그리스도의 몸이요 지체의 각 부분이라"고 말씀합니다. 이 구절은 예수님을 믿는 모든 성도들은 한 몸의 지체들이라고 정의하고 있습니다. 몸의 지체들이라는 말은 단순히 어떤 클럽의 회원 정도의 의미보다 월등하게 강력한 의미를 가집니다. 몸 안에 있는 각 기관들이 혈관, 림프관, 신경망, 경락망 등에 의하여 아주 긴밀하게 연결되어 있어서 어느 한 기관도 몸을 떠나면 바로 죽어 버리고, 어느 한 기관이 아프면 온 몸 전체가 고통을 느끼고, 어느 한 기관이 건강을 회복하면 온 몸이 건강을 회복하는 것처럼, 성도들은 그리스도의 몸인 교회의 지체들로서 몸인 교회를 떠나면 바로 죽어 버리고, 교회의 한 지체인 성도가 망가지면 온 교회가 고통을 느끼고, 교회의 한 지체가 기쁜 일을 만나면 온 교회가 기쁨을 누리게 됩니다. 팔이나 다리가 몸에서 떨어져 나간 후에도 혼자 살 수 있나요? 도저히 살 수가 없지 않습니까? 또 팔이나 다리가 떨어져 나간 몸이 어느 정도의 통증을 느낄까요? 상상을 초월하는 정도의 통증을 느끼게 됩니다. 이것이 바로 고린도전서 12장의 몸의 비유가 말하고자 하는 것입니다. 하나님은 우리들이 일단 예수님을 믿으면 이 정도로 강력한 연합관계 안에 들어가게 된다는 것을 알고 교회생활과 신앙생활을 할 것을 요구하고 계십니다. 이와 같은 하나님의 요구를 생각할 때 나에게 좀 실망을 안겨주었다는 이유 정도를 가지고 교회의 공동생활을 외면한다는 것은 있을 수가 없고, 있어서도 안 됩니다.

주일성수는 죄로부터의 해방과 휴식

그러면 성도들은 왜 주일날 반드시 교회에 가야만 할까요? 성도들이 세상에서 신체적인 생명을 유지하기 위해서는 일을 해야 합니다. 그런데 아무리 좋은 일이라도 쉬지 않고 계속 한다면 몸이 견디지 못하고 병들고 망가져서 마침내는 일을 못하게 되고 죽음에 이르게 됩니다. 따라서 성기적으로 일을 중단하고 쉬는 것이 필요합니다. 따라서 출애굽기의 십계명은 안식일에 일을 중단하고 쉴 것을 명령하고 있습니다(출 20:8-11). 그러나 진정한 쉼은 육체적인 쉼만으로는 부족합니다. 영혼도 쉬어야 합니다. 죄악으로 가득 차 있는 세상에 몸담고 살다 보면 죄를 범하게 되고 범한 죄는 영혼을 병들게 합니다. 따라서 정기적으로 영혼에 묻은 죄악의 때를 닦아내고 새롭고 신신한 공기를 불어 넣어 주어야 합니다. 이 일을 위해서는 죄로부터의 해방을 경험해야 합니다. 죄로부터의 해방의 경험은 곧, 출애굽사건 혹은 출애굽사건이 상징하는 예수 그리스도의 구속사건과 다시 만나는 것을 뜻합니다. 한마디로 예배를 드리는 것이 필요합니다. 따라서 신명기의 십계명은 안식일에 출애굽사건을 기념할 것 곧 예배를 드릴 것을 요구합니다(신 5:12-15). 이 두 가지 일을 정기적으로 해야만 성도의 육체와 영혼이 건강을 유지할 수 있습니다. 영혼과 육체의 전인적 안식은 예수님의 부활에 의하여 성취되었기 때문에 예수님이 부활하신 이후에는 부활을 기념하는 주일을 안식일로 지키기 시작했습니다. 하나님은 안식일계명을 시대와 장소를 초월하여 적용되어야 할 보편법인 십계명 안에 두심으로써 모든 시대와 모든 장소의 성도들이 지키도록 명령하셨습니다.

또한 안식일을 지키는 것은 우리가 하나님의 백성임을 보여주는 "영원한 표징"입니다. 다시 말해서 세상 끝나는 날까지 세상 사람들은 우리가 주일에 노동을 쉬면서 교회에 나가 예배를 드리느냐 드리지 않느냐를 보고 우리가 하나님의 백성인가 아닌가의 여부를 판단합니다. 주일날 교회생활을 하지 않고서는 이 세상을 향하여 하나님 나라의 전하는 증언자가 될 수 없습니다. 따라서 성도들은 주일이 되면 반드시 노동을 중단하고 교회에 출석하여 예배를 드려야만 합니다. 이 의무는 성도 개인이 하고 싶으면 하고, 하고 싶지 않으면 하지 않아도 되는 의무가 아니라 모든 성도들이 무조건 수행해야만 하는 의무입니다.

5
기독교인이 복권을 사도 되나요?

> 언제부터인가 남편이 퇴근할 때면 복권을 한두 장 사오곤 합니다. 처음에는 신앙인이 무슨 복권이냐며 타박을 했는데 남편이 팍팍한 살림살이에 그런 소소한 즐거움도 누리면 안 되냐고 하네요. 생각해보면 500원에서 2000원 정도 들여서 작은 행운을 기대해보는 게 신앙적으로 큰 문제가 될까 싶습니다. 복권에 대해 어떻게 생각해야 할까요?

재미있는 비유 하나를 소개하면서 이야기를 시작하겠습니다. 어떤 여행자가 낙타를 타고 사막을 여행하다가 날이 저물자 천막을 치고 야영을 하게 되었습니다. 낙타는 천막에서 자고 낙타 주인인 여행자는 천막 안에 들어가서 잡니다. 사막은 낮에는 영상 4-50도까지 치솟고, 밤이 되면 영하로 떨어질 정도로 일교차가 극심합니다. 밖에서 자는 도중에 추위를 느낀 낙타가 주인에게 부탁합니다. "주인님, 날씨가 너무 추우니 제 코 만이라도 천막 안에 넣을 수 있도록 허락해 주세요." 애지중지하는 낙타가 작은 코를 보호하겠다는 작은 소망을 주인이 거절할 수 있을까요? 당연히 들어 주지요. 주인의 허락을 받은 낙타는 코를 천막 안에 들여 놓았습니다. 천막안의 맛을 안 낙타는 낙타 코가 천막 안에 들어오는 풍경에 익숙해진 주인에게 이렇게 부탁합니다. "주인님, 제 머리만 전막 안에 넣을 수 있도록 허락해 주세요." 낙타 코와 함께 있는데 익숙해진 주인은 부담 없이 허락해 줍니다. 이런 부탁을 몇 차례 거듭한 후에 마침내 낙타는 주인을 천막으로부터 몰아내고 천막을 다 차지해 버리는데 성공했습니다.

    이 논증을 이른바 "낙타코 논증"이라고 합니다. 낙타코 논증은 나쁜 유혹이 찾아 올 때 어떻게 대처해야 하는가를 설명하는 비유로 윤리학에서 자주 사용됩니다. 나쁜 유혹은 처음에는 아무 것도 아닌 아주 사소한 일인 것처럼 위장하고 찾아옵니다. 그런데 이 사소한 일에 조금씩 마음을 열기 시작하면 가랑비에 옷이 젖는 것처럼 마침내는 유혹의 덫에 걸려 들어가 빠져 나오지 못하는 때가 오게 됩니다. 따라서 나쁜 유혹에 걸려 들어가지 않으려면 처음 아주 사소한 일처럼 찾아 올 때 단호하게 끊어 버려야 한다는 교훈을 낙타코 논증이 주고 있습니다.

    그렇습니다. 가벼운 마음으로, 그리고 심심풀이로 싼 복권을 한두 장 사들고 들어오는 것 그 자체는 사실 별 일 아닐 수 있습니다. 또 이런 행동이 그냥 심심풀이로 끝나 버릴 수도 있습니다. 그러나 복권을 사 모으는 행위 이면에는 무시무시한 괴물과 같은 악의 세력이 날카로운 발톱과 이빨을 숨긴 채 잠복하고 있다는 사실을 잊어서는 안 됩니다. 이 악한 괴물의 발톱에 운 좋게 걸려들지 않을 수도 있습니다. 그러나 이 괴물의 발톱에 걸려 들 위험은 늘 상존하며, 한 번 걸려들면 파멸에 떨어지기 전에는 빠져 나오기 어렵습니다. 그러므로 아예 이런 행위는 사소한 일로 다가 올 때 단호하게 끊어 버려야 합니다. 그러면 복권을 사는 관행의 배후에는 어떤 무서운 괴물들이 잠복해 있을까요? 저는 세 가지 괴물이 잠복해 있다고 생각합니다. 첫째는 탐심입니다. 둘째는 불로소득에 대한 기대입니다. 셋째는 초자연적인 힘에 대한 잘못된 의지입니다.

    첫째로, 사람이 복권을 심심풀이로 한두 장 사 모을 때 그 마음이 바로 탐심으로 가득 찬 마음은 아닐 수 있지만 그렇다고 해서 이 마음이 탐심과 무관한 것은 아닙니다. 복권을 사면 많은 돈을 손에 쥐는 상상이 하나의 씨앗처럼 마음 언저리에 떨어집니다. 이 씨앗은 전혀 위험해 보이지 않습니다. 달콤하기까지 하고 잠시 근심을 잊고 마음을 즐겁게 해주기까지 합니다. 그러나 이 씨앗을 그냥 방치해 두거나 이 씨앗을 가지고 만지작거리고 놀면 이 씨앗은 마음 밭에 정착하여 뿌리를 내리기 시작합니다. 이 뿌리는 마음속의 깊은 곳, 곧 무의식의 세계에까지 뻗어 내리게 되고, 마침내는 그곳에 잠복해 있던 탐심을 자극하고 깨워서 의식의 세계로 뚫고 나오게 합니다. 그리하여 마침내 마음이 탐심에 장악됩니다. "탐내지 말라"는 제10계명의 말씀처럼, 그리고 마음속에 음욕을 품는 자나 미워하는 마음을 품는 자는 이미 하나님의 계명을 범했다는 예수님의 말씀이 잘 보여 주듯이 일단 탐심에 장악되면 벌써 죄의 세력에 사로잡힌 것입니다. 그러면 이제는 파멸의 길이 기다리고 있습니다. 야고보는 야고보서 1장14절과 15절에서 낚시꾼이 고기를 낚는 과정에 빗대어 이 과정을 잘 묘사했습니다. "오직 각 사람이 시험을 받는 것은 자기 욕심에 끌려 미혹됨이니 욕심이 잉태한 즉 죄를 낳고 죄가 장성한즉 사망을 낳느니라." 낚시꾼이 맛있는 미끼를 바늘에 꿰어 물속에 던져 넣습니다. 물고기들은 전혀 위험해 보이지 않고 오히려 맛있어 보이는 미끼 주위를 떠나지 않고 맴돕니다. 물고기들은 미끼를 건드려 보기도 하고 살짝 뜯어 먹어 보기도 합니다. 그래도 걸려들지 않습니다. 그러나 미끼에 대한 미련을 버리지 못하고 이 일을 반복하다가 미끼를 무는 어느 순간에 그 속에 숨어 있던 바늘에 덜컥 걸리게 되는데, 그러면 아무리 발버둥 쳐도 빠져 나올 수가 없습니다. 결국은 낚시꾼의 손에 잡혀 비참한 최후를 맞이하고 맙니다.

그러므로 사소해 보이는 희미한 악의 씨앗이 마음 언저리를 맴 돌 때 그냥 방치하면 안 되고, 경각심을 가지고 그 씨앗을 빨리 청소해 버려야 합니다. 위험해 보이지 않고 달콤해 보이지만 뭔가 미심쩍은 느낌이 있는 미끼가 있을 때 그 주위를 맴돌면 안 되고, 재빨리 그 자리를 떠나야 합니다. 악은 그 모양이라도 버려야 합니다. 이처럼 무섭고 악한 괴물이 복권 뒤 깊은 곳에 숨어 있는데, 소소한 즐거움을 누린다는 명분으로 복권에 관심을 가지는 것은 매우 위험한 일입니다. 100번 중에서 99번은 무사하게 넘어간다 하더라도 한 번 크게 사고가 날 수 있는 가능성이 있는 사안이라면 아예 손을 대서는 안 됩니다. 그 한 번의 사고가 하나뿐인 인생을 파멸로 이끌 수 있기 때문입니다. 게다가 기독교인이라면 얼마든지 소소하게 누릴 수 있는 영적으로 즐거운 일들이 너무너무 많습니다. 매일 말씀 묵상을 할 때 찾아오는 마음의 즐거움, 어려운 이들에게 사소한 봉사와 도움을 제공하면서 누리는 뿌듯함 등 얼마든지 건전한 즐거움의 원천들이 널려 있는데, 겨우 복권구입에서 삶의 즐거움을 누리겠다는 건가요? 그것은 풍성한 기독교인의 삶을 너무나 빈약한 것으로 오해하고 있는 것이 아닐까요?

둘째로, 복권을 사는 관행은 기독교경제윤리의 관점에서 볼 때 가장 불건전하고 악한 소득획득방식인 불로소득에 의지하여 재물을 얻으려고 하는 시도이기 때문에 기독교인이 빠져 들어서는 안 됩니다.

하나님은 아담과 하와가 범죄한 이후 이들을 에덴동산으로부터 추방하기 전 이들이 범한 죄에 대한 형벌을 부과하셨습니다. 특히 하나님이 아담에게 부과한 형벌은 얼굴에 땀이 흐를 정도로 평생 동안 수고한 결과로서 소산을 먹고 생명을 유지하는 것이었습니다(창 3:17, 19). 그런데 하나님이 아담에게 내리신 형벌은 절묘하게도 형벌인 동시에 타락한 인간들을 위한 하나님의 은혜의 배려가 담겨 있습니다. 타락한 인간은 얼굴에 땀이 흐를 정도로 열심히 일을 한 결과로서 얻은 열매를 가지고 먹고 살아야만 신체적으로나 정신적으로 가장 건강한 삶을 살 수 있도록 되어 있습니다. 사람은 중단하지 않고 계속하여 몸을 움직여야만 근육이 형성되고 형성된 근육의 힘으로 살아갈 수 있습니다. 몸을 움직이지 않으면 죽게 되어 있습니다. 대체로 농촌이나 어촌에 장수하는 노인들이 많은데, 장수하는 노인들의 공통점은 높은 나이에도 불구하고 끊임없이 일을 한다는 점입니다. 이 노인분들이 공통적으로 하는 고백은 "지금까지 내가 살아 있는 것은 일하는 것을 중단하지 않았기 때문이다. 일을 중단하고 움직이지 않으면 몸이 굳고 근육이 없어져서 죽는다"는 것입니다. 사람이 땀을 흘리면 땀 속에 몸속의 노폐물들이 섞여 나와서 몸이 정화되는 효과가 있습니다. 또한 얼굴에 땀이 흐를 정도로 신체적으로 일을 하여 몸의 건강을 유지해야 정신이 통일되어 정신건강도 유지됩니다. 사람의 정신은 헤아릴 수 없이 많은 정보들을 외부로부터 받아들입니다. 이 정보들은 서로 의미의 연관성이 없는 독립된 단편들입니다. 그러나 사람의 정신에는 엄청난 양의 정보들을 일정한 통일된 체계 안에서 정리할 수 있는 능력이 있기 때문에 아무리 많은 양의 정보들이 들어 와도 자아가 흔들리지 않습니다. 그런데 신체운동이 부족하면 통일시키는 정신의 능력이 약화되어 파편화된 정보들이 정신 안에서 각각 따로따로 놀게 됩니다. 그러면 정신분열증이 나타나게 됩니다. 곧 정신이 병드는 것입니다. 일을 하지 않고 장시간 게으르게 빈둥거리면서 지내면 정신도 분산되어 건강을 잃을 수 있습니다.

열심히 일하여 얻은 소득은 단순한 생계유지를 위해서 소용될 뿐만 아니라 삶의 즐거움을 누리는 물적 토대로도 활용될 수 있습니다. "사람이 하나님께서 그에게 주신 바 그 일평생에 먹고 마시며 해 아래에서 하는 모든 수고 중에서 낙을 보는 것이 선하고 아름다움을 내가 보았나니 그것이 그의 몫이로다"는 전도서 5장 18절 말씀이나 "이에 내가 희락을 찬양하노니 이는 사람이 먹고 마시며 즐거워하는 것보다 더 나은 것이 해 아래에는 없음이라 하나님이 사람이 해 아래에서 살게 하신 날 동안 수고하는 일 중에 그러한 일이 함께 있을 것이니라"는 전도서 8장 15절 말씀은 힘들게 열심히 노동을 한 대가로 얻은 재물로 즐겁고 희락이 따르는 향유(享有)의 삶을 누리는 것이 정당한 일로 허용되었음을 보여 줍니다. 뿐만 아니라 하나님은 열심히 일한 대가로 얻은 소득을 미래를 위하여 저축하는 것도 정당하다고 말씀하셨습니다. 잠언은 게으른 자를 비퓌하는 문맥에서 게으른 자와 대조되는 개미를 소개하면서 개미가 여름철에 열심히 일하여 겨울에 먹을 양식을 축적하는 것을 배우라고 권고합니다(잠 6:6-11). 이 권고는 하나님이 열심히 일하여 벌어들인 소득을 미래를 위하여 저축하는 것이 정당한 일임을 인정하셨음을 뜻한다.

기독교인은 열심히 그리고 성실하게 노동을 하여 소득을 벌어야 합니다. 기독교인은 이렇게 정당하게 노동을 하여 벌어들인 소득을 가지고 자신과 가족의 생계를 해결하고, 한걸음 더 나아가 삶에 즐거움을 안겨 주는 문화생활이나 취미생활 등을 즐거운 마음으로 영위하며, 미래를 위하여 저축하는 생활을 하도록 허용되었습니다. 물론 하나님께 헌금을 하고 이웃을 돕는 일에 소득을 사용해야 한다는 것은 이미 전제되어 있는 일입니다. 부모로부터 재산을 상속받는 경우 등을 제외하면 불로소득은 정당한 소득이 될 수 없으며, 사람의 몸과 마음을 망가뜨립니다. 복권을 통하여 얻는 소득은 전형적인 불로소득으로서 허용될 수 없습니다. 복권에 당첨되어 수십억대의 재산을 얻은 대부분의 복권당첨자들은 자신들이 얻은 당첨금 때문에 파멸의 길을 걸었다는 사실을 잊어서는 안 됩니다.

셋째로, 복권을 사는 관행은 인간의 힘으로 할 수 없는 어떤 일을 초자연적인 힘에 의지하여 해결해 보고자 하는 심리에 근거하여 이루어집니다. 문제는 복권을 사는 사람의 마음이 의지하고자 하는 초자연적인 힘이 과연 어떤 힘이냐 라는 것입니다. 기독교인들의 삶은 그들이 믿는 신앙의 내용과 부합해야 합니다. 기독교인들은 자신에게 일어나거나 자신이 하는 모든 일들이 하나님의 인도하심 아래에서 이루어지기를 바라고, 또 하나님의 인도하심에 모든 것을 맡기는 사람들입니다. 기독교인들은 자신이 행하는 아주 작은 일까지도 하나님의 인도하심을 벗어나지 않기를 기도하는 사람들입니다. 그러면 기독교인이 복권을 사는 경우에 과연 하나님이 인도해 주시기를 바라면서 복권을 사는 행위를 하는 것이라고 자신 있게 말할 수 있을까요? 저는 복권을 사는 사람이 정말로 흔쾌하게 마음에 부끄러움이나 숨김이 없이 하나님께 기도하고 하나님께 의존하면서 복권을 산다고는 생각하지 않습니다. 분명한 것은 복권을 사는 기독교인은 하나님의 섭리의 손길을 완전히 벗어나기를 바라는 것은 아니지만 하나님을 정면으로 응시하면서 복권을 사지 않는다는 것입니다. 아마도 그는 하나님의 눈길을 슬며시 피하면서 복권을 살 것이 분명합니다. 왜 그럴까요?

성경에 보면 하나님의 백성들이 자신들의 힘으로 해결하거나 알아내기 어려운 어떤 일이 있을 때 하나님의 섭리의 손길에 맡기면서 제비를 뽑은 사건들이 기록되어 있습니다. 잠언 16장 33절에 "제비는 사람이 뽑으나 모든 일을 작정하기는 여호와께 있느니라"는 말씀이 있는데, 이 말씀은 제비뽑는 관행이 하나님의 인도하심을 기원하는 마음으로 이루어졌고, 실제로 사람이 제비를 뽑았을 때 하나님이 관여하실 수 있음을 보여 줍니다.

그런데 문제는 제비를 뽑을 때 어떤 목적으로 뽑았느냐 하는 것입니다. 하나님의 백성들은 앞날을 결정하는 중요한 사안이 있을 때 우림과 둠밈이라는 장치를 사용하여 제비뽑기를 시행했습니다. 예를 들어서 모세가 여호수아에게 지도권을 위임할 때 우림이라는 장치에 나타나는 현상을 보고 결정을 했습니다(출 28:30; 민 27:31). 또한 이스라엘 백성 가운데 심각한 죄를 범한 사람이 있어서 이스라엘 백성 전체가 위기에 빠졌고, 누가 죄를 범했는가를 알기 어려울 때 기도하면서 제비뽑기를 시행했습니다. 예컨대 전리품을 훔친 아간을 찾아낼 때(수 7장) 제비뽑기를 이용했습니다. 이 밖에도 토지를 분배할 때(민 26:52이하), 가룟 유다를 대신하여 사도를 뽑을 때(행 1:26) 제비뽑기를 사용했습니다. 이런 사례들을 살 보면 그 목적이 하나님의 뜻에 부합할 뿐만 아니라 공동체를 운영하는데 아주 중요하고 시급한 결정을 해야 하는 경우들이었습니다. 따라서 하나님이 제비뽑기에 함께 하셨습니다. 그러나 복권의 경우는 어떻습니까? 복권은 근본적으로 인간의 탐심에 뿌리를 두고 있는 것이며, 하나님이 원하시지 않는 불로소득을 얻고자 하는 것일 뿐만 아니라 초자연적인 힘을 심심풀이나 기분전환용으로 이용하는 경박한 마음에서 나온 것입니다. 이처럼 하나님과는 무관하고, 오히려 하나님의 뜻에 거스르는 동기와 목적으로 행하는 행동에 대하여는 결코 하나님이 함께 하실 수 없습니다. 복권을 사는 행위는 하나님의 인도하심을 기원하기에는 적합하지 않는 행동이며, 자칫하면 악의 세력에 끌려 들어갈 수 있는 관행입니다. 따라서 기독교인들은 복권을 사는 행위를 절제하는 것이 마땅합니다.

6
온라인 헌금은 바른 헌금방법인가요?

> 자동이체, 계좌이체, 홈페이지에서의 온라인 헌금 등 웹상에서 이뤄지는 '헌금'에 대해서 어떻게 생각하면 좋을까요?

예배는 여러 가지 다양한 방법으로 정의될 수 있겠지만 이 모든 정의들의 중심에는 하나님께서 인간을 위하여 행하신 은혜의 사역에 대하여 감사를 표현한다는 의미가 자리 잡고 있습니다. 예배는 이 의미를 살리기 위하여 두 가지 틀을 갖추어야 합니다.

우선 하나님께서 인간을 위하여 행하신 은혜의 사역을 소개하는 시간이 있어야 합니다. 이 시간은 설교로 표현됩니다. 설교 시간에는 하나님이 이 세상과 더불어 인간을 창조하셨고, 창조하신 인간들이 생명을 유지할 수 있도록 일반적이고 보편적으로 은혜를 베푸신다는 사실이 선포되어야 하며, 동시에 타락한 인간을 구원하시기 위하여 예수 그리스도를 이 땅에 보내시고 십자가 위에서 죽게 하시고 부활시키신 특별한 구속의 은혜를 선포해야 합니다.

다음으로는 하나님이 행하신 은혜에 대한 인간 편에서의 감사의 표현이 있어야 합니다. 감사의 표현은 세 가지 방식으로 이루어집니다. 하나는 회개와 결단이 기도입니다. 하나님의 특별한 은혜는 인간이 범한 죄 때문에 주어지는 것이므로 이 특별한 은혜를 체험하기 위해서는 회개의 시간이 있어야 합니다. 죄를 회개하는 것이 예배자의 과거를 향한 것이라면 결단의 기도는 예배자의 미래를 향한 것입니다. 예배자는 결단의 기도를 통하여 하나님의 은혜를 받은 자로서 하나님의 뜻에 부합하는 바른 삶을 살아야겠다는 결의를 다집니다. 다음은 찬양입니다. 찬양은 우리의 입을 열어서 하나님이 행하신 은혜의 사역에 대한 감사를 표현하는 것입니다. 또 다른 하나는 헌금 또는 헌물을 드리는 것입니다. 헌금 또는 헌물을 드리는 것은 물질로써 하나님의 은혜의 사역에 대한 감사를 표현하는 것입니다. 회개와 결단의 기도, 찬양, 헌금 – 이 세 가지 요소들이 통합될 때 예배는 전인적으로 하나님께 감사를 표현하는 시간이 될 수 있습니다. 헌금은 예배를 구성하는 중요한 요소들 가운데 하나입니다.

시대와 장소에 따라 예배의 형식은 변할 수 있어

앞에서 말씀드린 예배의 구성요소들은 시대와 장소를 초월하여 모든 시대의 모든 예배들이 갖추어야 할 본질적인 내용들입니다. 그러나 이 본질적인 내용들을 담는 예배의 형식은 시대와 장소가 달라지면 바뀔 수가 있습니다. 가장 결정적이고 극적인 예배형식의 변화는 출애굽사건을 기념했던 구약의 예배형식과 예수님이 십자가 위에서 죽으셨다가 부활하신 신약시대의 예배형식입니다. 하나님의 구속사역을 기념하고 찬양하고 감사한다는 점은 동일하나 구약의 예배는 출애굽사건을 기념하고 신약의 예배는 십자가사건을 기념합니다. 이와 같은 변화는 예배의 구성요소들 가운데 하나인 헌금의 방식도 시대와 장소와 문화적 환경이 달라지면 바뀔 수 있음을 시사해 줍니다. 예컨대 농경사회에서는 수확으로 거둔 농산물을 헌물로 드릴 수 있고, 목축업을 하는 사회에서는 가축을 헌물로 드릴 수 있습니다. 화폐경제가 보편화된 시대에는 헌물이 물품에서 화폐로 대체되었습니다. 한국교회에서는 얼마 전까지만 해도 밥을 할 때마다 십분의 일을 떼어서 모았다가 성미로 드리는 관행이 있었는데, 근래에 들어 와서는 집에서 밥을 해먹는 횟수가 크게 줄어들었을 뿐만 아니라 식단도 다양해져서 성미를 모으는 것이 별 의미가 없어졌습니다. 그 결과 근래에는 성미를 드리는 교회가 자취를 감추었습니다.

사회의 경제활동방식이 변하면 헌금방식에도 일정한 변화가 찾아오는 것은 불가피합니다. 물물교환경제로부터 화폐경제로 변화되어 온 경제구조는 최근에 이르러서는 컴퓨터와 인터넷과 결합된 신용경제구조로 급격한 변화를 겪고 있습니다. 예컨대 요즈음은 월급을 현금으로 받는 경우는 거의 없으며, 일상생활에서의 소규모 거래를 제외하고는 현금을 주고받는 방식으로 거래하는 일은 현격하게 줄어들었습니다. 이와 같은 경제구조 변화에 부응하여 헌금방식에 변화를 준 대표적인 교회로는 네덜란드 교회를 들 수 있습니다. 제가 네덜란드 교회에 처음 참석했을 때 놀란 것은 화폐로 헌금을 하지 않는 것이었습니다. 네덜란드 교회의 예배에서는 화폐를 헌금으로 내지 않고 우리나라 오백 원짜리 동전 정도의 크기로 된 둥근 플라스틱 표를 하나씩 헌금 바구니에 넣는 것이 헌금의 전부였습니다. 이 플라스틱 표는 당시 우리나라 돈으로 800원 정도에 해당하는 1 길더에 해당하는 일종의 돈표로서, 예배를 드리기 전에 미리 구입해 두었다가 예배 시간에 사용했습니다. 물론 플라스틱 표를 구입한 금액은 교회의 헌금으로 들이깁니다. 예배 시간에는 화폐로 헌금을 드리지 않았습니다. 그런 광경도 낯설었고, 네덜란드 교회 교인들은 일주일에 이 정도 밖에 헌금하지 않는가 하는 궁금증이 들었습니다. 네덜란드 교회는 해외구제에 많은 헌금을 사용하는 것으로 정평이 나 있는 교회인데 말입니다. 나중에 알고 보니 네덜란드 교회 교인들은 연 초에 일 년에 내는 헌금 총액을 미리 작정한 후에 자동이체로 은행으로부터 교회로 들어가도록 해 놓고, 예배 시간에는 헌금하는 의식을 치루는 정도로 그쳤습니다.

미래의 경제구조가 화폐경제로부터 화폐가 필요 없는 컴퓨터와 인터

넷에 기반을 둔 신용경제구조로 점차 전환되어 가다가 완전히 신용경제 구조로 전환되는 때가 오리라는 예상을 할 수 있지만, 현재의 경제구조 는 여전히 화폐경제구조가 기반을 이룬 상태에서 신용경제구조를 활용 하고 있는 상황이므로 헌금방식에 있어서도 두 가지 방식이 혼용되거나 아니면 두 가지 방식 가운데 어느 한 가지 방식을 자유롭게 선택해도 무 방하리라고 판단됩니다. 헌금의 방식을 화폐형태로 드릴 것인가, 아니 면 온라인형태로 드릴 것인가 하는 문제는 성도들이 처한 상황과 형편에 따라서 자유롭게 선택할 수 있는 문제 곧 아디아포라 문제입니다. 다만 온라인 형태로 헌금을 드리는 것은 새로운 헌금방식으로서 장점도 있지 만 단점도 있을 수 있고, 화폐형태로 헌금을 드리는 것도 온라인 헌금이 제공하지 않는 장점을 여전히 지니고 있기 때문에 현재로서는 두 가지 헌금방식을 적절하게 혼용하는 것이 바람직하지 않을까 하는 생각이 듭 니다. 그것은 가수들이 TV를 통하여 전국적으로 방영되는 무대를 이용 하여 노래를 부르면서도 라이브 무대를 병행하는 것과도 같습니다. 왜냐 하면 두 무대가 모두 장단점을 지니고 있기 때문입니다.

온라인 방식으로 헌금을 드리는 방식이 화폐로 헌금을 드리는 경우 와 가장 선명하게 차별화되는 점은 화폐로 헌금을 할 때는 자기 이름을 밝힐 수도 있지만 본인의 결단에 따라서 자기 이름을 밝히지 않고 무명 으로 할 수 있는 반면에, 온라인 방식으로 헌금을 드릴 때는 헌금자의 이 름이 정확하게 공개된다는 점입니다. 이 같은 특징의 차이는 바른 헌금 생활을 하고 교회가 헌금을 관리함에 있어서 각각 장점과 단점을 아울러 지니고 있기 때문에 보다 신중한 분별이 요구됩니다.

우선 화폐로 헌금하는 경우에 헌금자의 이름을 밝히지 않고 무명으로 할 수 있는데, 이 점은 헌금자의 입장에서는 영적으로 유익이 될 수 있 는 반면에, 교회의 헌금관리의 입장에서는 함정이 될 수도 있습니다. 헌 금을 무명으로 하는 경우에 생각해 볼 수 있는 장점으로는 사람들을 의 식하지 않고 오직 하나님과의 관계만을 생각하게 된다는 것인데, 이 점이 영적으로 매우 큰 유익을 줍니다. 헌금을 하는 것은 사실상 구제에 해당합니다. 물론 헌금은 하나님께 드리는 것이지만 하나님이 헌금을 직접 자기 주머니에 챙기시는 일은 없고, 헌금 전액은 모두 사람을 위한 용도로 쓰이게 되어 있습니다. 헌금의 일부가 하나님께 드리는 종교예식에 필요한 기물들이나 예배당 건축과 관리 등에 들어가지만 헌금의 대부분은 별도의 직업을 가지지 않는 교역자와 선교사들의 생활비와 기타 구제 성격의 용도로 사용됩니다. 따라서 구제할 때는 사람들에게 알리지 않고 오직 하나님만이 아실 수 있도록 해야 한다는 예수님의 가르침이 헌금에도 적용됩니다. "사람에게 보이려고 그들 앞에서 너희 의를 행하지 않도록 주의하라 그리하지 아니하면 하늘에 계신 너희 아버지께 상을 받지 못하리라 그러므로 구제할 때에 외식하는 자가 사람에게서 영광을 얻으려고 회당과 거리에서 하는 것같이 너희 앞에 나팔을 불지 말라 진실로 너희에게 이르노니 그들은 자기 상을 이미 받았느니라 너는 구제할 때에 오른손이 하는 것을 왼손이 모르게 하여 네 구제함을 은밀하게 하라 은밀한 중에 보시는 너의 아버지께서 갚으시리라"(마 6:1-4).

무명으로 헌금을 하는 것이 이런 장점을 가지고 있는 반면에 교회가 헌금을 관리할 때는 나쁜 유혹에 빠뜨리는 계기로 악용될 수도 있습니다. 돈의 출처가 불분명하면 교회의 헌금관리가 허술해질 수 있습니다. 현실적으로 한국 교회의 심각한 문제점들 가운데 하나가 헌금의 관리와 사용에 있어서 공공성과 투명성이 확보되지 못하고 있다는 점입니다. 목회자와 재정 관리자에게 확고한 재정관 곧, 교회재정은 성도들이 피땀을 흘려서 일한 대가로 얻은 돈을 기도하는 가운데 하나님께 정성스럽게 드린 거룩한 헌물이요, 따라서 하나님이 원하시는 바른 목적을 위하여 최대한 절약하면서 공적으로 그리고 투명하게 사용해야만 한다는 뚜렷한 인식이 없을 경우에, 특히 출처가 밝혀져 있지 않은 헌금은 목회자의 사적인 용도로 전용될 수 있습니다. 온갖 형태의 목회자와 교회의 부패와 타락이 바로 이 시점에서부터 시작됩니다.

온라인 헌금은 교회 재정의 공공성과 투명성 확보에 유익

온라인을 통한 헌금방식은 철저하게 헌금자의 이름이 실명으로 공개가 되고, 그 증거가 교회 장부에 뿐만 아니라 은행의 기록에도 정확하게 남기 때문에 헌금의 공공성을 확보하는 데 상당한 도움이 됩니다. 이중적으로 기록이 남을 경우에 헌금을 함부로 전용하려는 유혹에 상당한 제동이 걸릴 수 있기 때문입니다. 물론 교회재정의 공공성과 투명성을 은행에 남는 기록에 의지하여 확보하려고 한다는 것 자체가 슬픈 일입니다. 왜냐하면 교회는 은행에 기록이 남던 남지 않던 양심적으로 재정을 관리하고 사용할 수 있어야하기 때문입니다. 그러나 교회가 양심의 차원에서 이렇게 할 능력이 없으면 은행이라는 제도를 이용해서라도 공공성과 투명성을 확보하는 것이 더 지혜로운 방법입니다.

온라인으로 헌금을 드릴 경우 통전적인 예배를 드리는 일에 심각할 정도로 문제를 발생시킨다고 볼 필요는 없습니다. 이 점에 있어서 예배자는 크게 구애를 받지 않는 것이 좋을 것 같습니다. 다만 예배자의 마음가짐 여하에 따라서 바른 헌금생활을 조금 더 증진시킬 수도 있고, 바른 헌금생활에 손상을 가할 수도 있다는 점을 고려할 필요는 있습니다. 간단히 말해서 만일 예배자가 예배를 드리기 전에 온라인으로 먼저 헌금을 드린다면 바른 헌금생활을 증진시킬 수 있다고 생각되는 반면에, 예배자가 예배를 드린 후에 온라인으로 나중에 헌금을 드린다면 헌금생활에 손상을 가져올 수 있습니다. 여기서 중요한 것은 예배자의 마음가짐입니다.

예배를 드리기 전에 온라인으로 헌금을 드린다는 것은 예배를 드리기 전에 벌써 마음으로 예배를 준비하고 있다는 뜻입니다. 온라인으로 헌금을 드리는 과정 자체가 자동적으로 예배준비를 하도록 유도합니다. 이런 과정에 기대어서 자동적으로 준비된 예배를 드린다면 그것도 감사한 일입니다. 그런데 여기서 온라인 헌금방식을 좀 더 적극적으로 바른 교회생활을 영위하는데 이용할 수 있는 가능성이 있습니다. 온라인으로 헌금을 할 때 자동이체 방식을 이용하여 일 년 정도의 기간 동안 헌금할 액수를 사전에 미리 정하고 자동적으로 이체하도록 조치를 취할 수가 있습니다. 헌금을 포함하여 도덕적인 선행은 들쭉날쭉하거나 기분 내키는 대로 해서는 안 되고, 지속적으로 꾸준하게 이루어지는 것이 바람직하기 때문에 연초에 일 년 동안 헌금할 액수를 결정하고 꾸준히 하는 것은 좋은 모습입니다. 일 년 동안 할 헌금액수를 정할 때 교회의 전체 예산 규모도 고려하고 그 안에서 교회 공동체를 운영하기 위하여 자신이 담당해야 하고 또 할 수 있는 몫이 어느 정도인가를 신중하게 고려한 후에 그 일을 책임 있게 감당하겠다는 결심을 하는 것은 하나님이 보시기에도 아름답고 또한 공동체에 대한 책임의 차원에서도 매우 바람직한 도덕적인 태도입니다. 단 이 기간은 일 년 정도가 적절하며, 너무 길게 설정하는 것은 바람직하지 않습니다. 직장 이동이 있을 수도 있고, 월급이 오르거나 줄어들 수도 있고, 특히 자영업의 경우는 수입의 변동 폭이 매우 불안정할 수 있기 때문입니다. 그러나 대체로 일 년 정도는 예측이 가능하고 설혹 중간에 변동이 생겨도 크게 부담되지 않습니다. 온라인 방식을 이런 의도와 마음으로 활용한다면 예배자 자신의 신앙생활뿐만 아니라 교회재정을 안정적으로 운영하는 데도 큰 보탬이 될 것입니다.

그러나 온라인 헌금이 예배 후에 이루어진다면 바르고 통전적인 예배에 어느 정도 손상이 찾아 올 수도 있으므로 주의해야 합니다. 예배 후에 온라인으로 헌금을 한다는 말은 예배를 드리기 전에 마음의 준비를 제대로 하지 못하고 허겁지겁 예배에 참석하기에 바빴다는 말이 될 수가 있습니다. "예배 때 헌금을 준비하지 못하면 나중에 온라인으로 넣어 주면 되지 뭐!"라는 식의 마음가짐이 습관화가 되면 온라인의 신속함과 편리함이 예배를 마음으로 준비하는 일을 게을리 하게 만드는 수단으로 남용되는 셈입니다. 그렇게 되면 바른 통전적인 예배가 손상을 입지 않을 수 없습니다.

우리는 고도로 발달된 현대의 기술적인 발전결과가 등장할 때 너무 소극적인 태도로 뒤로 물러나려고 해서는 안 되고, 보다 적극적이고 냉철한 태도로 그 발전된 기술들이 그리스도인의 예배와 삶에 가져오는 장단점을 분석한 후에 단점이 삶과 예배를 손상시키지 않도록 조심하는 한편, 장점을 최대한 살려서 삶과 예배의 격을 높이는 지혜와 분별을 갖추어야 할 것입니다.

7
바른 직업선택의 기준은 무엇인가요?

> 교구 부목사로 사역하며 성도들의 진로 상담을 자주하게 됩니다. 도시 교회이다 보니 다양한 직업에 종사하는 성도들을 만나게 됩니다. 그 중에는 직업으로 인해 갈등하는 분들이 적지 않습니다. 예를 들면, 예술계에 종사하면서 선정적 공연에 연기자로 캐스팅 됐을 때, 선정적인 부분이 들어가는 시나리오를 쓰는 것이 잘못된 것인지, 세속적인 자영업을 하는 것(술집, 노래방)이 성도로서 하지 말아야 할 일인지, 제2 금융권에 종사하는 것이 바람직하지 않은 것인지 등, 기독교세계관과 충돌할 수 있는 직업 활동을 하는 것에 대해 어떤 성경적 지침을 마련해줘야 할지 고민입니다.

직업에 대한 기독교권의 해석은 종교개혁을 분기점으로 하여 달라졌습니다. 종교개혁 이전의 중세시대에는 철학적으로는 영육 이원론과 사회구조적으로는 성속이원론이 직업에 대한 해석을 지배했습니다. 영육 이원론이란 고대 희랍철학에서 기원한 것으로서 영혼은 선하고 육체는 악하다고 보는 관점입니다. 영육 이원론은 중세시대에 들어와 사회구조에 원용되어 성속 이원론을 형성했습니다. 중세 시대는 사회구조를 교회 안의 영역과 교회 밖의 세속의 영역으로 구분한 후에, 육체의 일을 도모하는 세속의 영역은 그 자체가 악한 영역이고, 영혼의 일을 도모하는 교회 안의 영역(주로 사제단과 수도원을 가리킴)은 그 자체가 선한 영역이라고 파악했습니다. 성속 이원론의 관점에서 보면 모든 세속적인 직업들은 그 자체가 악한 것들인 반면에, 성직은 그 자체가 선한 것들입니다. 따라서 죄를 멀리하고 하나님께 영광을 돌리는 삶을 살기 위해서는 세속적인 직업을 버리고 성직으로 들어가야 했습니다.

그러나 루터의 만인제사장론이 등장한 것을 계기로 이런 관점은 획기적인 변화를 맞이했습니다. 종교개혁자들은 교회 안의 영역뿐만 아니라 세상의 모든 영역이 하나님이 창조하시고 섭리하시는 영역들이며, 각각의 영역들은 하나님으로부터 받은 고유한 소명이 있다고 가르쳤습니다. 따라서 종교개혁의 전통은 신자들은 자신이 처해 있는 자리에서 하나님으로부터 받은 소명을 신실하게 수행해야 하며, 이렇게 함으로써 하나님의 뜻을 실현하고 하나님께 영광을 돌려야 한다고 가르쳤습니다.

그러면 모든 세속적인 직업들은 예외 없이 하나님이 주신 고유한 소명을 지니고 있을까요? 만일 아담과 하와가 타락하지 않았다면 이 질문에 쉽게 긍정적으로 답할 수 있었을 것입니다. 그러나 타락 이후에는 상황이 달라졌습니다. 타락 이후에는 하나님의 창조물로서의 선함과 타락의 후유증이 모든 직업에 유기적이고 역동적인 모습으로 복잡하게 얽혀 있습니다. 복잡하게 얽힌 이 실타래를 풀어내어 기독교인이 선택할 수 있는 바른 직업을 분별해내는 작업은 상당한 정도의 정밀한 분석과 판단이 필요합니다.

이 문제를 다루기 위해서는 일에 대하여 성경이 무엇을 말하는가를 파악하는 것으로부터 시작하는 것이 바람직합니다. 특히 우리는 일과 관련된 성경의 두 단어에 주목할 필요가 있습니다. 두 단어는 모두 히브리어로서, 하나는 '멜라카'라는 단어이고 다른 하나는 '에체브'라는 단어입니다. 멜라카는 창세기 1장 28절과 2장 15절에서 사용된 단어로서, 밝고 긍정적인 의미를 지니며, 칼빈이 말한 것처럼 즐겁고 기쁨이 충만하고 모든 고통과 지루함에서 전적으로 벗어난 일을 뜻합니다. 멜라카는 타락으로 인한 부패의 영향을 전혀 받지 않는 이상적인 규범적인 일의 상태를 묘사합니다. 반면에 에체브는 창세기 3장 17-19절에 등장한 용어로서, 어둡고 부정적인 의미를 담고 있는 단어입니다. 이 단어에는 수고,

고통, 슬픔, 괴로움 등의 의미가 들어 있습니다. 에체브는 일하는 것이 힘들다는 것과 일에는 타락으로 인한 부패의 영향이 반영되어 있음을 말하고자 하는 단어입니다.

직업 선택의 지침들

여기서 우리는 편의상 일종의 "일의 스펙트럼"을 그려 보는 것이 일들을 분석하는데 도움이 될 것 같습니다. 이 스펙트럼의 왼쪽 끝에는 순수한 이상적 상태의 멜라카가 자리 잡고 있고, 오른쪽 끝에는 죄에 의하여 완전하게 지배당한 에체브가 자리 잡고 있습니다. 모든 일들은 이 스펙트럼의 어딘가에 배치되어 있습니다.

첫째로, 가장 극단적인 경우부터 생각해 보겠습니다. 타락한 세상 안에서는 100% 완전한 멜라카는 존재하지 않습니다. 그러나 일체의 보상을 바라지 않고 오직 하나님과 타인만을 위하여 순수하게 하는 봉사의 일, 예를 들면, 바울의 자비량하는 선교사역이나 무료진료나 구제 및 자선활동은 왼쪽 끝에 위치한 이상적인 상태의 멜라카에 가장 근접한 일로 간주될 수 있을 것입니다. 반면에 마약밀매라든가, 사창(私娼)산업이라든가, 도박 산업 등은 오른쪽 끝에 위치한 완전히 타락한 에체브에 근접한 일들로서 기독교인들이라면 절대로 손대서는 안 되는 일들이라고 할 수 있습니다.

둘째로, 첫 번째 경우에 제시된 극단적인 경우를 제외하면 대부분의 일들에는 멜라카와 에체브의 요소들이 다양한 양상으로 뒤섞여 있습니다. 일 곧 직업들 가운데는 하나님으로부터 받은 소명이 있고 기쁘고 즐거운 마음으로 수행할 수 있다는 점에서 멜라카임이 분명하고, 동시에 얼굴에 땀이 흐를 정도로 열심히 일을 해야만 적절한 결과를 얻을 수 있고 보수가 주어진다는 점에서 긍정적인 의미의 에체브의 특성을 갖추고 있는 일들이 있습니다. 이 일들의 경우는 일 그 자체를 일하는 사람이 좋아하고 그의 적성에 맞기 때문에, 힘들어도 즐거운 마음으로 할 수 있습니다. 이 경우는 현실적으로 가장 바람직한 경우입니다. 사회의 전 영역에 이런 바람직한 일자리들이 있습니다. 화이트칼라의 일자리들, 예를 들면, 법조인, 의료인, 기업 경영인, 교수나 교사들, 고위 공무원들, 기타 전문적인 직종들뿐만 아니라 블루칼라의 일자리들, 예를 들면, 자동차 정비업, 택시나 버스 기사, 환경 미화원, 소규모 자영업 등에도 이런 일자리들이 넓게 열려 있습니다. 일 그 자체가 사회를 증진시키는데 도움이 되며, 일하는 자의 적성과 기호와 능력에 맞고, 생계유지에 필요한 적절한 보수가 주어진다면, 비록 조금 힘들어도 즐거운 마음으로 보람을 느끼면서 일할 수 있습니다. 기독교인들은 할 수만 있으면 이런 일자리를 찾아야 합니다.

셋째로, 일 자체가 하나님을 기쁘시게 해드리는 일이지만 적성이나 기호에 맞지 않아서 일할 때 별로 흥이 나지는 않지만, 자신과 가족의 생계유지를 위하여 어쩔 수 없이 일을 해야 하는 경우가 있습니다. 이 경우는 멜라카가 부분적으로 반영되고 있고, 긍정적인 의미의 에체브가 반영되어 있는 경우입니다. 물론 기독교인은 할 수만 있으면 적성과 기호에 맞는 일자리를 찾아야 하지만, 이런 자리를 찾는 것을 사회적 현실이 허용하지 않는 경우가 있습니다. 예컨대 법관이 되고 싶지만 법관이 될 수 있는 기회는 한정되어 있어서 경쟁이 너무 치열한데다가 이미 가정을 꾸렸기 때문에 당장 가족들을 먹여 살려야 하는 긴급한 필요에 몰리는 경우가 있습니다. 이 사람은 법관준비를 위한 시간을 내기가 사실상 불가능합니다. 이 사람은 부득이하게 마음의 꿈을 접고 자신이 원하지 않는 일자리에서 일해야만 합니다. 이때는 자신의 적성과 기호에 맞춘다는 가치판단과 자신과 가족들의 생계를 유지한다는 가치판단이 충돌을 일으키는 경우입니다. 윤리적으로 보았을 때 이 두 가치 중에서 생계유지의 가치 곧 생명보존의 가치가 더 우선하는 가치이므로 적성과 기회에 안 맞더라도 가족의 생계유지를 위하여 일하는 것은 정당화될 수 있습니다. 사실상 현실적으로는 이런 성격의 일을 하고 있는 사람들이 가장 많을 것으로 판단됩니다. 이들은 "먹고 살려니까 이 일이라도 하지 않을 수 없다"는 생각을 가지고 일을 합니다. 택시 운전자나 택배 기사들이 이 경우에 해당할 것입니다. 이 경우에 가족들의 생계유지를 위하여 흥이 나지 않고 힘에 겨운 일을 묵묵히 해 나가는 모습은 매우 숭고한 태도입니다. 가족들의 생계유지는 하나님께서 일에 두신 중요한 목적들 가운데 하나입니다. 이런 상황에서 일을 해야만 하는 경우에는 이들이 하는 일들이 결코 무의미하기만 한 것은 아니며, 이 일 그 자체 안에 하나님이 두신 고유한 소명을 확인시켜 줌으로써 일의 의미와 보람을 찾도록 해 줄 필요가 있습니다. 예컨대, 환경미화원들이 하는 일은 사람들이 거들떠보지 않는 전형적인 3D 업종입니다. 그러나 생활쓰레기를 정기적으로 치워주는 일은 건전한 가정과 사회생활을 유지하기 위해서 반드시 필요한 중요한 업무이며, 아주 낮은 자리에서 이웃을 섬기는 숭고한 업무라는 사실을 확고하게 인식한다면 일에 대한 자부심과 의미와 보람을 찾는데 도움이 될 것입니다.

넷째로, 일들 가운데는 하나님으로부터 온 고유한 소명을 가지고 있고 적성에도 맞아서 즐거운 마음으로 행할 수는 있지만, 일 자체 안에 하나님이 세우신 질서에 손상을 가할 수 있는 요소를 내포하고 있는 일들이 있습니다. 예를 들어서 하나님은 안식일에는 일을 하지 말라는 명령을 주셨는데, 일의 성격상 이 명령을 거스를 수밖에 없는 일들이 있습니다. 원자력발전소나 철강생산 공장의 일은 일주일에 한 번씩 기계가동을 중단시킬 수가 없습니다. 기계작동을 중단시키는 것이 너무 위험하고 중단시켰다가 다시 작동시키는데 어마어마한 경비가 들어가고 또 효율도 크게 떨어집니다. 항공기운항이나 열차 및 대중교통 운영도 일주일에 한 번 쉬기가 어렵습니다. 또한 국방의 의무를 수행하기 위하여 경비근무를 수행할 때도 일주일에 하루를 쉬기가 어렵습니다. 어떤 기독교인은 항공기 회사에 취직을 했는데, 업무의 성격상 한 달에 한번 정도밖에 쉬지를 못해서 신앙생활을 하는데 어려움이 있음을 호소합니다. 이런 경우에 어떻게 해야 하는가? 물론 기독교인은 가능하면 주일을 지킬 수 있는 직장을 모색하는 것도 가능한 선택입니다. 그러나 한 국가나 사회의 기간을 형성하는 중요한 직종들로부터 기독교인들이 모두 철수해 버리는 것은 너무나 소극적인 태도입니다. 힘들고 고민이 되더라도 이런 직종에도 뚫고 들어가서 기독교인으로서 살아남는 방법을 적극적으로 모색해야 합니다. 일을 해야 하는 주일에는 같은 회사에 근무하는 기독교인들을 모아서 현장에서 같이 예배를 드린다든지 하는 방법으로 현장에서 어려운 현실을 이겨낼 필요가 있습니다.

직업에서 죄의 영향을 분별하는 지혜가 필요하다

다섯째로, 하나님이 주신 소명으로서의 특징과 에체브의 부정적 특성 곧 죄의 영향이 잘 구분이 되지 않을 만큼 뒤섞여 있어서 어떻게 보면 기독교인들이 해도 될 것 같고, 어떻게 보면 기독교인들이 해서는 안 될 것 같은 혼란스러운 일자리들이 있습니다. 이런 경우는 일자리들마다 개별적으로 그 성격과 특징들을 분별하여 일자리별로 신중하게 판단해야 할 것입니다. 노래방은 시민들이 자신들의 삶의 고달픔과 애환을 정서적으로 해소할 수 있는 무대를 만들어 주고 적절한 대가를 받아 생계를 꾸려가는 수단입니다. 시민들에게 노래를 통하여 정서적인 카타르시스를 준다는 것은 일반은총적인 의미가 있습니다. 다만 폐쇄되어 있는 공간인 노래방이 성적인 부당한 접촉의 장이 된다거나 술을 마시는 장소로 둔갑한다면 문제가 됩니다. 이럴 경우에는 노래방운영의 지침을 손님들에게 사전에 공지하는 것이 필요할 것입니다.

또한 기독교인이 드라마 시나리오를 작성하는 경우에 시나리오 내용

안에 불륜에 해당하는 지나치게 선정적인 장면이나 동성애 등을 각본에 넣는 것이 문제가 될 수 있습니다. 이 경우에는 드라마 전체의 맥락을 고려할 필요가 있습니다. 이런 장면들을 넣는 의도가 이런 장면들을 미화시키고 장려하는데 있는 것이라면, 이런 장면들을 넣어서는 안 되며, 외부에서 이런 장면들을 넣도록 압력을 가할 때는 항거해야 합니다. 그러나 이런 장면들이 다만 사람들이 살아가는 삶의 현실을 묘사하는 정도에 그치고 드라마의 목적이 이런 장면들을 장려하는 것이 아니라면 허용될 수 있을 것입니다. 스토리를 어떤 방향으로 전개할 것인가는 원칙적으로 작가의 고유권한이기 때문에 작가의 재량에 따라서 얼마든지 조정이 가능하다고 생각됩니다.

기독교인 청소년이나 청년들 중에서 대중음악이나 댄스에 대한 재능과 적성과 능력을 가지고 연예계 활동을 하는 경우가 있습니다. 이때 지나치게 선정적인 댄스나 노래가사가 문제가 될 수 있습니다. 대중들의 관심은 언제나 남녀 사이의 애정적인 사랑에 집중되어 있기 마련입니다. 남녀가 서로를 그리워하고 사랑하는 마음을 적절하게 표현하는 연가(戀歌)나 춤은 일반은총적인 의미가 있는 것이므로 허용될 수 있습니다. 그러나 불륜이나 지나친 성행위장면이나 동성애 등을 묘사하거나 장려하는 노래가사나 춤사위 등에는 할 수만 있으면 참여하지 않도록 지도할 필요가 있습니다. 연예계 활동이라도 이와 같은 극단적인 표현방식들을 피하면서도 활동할 수 있는 영역은 많이 있다고 생각됩니다.

마지막 여섯째로, 사회적으로 묵인되고는 있으나 멜라카는 아닌 것이 분명하고 부정적인 에체브의 성격이 뚜렷한 일자리들이 있습니다. 기독교인들은 이런 일자리들을 선택해서는 안 됩니다. 땀을 흘려 열심히 일을 하지 않고 불로소득을 벌어들이고자 하는 일자리들이 이 범주에 들어갈 수 있는 전형적인 것들입니다. 부동산투기, 왜곡된 주식투자, 다단계판매 등을 예로 들 수 있습니다.

부동산 투기는 본인이나 가족들이 살지 않을 집을 사 놓았다가 가격이 오르면 팔아서 차익을 챙기는 방법으로 부를 획득하려는 시도로서 사회에 해악을 끼치는 왜곡된 경제행위입니다. 부동산투기 때문에 서민들의 내 집 마련이 점점 더 힘들어지고, 젊은이들의 경제적 독립을 어렵게 하여 우울한 전망을 갖게 되며, 젊은이들의 결혼연령이 점점 늦어지고 있습니다.

기독교인이 산업계의 발전을 돕고, 산업 활동의 결과로서 생긴 이윤을 정당하게 나누어 받는다는 생각을 한다면 주식투자는 허용될 수 있습니다. 그러나 시세차익을 노리고 투자를 한다면 일종의 도박행위가 되는 것이므로 허용될 수 없습니다.

다단계판매는 A가 회사의 물건을 B에게 판매를 하면 수입금 중의 일부를 A가 가지는 방법으로 이윤을 획득하는 판매방식으로서 근본적으로 불로소득에 기반을 둔 왜곡된 경제행위입니다.

8
기독교인은 보험에 들면 안 되나요?

> 저는 최근에 집사 안수를 받은 평신도입니다. 요즘 신앙적 갈등을 겪고 있는 부분이 있습니다. 목사님이 성경공부 시간에 보험에 삶을 의지하고 있는 사람은 불신앙을 갖고 있다고 하셨기 때문입니다. 또한 보험은 자본주의가 사람들의 불안을 돈으로 팔고 사는 세속적 시스템에 기인한다는 말씀도 하셨습니다. 저는 사실 건강에 대한 부담으로 이미 여러 보험들을 가입해놓은 상태입니다. 몇년 전에는 몸이 아파 수술을 받았는데, 보험의 혜택을 받았고요. 그래서인지 보험에 대한 필요성을 더욱 느끼고 있었습니다. 최근에는 연금저축보험도 들었고요. 자녀들에게도 일찍이 여러 보험을 가입해줬습니다. 사실 100세 시대에 공적 시스템에 의존하는 의료보험만으로는 불안한 것이 사실입니다. 주위에서 보험에 제때 가입하지 않아 치료비를 감당하지 못하는 사람들도 보았습니다. 보험은 세상과 타협한 개인주의적 신앙일까요? 현실에서 필요한 것이라면 어느 정도의 보험이 필요할까요?

보험에 대한 목사님의 권고는 두 가지 문제점을 안고 있다고 판단됩니다. 하나의 문제점은 인간이 만든 모든 제도들이 다 그렇듯이 보험제도도 순기능과 역기능을 동시에 가지고 있는데, 보험제도가 지닌 역기능만을 일방적으로 제시하고 순기능을 간과했다는 점입니다. 또 하나의 문제점은 보험은 인간이 만든 세노이기 때문에 보험에 의지하는 것은 인간의 능력과 지혜에 의존하는 것으로서 하나님의 인도하심과 능력과 지혜에 의지하여 삶을 영위하는 태도가 아니라고 보고 있다는 점입니다. 그러나 이 생각은 하나님의 섭리의 범위를 하나님에 대한 신자 개인의 주관적인 신뢰라는 차원에 한정시켜서 파악하고 더 크고 넓고 복잡한 인간의 문화 전체를 하나님과 대립되는 것으로 좁게 해석하는 문제점을 드러내고 있습니다. 이 해석은 리차드 니버(Richard Niebuhr)가 말한 다섯 가지 문화에 대한 해석 패러다임들 가운데 "문화와 대적하는 그리스도" 모델에 기인한 것으로 이원론적인 관점을 깔고 있습니다. 곧 개인의 신앙생활은 하나님과 관련된 영역인 반면에 사회구조나 제도들은 순전하게 인간적인 지혜의 산물로서 하나님과는 관련이 없다고 보는 것이지요. 그러나 보험제도가 형성된 배경을 알고 나면 관점이 달라집니다. 목사님은 보험제도가 전형적인 자본주의의 정신을 반영하고 있는 악한 제도라고 보고 계시는데, 사실은 정반대로 자본주의의 비인간성을 교정하기 위하여 나온 제도가 바로 보험제도입니다.

먼저 보험 제도를 다룰 때 인용할 수 있는 성경의 가르침이 어떤 것이며, 이 가르침을 어떤 방식으로 적용해야 하는가를 생각해 볼 필요가 있습니다. 보험제도에 대하여 비판적인 관점을 제시하는 것으로 인용할 수 있는 본문은 산상수훈의 말씀의 일부인 마태복음 7장 25절에서 34절 말씀입니다. 이 본문에서 예수님은 공중에 나는 새와 들에 핀 백합화를 비유로 들면서 하나님의 백성들은 하나님이 직접 먹여 주시고 입혀 주신다는 사실을 믿고 내일 먹을 것과 입을 것에 대하여 염려하지 말라고 권고하십니다. 이 말씀은 삶의 목적을 설정할 때 우선순위를 어디에 두어야 하는가를 말하는 맥락에서 하신 말씀입니다. 삶의 우선순위를 하나님 나라와 의를 구하는 데 두고 나아가면 하나님이 먹고 사는 문제는 해결해 주신다는 것이지요. 예수님이 말씀하신 새나 꽃은 미래의 생활을 위하여 염려하거나 모으지 않습니다. 그러면 이때 하나님이 새나 꽃을 먹이시고 입히시는 것은 특별한 기적적인 작용을 통한 것일까요? 우리는 두 가지 점에서 그렇지 않다는 것을 알 수 있습니다.

첫째로, 새나 꽃은 생명의 유지를 위하여 쉬지 않고 아주 부지런히 활동을 해야 합니다. 새나 꽃은 가만히 있는데 하나님이 떠 먹여 주시는 것이 아닙니다. 둘째로, 새나 꽃이 이렇게 부지런히 활동을 할 때 생명유지에 지장이 없는 이유는 하나님이 자연 생태계라는 구조를 마련하시고 이 구조를 작동시키고 계시기 때문입니다. 그러므로 우리는 새나 꽃을 먹이시는 하나님의 방법을 자연적인 과정에는 없는 비상한 기적적인 작용에만 한정시켜서 해석해서는 안 됩니다. 자연적인 생태계 구조는 자연과학의 원리에 따라서 자동적으로 돌아가지만 이 구조 전체가 하나님의 역사라고 보아야만 예수님의 말씀을 제대로 이해할 수 있습니다. 그런데 이 말씀은 자연적인 생태계 구조에 의존하여 생활하는 고대 농경사회나 유목사회에서 살아가는 사람들에게는 어렵지 않게 이해되고 적용될 수 있지만, 인공경작이나 인공사육의 방법에 더 많이 의존하는 현대 농경과 축산에는 직접적인 적용에 어려움이 있고, 더욱이 금융경제라는 거대한 인공적인 경제구조 안에서 인간의 정책과 결정에 무겁게 의지하여 생활해야 하는 현대인들에게는 직접적인 적용이 한층 더 어렵습니다.

그런데 성경은 같은 생태계 안에 있으면서도 앞에 인용한 새나 꽃의 생활방식과는 다른 방식으로 살아가는 동물들의 습관도 우리가 본받아야 할 모델로 제시하고 있습니다. 잠언 6장 6절과 30장 25절을 보면 잠언 기자는 곤충들로부터 지혜를 배우라고 권고하면서 배워야 할 것의 예로서 개미가 겨울에 먹을 것을 여름에 저장하는 습관을 제시합니다. 잠언 기자가 말하고자 하는 것은 개미가 미래의 생활을 위하여 저장하는 것도 하나님의 역사라는 것입니다. 이처럼 자연 생태계 안에도 미래를 고려하지 않고 생활하는 생물들이 있고 미래를 위하여 저축하는 생물들이 있습니다. 따라서 미래를 고려하지 않고 생활하는 생물들의 생활패턴만을 일방적으로 따라서도 안 되고, 그렇다고 해서 미래를 위하여 준비하는 생물들의 생활패턴만을 일방적으로 따라서도 안 됩니다. 전자의 패턴을 따라야 할 때가 있고, 후자의 패턴을 따라야 할 때가 있습니다.

이 같은 패턴은 이스라엘 백성들의 경제생활에도 나타납니다. 이스라엘 백성들이 광야를 여행하는 기간 동안에는 그야 말로 하나님이 기적적으로 먹여 주셨습니다. 주식(主食)으로 만나를 내려 주시고, 반찬으로 메추라기를 보내 주시고, 반석을 쳐서 물이 나오게 하셨는데, 이 모든 일들이 자연에서는 찾아 볼 수 없는 기적적인 방법으로 이루어졌습니다. 이스라엘 백성들은 내일 입고 먹을 것을 확보하기 위하여 전혀 걱정할 필요가 없었습니다. 그러나 이스라엘 백성들이 가나안 땅에 들어가는 순간 이 모든 것들이 완전히 중단되었습니다. 무슨 뜻입니까? 이제는 자연적인 생태계의 움직임에 주의하면서 농경을 하고, 그 결과물을 얻어서 저장해 놓고 그것을 가지고 생활하라는 뜻입니다. 농사를 짓는 한 곡물이나 농산물을 저장하는 것은 피해 갈 수가 없습니다. 이처럼 어떤 상황에서는 내일을 위한 준비를 할 필요 없이 하나님이 기적적으로 먹여 주시기도 하고, 어떤 상황에서는 자연과 인간의 방법에 의지하고 미래를 위하여 저장하게도 하시는데, 이 두 가지가 모두 하나님이 먹여 주시는 방법입니다.

그러면 이제 보험을 어떻게 볼 것인가 하는 문제를 다루어 보겠습니다. 보험 제도를 반기독교적인 시스템으로 규정한 목사님의 입장과는 달리 오히려 보험제도는 역사적으로 보면 기독교적인 인간관과 경제사회관의 터전 위에서 이루어진 깊은 성찰과 고민 끝에 나온 매우 훌륭한 시스템입니다. 보험 제도의 기본 틀은 "돈의 여유가 있는 사람이 미래를 위하여 돈을 축적하여 돈이 없는 사람을 돕는다"는 것입니다. 여기서 우리는 두 가지 점에 유의할 필요가 있습니다. 첫째로, 돈이 없는 사람은 경제적으로 가난한 사람을 뜻하는데, 경제적으로 가난한 사람의 범주에는 다양한 부류의 사람들이 포함될 수 있습니다. 실직자, 어린이, 노인, 병자, 장애자 등 사회의 한계 계층이 모두 포함됩니다. 둘째는, 돈의 여유가 있는 사람과 돈이 없는 사람은 다를 수도 있고 동일인일 수도 있습니다. 현재에는 건강하고 능력이 있어서 일을 할 수 있고 따라서 돈의 여유가 있지만 미래에 늙고 병들고 재해 등을 만나면 언제든지 한계계층으로 떨어질 수 있습니다. A라는 사람이 죽기 직전까지 건강하게 살아서 병원비를 한 푼도 쓰지 않고 일생을 살았습니다. 그런데 이 사람은 의료보험비를 꼬박꼬박 냈습니다. 의료보험비를 꼬박꼬박 내는 것은 분명히 돈을 축적하는 것입니다. 이때 이 사람이 낸 의료보험비는 축적되어 전액 병든 다른 사람을 위하여 사용되었습니다. 이 경우가 돈의 여유가 있는 사람과 돈의 여유가 없는 사람이 다른 경우입니다. 한편 B도 건강할 때 의료보험비를 꾸준히 납부하여 축적했습니다. 그러다가 몸에 병이 들어서 장기간 투병하는 과정에서 자기가 납부한 의료보험비에 해당하는 돈을 질병치료비로 지원받았습니다. 이때는 돈의 여유가 있는 사람과 돈의 여유가 없는 사람이 같은 경우입니다. 여하튼 중요한 점은 돈을 내는 자와 혜택을 받는 자가 일치하던 일치하지 않던 간에 "건강하고 힘이 있고 돈이 있는 사람"이 여유가 있을 때 미래를 위하여 돈을 축적하여 "병들고 힘이 없고 돈도 없는 사람"을 굶지 않도록 돕는다는 것이 보험의 정신입니다. 이 혜택은 본인에게 돌아갈 수도 있고 다른 사람에게 돌아갈 수도 있습니다.

보험제도는 자본주의경제의 부작용을 완화시키고자 하는 의도로 18세기말과 20세기 초 서유럽에서 논의가 시작되었습니다. 당시 서유럽은 영국에서 일어난 산업혁명의 후폭풍으로 농민들이 대거 미숙련 공장근로자들로 영입되었고, 이들은 모두 사회의 최빈곤층으로 전락했습니다. 이와 같은 사회경제적 현실을 타파하기 위하여 기독교사회경제사상가들이 기독교적 인간관과 사회관의 지평 안에서 구상해낸 제도적 장치들 가운데 하나가 보험제도였습니다. 사실상 보험제도는 기독교적 인간관과 사회경제관이 없으면 나올 수 없는 제도입니다.

기독교석 가치관에서 만들어진 보험제도

보험제도를 뒷받침했던 기독교적 인간관과 사회경제관의 핵심은 두 가지 논제로 요약됩니다. 첫째로, 연대성의 원리(solidarity)입니다. 기독교는 아주 광범위하고 강력한 연대성을 말합니다. 기독교는 모든 인류가 혈통 상으로는 아담을 하나의 조상으로 가지는 거대한 하나의 가족으로 파악합니다(행 17:26). 따라서 인류 가운데 일부가 겪는 곤경은 곧 나의 곤경으로 파악해야 한다는 것이 성경의 관점입니다. 가인이 아벨을 죽이고 난 이후에 하나님은 가인에게 찾아 오셔서 이렇게 물으셨습니다. "네 아우 아벨이 어디 있느냐?" 이 질문은 아벨의 안위가 곧 가인이 관심을 가져야 할 문제라는 뜻입니다. 이 질문에 대하여 가인은 이렇게 답변했습니다. "내가 알지 못하나이다 내가 내 아우를 지키는 자니이까?" 이 답변은 아벨의 안위에 관심을 기울이지 않겠다는 뜻을 담고 있었고, 이 뜻은 하나님 나라의 원리와 상반되는 것이었기 때문에 가인은 이후 경건한 후손의 계열에서 퇴출당하고 말았습니다.

둘째로, 성경이 가르치는 경제정의의 원리입니다. 성경이 가르치는 경제정의의 원칙은 사회의 가장 낮은 계층의 안위에 최우선적인 관심을 기울임으로써 이들을 소외시키지 않고 함께 살아가는 것입니다(길 잃은 목자의 비유, 마 18:12-14; 밀이나 포도를 수확할 때 일부를 가난한 자의 몫으로 남기라는 명령, 레 19:9-10; 기타의 가르침, 신 10:17-18; 시 146:6-9; 출 22:21; 23:9 등).

연대성의 원리와 성경상의 경제정의의 원리의 관점에서 볼 때 자기 힘으로 생계유지가 불가능한 사회의 최빈곤층의 안위는 건강한 자들이 책임져야 마땅한 사안이 될 수밖에 없습니다. 최빈곤층의 기초생계를 형제애의 관점에서 돌보기 위해서는 경제적으로 여유 있는 자들이 벌어들인 소득의 일부를 미래의 용도를 위하여 축적하지 않을 수 없습니다. 국민연금, 의료보험제도, 자동차보험제도 등이 이런 취지에서 논의되기 시작했습니다. 이처럼 보험제도는 자본주의적이고 산업화된 사회와 발달된 금융경제시스템 안에서 성경이 말하는 연대성의 정신과 경제정의의 정신에 따라서 사회의 최빈곤층의 안위를 공동으로 책임지기 위하여 마련된 훌륭한 제도적 장치입니다.

　보험제도가 하나님을 의지하는 태도를 약화시킨다는 판단은 경솔한 판단입니다. 인공적인 경제구조장치들에 거의 완전히 둘러싸여 있는 현실에서 직장을 잃거나 노인이 되어서 더 이상 일할 수 없는 상황에 처한 동료들에게 하나님의 기적적인 도움을 구하라고 요구하기에 앞서서 경제적으로 도움을 주어야 합니다. 천문학적인 진료비가 들어가는 현실에서 중병에 걸려서 신음하고 있는 환자에게 필요한 것은 경제적으로라도 걱정하지 않고 진료를 받는 것입니다. 자동차사고를 당하여 본인의 몸이나 상대방의 몸이 상해를 입어 큰 치료비가 요구되고, 망가진 차를 보상해 주어야 하는 급박한 현실에 처한 사람에게 필요한 것은 이 모든 일을 경제적으로 해결해 줄 수 있는 장치입니다. 이런 현실에 처한 사람들의 경제적 문제를 해결해 주는 것은 최소한의 기초적인 물적 토대를 마련해 주는 정도에 지나지 않습니다. 이런 현실에 처한 사람들은 경제적 문제 말고도 마음의 외로움, 계속하여 찾아오는 통증으로 인한 고통, 심리적인 충격 등 극복해 나가야 할 일들이 아주 많습니다. 아무리 급박한 상황이 찾아 와도 기본적인 생계 문제가 해결될 수 있으면 이런 다른 문제들을 극복하는데 관심을 돌릴 수 있으며, 이런 관심전환은 삶의 질을 높이는데 크게 도움이 됩니다.

　그러나 모든 인간의 제도가 완벽하지 않고 악용될 수 있는 것처럼 보험제도도 악용될 수 있는 소지가 있는 것은 사실입니다. 개인적으로는 부유한 사람인데 연금을 꼬박꼬박 타 간다거나 경미한 자동차 사고를 만났는데 큰 사고를 만난 것처럼 조작하는 등의 부작용이 나타날 수 있습니다. 연금제도의 경우에 일을 할 수 있음에도 불구하고 일을 하지 않고 놀면서 실업보험금을 타서 생활하는 사태가 벌이질 수 있습니다. 이른바 무임승차입니다. 특히 피보험자가 죽는 경우에 남아 있는 가족에게 큰 돈이 돌아갈 수 있도록 하는 생명보험제도는 보험제도의 정신에도 맞지 않고 인간의 악한 욕망을 부추길 수 있으므로 재고되어야 합니다. 그러나 이런 일부 부작용을 이유로 보험제도 자체를 거부해서는 안 됩니다.

보험제도는 우리의 생활을 보호하고 증진시키기 위하여 하나님이 허락하신 좋은 시스템이므로 이런 좋은 시스템의 혜택을 받게 해 주신 하나님의 섭리에 감사해야 합니다. 그러나 이와 동시에 건전한 노동윤리 정신을 항상 잃지 않고 보험 제도를 본래의 정신과는 다르게 악용하는 일이 없도록 주의함과 동시에 보험제도가 없는 현실 속에 처하더라도 하나님이 우리의 길을 보호해 주시리라는 믿음을 잃지 않는 것이 바람직한 기독교인의 태도입니다.

9
성도는 자신의 건강에 어느 정도 신경 써야 할까요?

> 주위에 병을 앓고 있는 분이 많다 보니 건강에 신경이 쓰여 건강 보조 식품을 복용하고 보신 음식을 먹으며 운동도 꾸준히 하고 있습니다. 그런데 요즘은 제가 너무 건강을 염려한 나머지 건강 보조 식품과 운동에 중독된 것이 아닌가 하는 생각이 듭니다. 매스컴에서도 건강 염려증으로 인한 지나친 운동을 자제하라고 지적하는 것을 봤습니다. 건강에 대해 성경적으로 어떻게 생각하고 생활해야 할까요?

이 질문은 건강에 대한 적절한 관심과 건강에 대한 집착적인 관심의 차이가 무엇인가를 명확히 해 달라는 요청이라고 생각됩니다. 이 요청에 응하기 위해서는 먼저 기독교인들은 건강의 의미를 어떻게 이해해야 하는가를 알아 볼 필요가 있습니다.

건강에 대한 사전적인 정의는 "몸과 마음이 아무 탈이 없이 튼튼함"이라고 되어 있습니다. 이 사전적인 정의에서 우리가 주목해야 할 사실은 건강이 몸과 마음이 함께 고려된 전인적인 관점에서 이해되고 있다는 점입니다. 물론 인간의 영혼은 몸으로부터 기원한 것이 아니라 하나님이 창조하신 후 몸 안에 불어 넣어 주신 것으로서(창 2:7), 몸과는 구별되이 아 히고, 육체적 숙음을 당할 때 몸이 해체되어 없어져도 함께 해체되지 않고 몸으로부터 분리되어 계속하여 존재하고 활동합니다. 그러나 일단 영혼이 몸 안에 들어 와 거하는 기간 동안에는 몸과 긴밀한 연관성 속에 있습니다.

 인간이 건강의 문제에 깊은 관심을 기울이게 된 것(정당한 관심이든 아니면 지나친 관심이든)은 인간의 타락과 깊은 관련이 있습니다. 만일 인간이 타락하지 않고 하나님이 세상과 인간을 창조하시고 "심히 좋았더라"라고 선언하셨던(창 1:31) 그 당시의 상태 그대로 유지되어 왔다면, 건강에 대한 관심이 오늘날처럼 중요하고 심각한 문제로 등장하지는 않았을 것입니다. 그러나 인간은 타락했고, 타락한 이후의 상황은 이전과는 판연하게 달라졌습니다.

 타락 이후에 인간은 하나님과의 관계가 깨어지면서 엄청난 스트레스를 받게 되었고, 동료 인간들과의 관계가 원활하지 않게 됨에 따라서 또 다른 큰 스트레스를 받게 되었으며, 자연과의 관계도 깨어져서 생존 자체가 위협받게 되자 또 다른 스트레스군이 추가 되었습니다. 심각하게 뒤틀린 관계 안에서 영혼 곧 마음은 병들게 되었고, 영혼이 병들자 영혼과 긴밀한 연관관계에 있는 몸도 타격을 받아 망가지기 시작했습니다.

 게다가 타락한 이후 인간은 완전한 환경인 에덴동산으로부터 쫓겨 나 척박한 환경 안에서 살게 되었습니다. 이 환경은 노아의 홍수가 지나가고 난 이후에는 급격하게 더 악화되었습니다. 노아의 홍수로 말미암아 일어난 변화들 가운데 가장 하나는 홍수전에 지구를 감싸고 있던 수증기층이 모두 비로 쏟아져 내린 후 지구의 하늘이 뻥 뚫리게 된 것입니다. 하늘이 뚫리사 이진에는 수증기층에 의하여 차단되었던, 우주로부터 날아오는 방사선을 비롯한 각종 우주선들이 대기를 뚫고 지표면에까지 닿게 되었고, 이 해로운 우주선들은 지구환경을 가 일층 급속하게 악화시켰다고 추정됩니다.

 어느 지역은 사막이 되고 또 어느 지역은 빙하지대가 되었는데, 이런 지역들에서는 사람의 생존 자체가 어려웠습니다. 그 결과 노아 홍수 이전에는 1000년 가까이 유지되던 인간의 수명이 홍수 이후에는 100년 단위로 급격하게 줄어들었습니다. 수명의 급격한 감소는 몸에 질병이 찾아오고 노화가 앞당겨지는 등의 신체 이상이 나타나기 시작했음을 뜻합니다.

바른 건강법은 무엇인가?

타락한 이후에 인간에게 찾아 온 이와 같은 마음과 몸의 병을 그대로 두고는 정상적인 생활을 유지하기가 어렵게 되었습니다. 이와 같은 상황을 아시는 하나님이 병을 치유할 수 있는 대책을 마련하셨습니다. 하나님의 대책은 두 방향으로 나타났습니다. 하나는 이른 바 특별은총이라고 부르는 것이고, 다른 하나는 일반은총이라고 부르는 것입니다.

특별은총은 하나님과 인간, 인간과 인간, 인간과 자연 간의 관계를 깨뜨림으로써 마음에 엄청난 스트레스를 안겨 주고, 그 결과로서 몸까지도 병들게 한 주범인 죄의 문제를 해결하는 것입니다. 죄의 문제의 해결은 구속사건으로 나타났습니다. 하나님은 하나님의 독생자를 이 세상에 보내시고, 모든 인류의 죄를 대신 지시고 십자가 위에서 죽게 하셨다가 죄와 사망의 권세를 이기게 하시고 부활시키셨으며, 그를 믿는 자들을 죄와 사망의 세력으로부터 해방시키셨습니다. 구속사건은 모든 질병의 가장 깊은 뿌리를 찾아 제거하는 근원적인 치료이며, 건강한 삶의 궁극적인 토대를 세우는 것입니다. 그러므로 전인적인 건강은 구속사건을 받아들이고 경험하고 묵상하고 구속사건이 제시하는 방향대로 살기 위하여 온 힘을 다하는 것으로부터 시작되어야 합니다. "육체의 연습은 약간의 유익이 있으나 경건은 범사에 유익하니"라는 디모데전서 4장 8절의 말씀은 구속사건을 중심에 둔 영적 훈련이 마음뿐만 아니라 몸의 건강까지를 포함하는 전인적 건강의 토대가 된다는 사실을 말합니다.

일반은총은 마음에 찾아 온 스트레스와 특히 몸에 찾아 온 질병을 치료하기 위하여 하나님이 마련하신 장치들을 가리킵니다. 이 장치들 가운데 핵심은 의술의 발전입니다. 하나님은 인간에게 의술을 발전시킬 수 있는 재능을 주셔서 인간의 몸과 다양한 물질들의 속성들에 대하여 다양한 연구들을 하게 하셨고, 이를 기초로 다양한 치료법과 약제들을 개발하도록 하셨습니다. 이런 모든 장치들을 적극적으로 활용하여 신체적인 건강을 유지하기 위하여 노력하는 것은 하나님의 구원사역에 참여하는 정당한 의미를 가집니다.

인간이 건강하게 생활하기 위해서는 무엇보다도 먼저 경건이 범사에 유익하다는 분명한 인식을 가지고 신실한 영적 훈련을 통하여 죄 문제를 해결하여 하나님과의 관계를 비롯한 모든 관계들을 회복하고 마음의 스트레스를 제거하는 특별은총 차원의 노력을 지속적으로 하면서, 그 터전 위에서 육체적으로 약간의 유익을 주는 몸의 건강을 유지하기 위한 일반은총적인 노력들을 성실하게 하는 것이 바른 건강법입니다.

하나님이 허락하신 건강의 한계

그런데 하나님은 현세 안에서 인간이 향유할 수 있는 건강한 삶에 일정한 한계를 설정하셨고, 인간이 이 한계를 넘는 것을 허락하지 않으셨습니다. 하나님이 정하신 한계는 마음과 몸의 완전한 전인적인 구원을 재림의 날까지 유보하신 것입니다. 하나님이 정하신 이 한계는 하나님이 정하신 구속의 질서로서 인간은 이 질서를 넘어서거나 거스르려고 해서는 안 됩니다. 이 한계는 다음과 같은 두 가지 모습으로 구체화되었습니다.

첫째로, 하나님은 인간들이 예수 그리스도를 구주로 영접했을 때 속사람은 죄의 세력으로부터 해방시키셨으나 겉 사람의 영역에는 죄의 잔재를 남겨 두셔서 인간들이 이 죄의 잔재들을 극복하기 위한 영적인 싸움을 재림의 날까지 계속하도록 하셨습니다. 하나님은 계속되는 죄와의 싸움이 하나님의 백성들을 힘들게 하지만 이 과정이 성화의 과정에 유익하다고 판단하신 것입니다. 인간들은 죄의 잔재를 완전하게 극복할 때까지 투쟁해야 하지만, 현세 안에서 자기 자신의 노력으로 완전한 성화의 단계에 도달할 수 있다고 생각하는 완전주의에 빠져서는 안 됩니다. 기독교인은 지나간 일은 잊고 하나님이 보여 주신 푯대를 향하여 부단히 나아가야 합니다.

둘째로, 하나님은 몸이 질병으로부터 완전히 해방되는 것도 재림의 때까지 유보하셨습니다. 따라서 인간이 의술을 비롯한 일반은총의 모든 장치들을 동원하여 노력한다 하더라도 재림의 날까지 인간에게는 여전히 극복되지 않는 질병이 남아 있을 것이며, 인간의 몸은 점차 노화되어 갈 것이며, 마침내는 육체적 죽음을 맞이하게 될 것입니다. 인간이 노화되어 죽음에 이르는 것이 거역할 수 없는 질서라는 사실은 한 가지 유전학인 정보를 알아 두면 보다 쉽게 이해할 수 있습니다. DNA를 펼쳐 놓으면 DNA의 양쪽 맨 끄트머리에 텔로미어(telomere)라고 불리는 작은 영역이 있습니다. 텔로미어는 세포가 분열할 때마다 조금씩 떨어져 나가는데, 텔로미어가 다 떨어져 나가면 인간의 수명이 끝납니다. 그런데 초기의 배아(수정이 이루어진 후 8주째까지의 뱃속의 아기를 가리키는 학명)에는 떨어져 나간 텔로미어를 복원시켜 주는 유전자가 켜져 있습니다. 따라서 초기의 배아는 생물학적으로 영생할 수 있습니다. 그런데 이 유전자가 며칠 지나면 꺼져 버리고 다시는 켜지지 않습니다. 따라서 인간은 노화되어 죽게 됩니다. 여기서 인간은 이런 유혹을 강하게 받을 수 있습니다. 그러면 어떻게 해서든지 이 유전자를 켤 수 있는 방법을 발견하면 영원히 살 수 있지 않은가? 그런데 유감스럽게도 이 유전자는 성인의 몸에서 정상세포가 암세포로 전환되면 켜집니다. 그러므로 이 유전자가 꺼져 있으며 노화되어 죽고, 켜져 있으면 암에 걸려서 죽습니다.

간단히 말해서 재림의 날까지 집착적인 태도로 모든 질병으로부터의 완전한 해방을 도모하거나 노화를 막으려고 하거나 육체적 죽음을 피해

가려고 하는 시도는 성공할 수 없을 뿐만 아니라 하나님의 질서를 거스르는 죄가 됩니다.

하나님이 원하시는 건강

그러면 하나님이 허락하신 정당한 건강에 대한 관심과 건강에 대한 집착을 구별시켜 주는 경계선은 무엇일까요? 저는 그 경계선을 다음과 같은 세 가지 원리들로 정리할 수 있다고 생각합니다.

첫째로, 먹거리의 경우에 평범한 사람들이 평범한 식사용으로 섭취하고 있는 음식의 수준에서 크게 이탈한 특별한 음식에 너무 빈번하게 집착하는 것은 건강에 대한 정당한 관심이 아니라 건강에 대한 집착으로 볼 수 있습니다. 어느 사회든지 평범한 사람들이 평범하게 섭취하는 음식들은 오랜 세월에 걸친 선인들의 경험적 지혜가 녹아 들어간 것들로서 가장 무리가 없고 몸에 좋은 최상의 음식들입니다. 기독교인들은 이런 수준의 식사로 자족하는 태도를 견지할 필요가 있습니다. 산해진미가 아닌 일용할 양식을 구하라고 하신 예수님의 권고는 사실상 몸에 가장 좋은 음식이 곧 일용할 양식이라는 의미도 함축하고 있습니다. 이른바 미식가들이 추구하는 고급 음식들은 특별한 날에 예외적으로 섭취하는 것은 괜찮지만 이 음식을 수시으로 닐마다 섭취히는 것은 오히려 건강에 독이 될 수 있습니다. 이런 음식들은 대체로 고단백식품들이거나 기름기가 많은 육류일 때가 많은데, 바로 이런 음식들이 다양한 성인병의 원인이 됩니다. 건강보조식품들은 검증되지 않은 것들일 경우가 많은데다가 검증되었다 하더라도 과잉영양섭취의 원인이 되어 오히려 몸을 더 망가뜨릴 수도 있습니다.

둘째로, 몸을 보신해 주는 먹거리에 집착하거나 과도한 운동에 집착하는 이유들 가운데 하나는 노화되어 가는 현실을 받아들이기를 두려워하고 젊음을 계속하여 유지하고자 하는 갈망이 있기 때문입니다. 이처럼 젊음을 유지하고자 하는 이유들 가운데는 나이가 든 후에도 젊은이들처럼 성관계를 오랫동안 누려 보려고 하거나 자유 분망한 성생활을 유지하고 싶어 하는 바람이 있기 때문입니다. 특별한 먹거리에 집착하는 것이 오히려 몸을 망칠 수 있는 것처럼, 과도한 운동도 몸을 망가뜨릴 위험이 있습니다. 운동을 지나치게 과도하게 하면 항산화물질이 다량으로 분비되어 오히려 노화를 촉진시킬 수 있으며, 근육이 피로를 느껴 염증이 생기는 등 문제가 발생할 수 있으며, 관절이 치명적인 손상을 입을 수도 있습니다. 인간이 나이가 들어서 노화의 과정이 진행되는 것은 하나님이 정해 주신 거스를 수 없는 질서라는 분명한 인식 하에 마음을 열고 그 과정을 받아들이는 태도가 필요합니다. 그리고 그 과정에 알맞게 식사량이나 운동량을 조절하거나 줄여 나가는 것이 좋습니다. 나이가 들어감에 따라서 성적인 욕망이 조금씩 줄어 들어가는 현실도 있는 그대로 받아들이고 나이에 맞는 방식으로 사랑을 표현하는 법을 배우는 것이 필요합니다. 60대에 들어서서도 20대와 똑같은 방식으로 사랑을 표현하는 것은 바람직하지 않습니다. 우선 몸이 감당을 못합니다. 60대가 되면 신체적인 성관계보다는 서로 공유하는 건실한 취미생활이나 정겨운 대화 등을 통해서 얼마든지 사랑을 표현할 수 있습니다. 나이가 들어가면서 포기할 것은 과감하고 포기하고 그 나이에 맞는 삶의 아름다움과 기쁨과 의무를 새롭게 발견해 나가는 태도가 필요합니다.

셋째로, 의료적인 상식을 넘어서는 질병치료방식을 추구하지 않도록 해야 합니다. 나이가 들어감에 따라서 몸의 장기들도 하나씩 하나씩 망가져 가고, 장기들 전체의 기능이 서서히 저하되어 가는데, 이런 현실도 있는 그대로 받아들이고 이린 현상들을 두려워하지 않는 태도가 필요합니다. 물론 적절한 음식섭취와 운동을 통하여 가능한 한 노화의 속도를 조금씩 늦출 수 있으면 늦추는 것이 필요하지만, 자기의 몸의 작은 부분이라도 망가질 조짐이 보이면 참지 못하고 이 병원 저 병원 전전하면서 무리하게 진료를 받고자 하는 것은 바람직하지 않습니다. 최근에 새로운 질병치료방식으로 줄기세포 치료가 등장하고 있으나, 아직 임상효과가 검증되지 않은 것들이 대부분이어서 큰 기대를 하지 않는 것이 좋습니다. 예를 들어서 몇 년 전에 어느 대학병원에서 교통사고를 당해 척추에 부상을 입고 일어나지 못하는 환자에게 줄기세포를 주입하여 잠시 일어나서 걸을 수 있도록 한 일이 있었습니다. 그러나 이 환자는 일주일쯤 뒤에 상태가 이전보다 훨씬 더 악화되어서 그 후로는 앉지 조차 못하게 되었습니다. 건강에 대하여 지나치게 초조해 하고 염려하면 바로 초조한 마음과 염려가 스트레스가 되어서 새로운 질병이 발병할 수 있습니다.

    기독교인들은 몸의 건강에 대한 집착적인 관심은 몸의 건강을 최상의 가치로 간주하는 유물론적인 태도이자 우상숭배로서 기독교인들의 마음과 몸을 전인적으로 건강하게 만들어 주는 것이 아니라 오히려 심각한 피해를 줄 수 있다는 점을 유념해야 합니다. 기독교인들의 건강에 대한 관심은 영적인 훈련을 통하여 마음의 스트레스를 다스리고 평범한 음식 섭취와 적절한 운동, 몸의 기능이 저하되어 가는 현실을 받아들이며 나이게 맞는 삶의 즐거움과 의미를 찾고, 정기적인 건강검진을 받되 무리한 치료를 절제하는 차원에서 이루어져야 할 것입니다.

10
사별한 목회자가 재혼해야 할까요?

> 부인과 사별하고 초등학생 자녀를 둔 40대 후반의 목회자입니다. 교회에서 목회자의 재혼에 대해 관심이 많습니다. 종종 주위에서 중신도 들어옵니다. 교회 안에 있는 사별한 여 성도들이나 노처녀들도 사모 자리를 눈 여겨 보는 눈치인데, 과연 어떻게 처신하는 것이 좋을까요?

이 질문에 답변하기 위해서는 성도들의 재혼에 관한 성경의 일반적인 가르침을 먼저 정리한 후에 이 가르침을 목회자라는 특수한 직분에 적용했을 때 어떤 변화가 있을 수 있는가를 알아보는 것이 바른 순서일 것 같습니다.

재혼에 관한 성경의 가르침

성경에서 재혼이 허용되는 필수적인 전제 조건은 기존의 결혼관계가 합법적으로 해소되어야 한다는 것입니다. 결혼관계는 네 가지 사유에 의하여 정당하게 해소될 수 있습니다.

첫 번째 경우는 배우자가 죽는 경우입니다. 배우자가 죽는 경우는 결혼관계가 자동적으로 정당하게 해소됩니다. 로마서 7장 1-3절에서 바울은 법은 적용대상이 사람이 살아 있는 동안에만 적용된다는 원리에 근거하여 볼 때 결혼법은 두 배우자가 살아 있는 동안에만 적용되는 것이므로 한 쪽 배우자가 죽으면 결혼관계는 자동적으로 해소된다고 말합니다. 결혼관계가 해소되면 재혼을 해도 간음을 범하는 것이 아니라고 바울은 말합니다. 말하자면 재혼이 정당하다는 것입니다.

이 경우에 이런 질문이 제기될 수 있습니다. 배우자와 사별한 후에 남아 있는 배우자가 재혼을 하는 것은 세상을 떠난 배우자에게 대하여 지켜야 할 정조(貞操)를 깨뜨리는 것이 아닌가? 그것은 사별한 배우자를 배신하는 것이 아닌가? 이런 생각은 죽은 사람의 영혼이 귀신이 되어 집 주위를 맴돌면서 현세에서 이루지 못한 아쉬움을 달랜다고 생각하는 유교적인 사생관의 관점에서는 의미 있는 생각일 수도 있으나, 인간이 육체적 죽음을 죽으면 즉각 현세를 완전히 떠나 천국이나 지옥으로 들어가고, 그 후에는 어떤 방식으로든 현세와 관계하지 않는다는 기독교적인 내세관의 관점에서 볼 때는 아무런 의미가 없습니다. 이 점에서 기독교인들은 냉정하게 생각할 필요가 있습니다. 배우자가 죽어서 천국에 간다면 현세에서의 결혼관계가 완전히 해소된 상태에서 현세에서보다 월등히 탁월하고 행복하게 지내게 되므로 구태여 현세 안에 있는 사람들이 이들의 안위에 대하여 염려할 필요가 없습니다. 배우자가 죽어서 지옥에 간다 하더라도 지옥에 있는 사별한 배우자를 위하여 현세에 남은 배우자가 해 줄 수 있는 일은 아무 것도 없습니다. 현세에 남은 배우자는 현세에서 남은 삶을 어떻게 살아가는 것이 최선인가만을 생각하면 됩니다. 재혼을 하는 것이 최선의 길이리고 판단된다면 사별한 배우자와의 관계 때문에 주저할 필요는 없습니다.

배우자와의 결혼관계가 정당하게 해소되는 두 번째 경우는 배우자가 간음을 행한 경우입니다. 구약시대에는 배우자가 간음을 범한 경우에 간음을 범한 배우자가 사형의 형벌을 받도록 되어 있었습니다. 사형을 받게 되면 배우자가 죽기 때문에 자동적으로 결혼관계가 정당하게 해소됩니다. 그리고 무죄한 남은 배우자는 자유롭게 재혼을 할 수 있습니다. 신약시대에 들어 와서 예수님은 간음하다가 현장에서 잡힌 여인 사건에서 간음한 여인을 돌로 치려고 하는 사람들로부터 여인을 보호하여 죽이지 못하게 함으로써 간음에 대하여 사형을 시행하는 시민법 차원의 형벌을 폐기시키고 그 대신 간음을 이혼허용사유로 낮추어 주셨습니다. "음행한 이유 외에"는 이혼이 허용되지 않는다는 말은 간음을 정당한 이혼사유로 인정하셨다는 것을 뜻합니다(마 19:9). 물론 이때 이혼 요구권은 무죄한 배우자에게만 있습니다. 간음을 범한 자는 무죄한 배우자가 이혼을 요구하면 그 요구에 따라야 할 뿐입니다. 무죄한 배우자에게만 이혼요구권이 있다는 말은 그에게만 재혼권이 있다는 뜻입니다. 간음을 범한 자에게 이혼 요구권을 주는 것은 현재의 배우자와 헤어지고 새 여자와 새 살림을 차리고 싶어 하는 그의 악한 소원을 들어 주는 셈이 되므로 허용되지 않습니다.

배우자와의 결혼관계가 정당하게 해소되는 세 번째 경우는 종교가 다른 경우입니다(고전 7:12-16). 믿는 배우자는 먼저 종교의 차이를 이유로 이혼을 요구해서는 안 됩니다. 그러나 믿지 않는 배우자가 종교의 차이를 이유로 이혼을 요청하면 믿는 배우자는 들어 주어도 무방합니다. 이때 믿는 배우자의 결혼관계가 합법적으로 해소되었으므로 그에게는 재혼권이 주어집니다. 이혼하여 홀로 된 믿지 않는 배우자에 대해서는 기독교윤리의 영역을 벗어났기 때문에 특별한 지침이 주어지지 않습니다.

배우자와의 결혼관계가 정당하게 해소되는 네 번째 경우는 한쪽 배우자의 신체적이고 정신적인 폭력이 너무 심하여 다른 쪽 배우자의 생명이 위협에 처하는 경우입니다. 이 경우에 대해서는 성경에 명시적인 언명이 없으나 기독교윤리의 규범론에 근거하여 이혼이 허용되는 것으로 해석되고 있습니다. 기독교윤리에서는 인간의 생명의 가치가 최고의 가치이기 때문에 폭력이 습관적으로 계속되는 결혼관계가 인간의 생명을 위협한다는 사실이 명확해지면 생명의 보호를 위하여 결혼관계를 파기할 수 있습니다. 배우자의 폭력 때문에 이혼한 무죄한 배우자에게는 당연히 재혼의 권리가 주어집니다. 물론 폭력을 행한 배우자에게는 재혼권이 주어지지 않습니다.

목회자로서 고려해야 할 것들

그러면 이상에 서술한 이혼과 재혼에 관한 성경의 가르침은 목회자라는 특수한 소명을 받은 자에게 그대로 적용될까요? 일단은 그렇다고 답변할 수 있습니다. 목회자도 배우자가 사별했거나 음행을 했거나 종교의 차이로 이혼을 요구했거나 생명을 위협하는 폭력을 지속적으로 당하는 경우에 정당하게 이혼을 할 수가 있고, 무죄한 배우자는 재혼할 수 있습니다. 그러나 목회자가 재혼을 하고자 할 때는 목회직이 지니는 몇 가지 특성들을 고려하여 재혼을 하는 것이 과연 최선의 길인가를 신중하게 따져 보아야 하며, 재혼을 하는 경우에도 목회 현장에 혼란을 초래하지 않도록 기술적인 지혜를 발휘할 필요가 있습니다. 한 교회의 담임목회를 맡으면 목회자의 신상의 변화는 단지 개인적인 호 불호에 의해서만 결정될 수 없고, 그것이 교회에 끼칠 영향을 고려하여 결정되어야 합니다.

첫째로, 배우자와 사별한 목회자가 성적인 욕구에 크게 영향을 받지 않고 배우자가 없어서 더 늘어난 시간을 오직 교회를 섬기는 일에 집중하겠다는 적극적인 의지를 가지고 재혼을 하지 않고 목회에 임하는 것도 가능한 선택들 가운데 하나입니다. 예컨대 바울이 바로 그런 예입니다. 성경에는 기록이 명확히 나와 있지 않으나 설득력 있는 한 학설에 의하면 바울에게는 유대교를 믿는 부인이 있었는데, 이 부인은 바울을 따라서 기독교로 개종하기를 거부하고 헤어지기를 원했고 따라서 바울은 이 부인과 헤어진 것으로 되어 있습니다. 이 이론이 사실이라면 바울은 정당하게 이혼을 했으므로 당연히 재혼을 할 권한을 가지고 있었습니다: "우리가 다른 사도들과 같이 믿음의 자매된 아내를 데리고 다닐 권리가 없겠느냐?"(고전 9:5). 그러나 바울은 자신이 계속하여 먼 거리를 걸어서 이동해야 하고 많은 위험한 순간들을 만나는 힘든 사역을 해야 했기 때문에, 힘든 사역의 여정에 연약한 부인을 데리고 다니는 것은 적합하지 않다고 판단하여 재혼을 하지 않았던 것 같습니다. 바울은 자신의 경우를 원용하여 결혼하지 않은 자들과 과부들이 정욕을 절제할 수 있고 주님을 섬기는 일에 흔쾌히 집중할 수만 있다면 혼자 지내는 것도 좋은 선택이라고 권고합니다(고전 7:8). 교회가 목회자의 성적 일탈을 지나치게 염려하여 목회자가 독신으로 교회 일에 헌신할 수 있는 길을 아예 차단시키는 것은 바람직하지 않습니다. 독신으로 사역할 수 있는 능력과 소명을 가진 목회자가 결혼하지 않고 사역할 수 있는 공간도 마련되어야 합니다. 물론 이 경우에 목회자는 자신의 입장을 교회 앞에 분명히 알리고 교회 안의 여 성도들의 오해가 없도록 처신을 신중하게 해야 할 것입니다.

둘째로, 배우자와 사별한 목회자가 남은 시간들 동안 성적 욕구를 제어하는 데 자신이 없고, 먼저 떠난 아내의 빈자리를 지혜롭게 스스로 메꾸면서 정돈된 삶을 살 자신이 없다고 판단하여 재혼을 하기로 결정하는 것도 얼마든지 가능한 선택입니다. 그러나 이 경우에는 목회자가 목회하는 본 교회로부터 새로운 배우자를 선택하는 것은 자제하는 것이 바람직합니다. 왜냐하면 목회하는 본 교회 안에서 새로운 배우자를 선택하고자 하는 경우에 반느시 순수되어야 할 목회 윤리의 기본적인 원리들이 무너질 위험이 뒤따르기 때문입니다.

목회자가 목회하는 본 교회의 교인들은 목회자의 편중됨이 없는 영적인 돌봄과 지도를 받아야 할 대상들입니다. 목회자는 모든 교인들을 보편적인 아가페 사랑의 원리에 의거하여 공평하게 대우해야 합니다. 그러나 목회자가 교인들 가운데 특정한 한 사람을 정하여 그와 특별한 사랑의 관계에 들어가 이 한 사람에 대하여 각별한 애정을 표현하기 시작하면 이와 같은 원리가 무너지는 것이 불가피합니다. 이 원리가 무너지면 목회 전반에 걸쳐서 어려움이 찾아오는 도화선이 될 수 있습니다.

교인들 가운데 한 여성이 사모 후보자로 선정이 되는 경우, 한 교회 안에서 결혼식을 올리는 순간까지 이 사실을 비밀로 유지하기는 현실적으로 불가능합니다. 목회자가 어떤 경우에도 재혼을 하지 않겠다는 의사를 분명히 밝히지 않는 한 복수의 여 성도들이 목회자의 사모가 되고 싶어 하는 기대를 가질 수 있습니다. 이런 상황에서 어느 한 여 성도를 사모 후보로 선정하는 것은 같은 기대를 가지고 있는 다른 여 성도들의 실망과 질투를 유발할 위험이 매우 큽니다. 여성들이 애정 문제로 질투심을 품기 시작하면 걷잡을 수 없는 방향으로 사태가 발전할 수 있습니다. 교회 공동체가 깨지며, 이 일에 중심인물로 휘말려 들어가 있는 목회자가 성도들을 영적으로 지도하는 것은 사실상 불가능해집니다.

아무리 목회자라 하더라도 애정관계는 인간의 변덕스러운 감성에 많이 의존하기 때문에 긍정적인 방향으로 발전되어 갈 수도 있으나 잘 발전되어 가는 것 같다가도 예기치 않았던 순간에 틀어지는 경우가 얼마든지 있을 수 있습니다. 만일 이 관계가 틀어지면 목회자나 여 성도는 치명적인 내상(內傷)을 입을 위험이 있습니다. 이 일은 십중팔구 교회 공동체 전체에 직접적으로든 간접적으로든 알려지지 않을 수 없으며, 목회자와 여 성도의 가정 사이에 불편하고 적대적인 관계가 형성되는 것은 물론 목회자에 대한 교인들의 인식에 균열이 생기게 됩니다. 이런 사태가 발생하면 목양은 현실적으로 불가능해집니다. 결과적으로는 서로 내상을 깊게 입은 상태에서 여 성도가 교회를 떠나든지 아니면 목회자가 교회를 떠나야 합니다.

셋째로, 목회자가 재혼을 하기로 마음을 굳혔다면 자신이 목회하는 교회를 이런 어려움 속에 빠뜨리지 않도록 하기 위하여 본 교회에서 배우자를 찾지 않고 다른 교회에 출석하는 여 성도들 중에서 배우자를 찾는 것이 바람직합니다. 목회자와 사모 후보자인 여 성도가 섬기는 교회가 다르면 비록 두 사람의 관계가 긍정적으로 발전되지 못하고 깨진다 하더라도 이 여 성도가 섬기는 교회의 담임목사가 이 여 성도에게 위로와 영적인 돌봄을 제공하여 마음의 상처를 극복하는 것을 도울 수 있습니다. 따라서 목회자는 교회의 공식적인 자리에서 자신은 본 교회의 성도들과는 결코 재혼을 하지 않고 재혼을 하더라도 외부에 있는 사람과 할 것임을 분명하게 선언함으로써 교인들이 불필요한 오해를 하지 않도록 조치를 취하는 것이 바람직합니다.

반드시 거쳐야 하는 점검 과정

목회자가 교회 외부의 여성과 재혼을 하기로 결단을 내리는 경우에도 재혼에 임하는 자신의 마음가짐이 어떤 것인가를 반드시 점검해 보아야 합니다. 목회자가 재혼을 하기 전에 이와 같은 번거로운 점검과정을 반드시 거쳐야 하는 이유는 목회자의 가정은 투명 유리 상자와 같이 모든 교인들에게 공개되지 않을 수 없고, 상당한 정도의 모범적인 모습을 보여 줄 수 있어야 하기 때문입니다.

첫째, 가장 중요한 것은 목회자가 새로운 배우자를 어떤 마음으로 맞이하느냐 하는 것입니다. 목회자는 자기 자신의 현실적인 필요를 채우기 위한 목적으로 새로운 배우자를 맞이할 수가 있습니다. 목회 업무에 집중하기 위하여 밥을 해주고 빨래를 해주고 자녀를 돌보는 등과 같은 일종의 가사도우미 정도의 생각을 하면서 재혼을 고려할 수가 있습니다. 뿐만 아니라 성적인 욕구를 절제하기가 너무 힘들어서 이 욕구를 채우기 위한 대상으로 배우자를 선정할 수도 있습니다. 이와 같은 동기에서 배우자를 선택한다면 재혼생활은 실패할 위험이 있습니다. 재혼의 대상이라 할지라도 정말로 인격적인 대화를 통하여 공감대를 빌견할 수 있고 인격석인 사랑을 나눌 수 있는 대상인지, 상대방도 목회자 자신을 같은 마음을 가지고 대하고 있는지를 반드시 확인해야 합니다.

둘째, 한 여성을 아내로 맞아들이는 일은 상당히 많은 시간과 재정과 노력을 쏟아 부어야 하는 일이며, 이 모든 일들을 기꺼운 마음으로 담당하는 희생을 요구합니다. 혼자 생활할 때 교회를 섬기는 일에 100이라는 시간을 소비했다면 재혼을 하면 이 시간들 가운데 아마도 절반 정도에 해당하는 50이라는 시간을 새로 맞아들일 아내를 위하여 할애할 결심을 해야 합니다. 그러면서도 목양의 사역을 소홀히 하지 않겠다는 다짐을 아울러 할 수 있어야 합니다. 자기 자신은 교회의 담임목사로서 중요한 사역을 수행하고 있기 때문에 아내로 들어올 여성은 모든 것을 자신이 사역을 잘 수행하도록 자기에게 맞추어야 한다고 생각해서는 안 됩니다. 이와 같은 이기적인 태도로 재혼에 임하면 실패로 끝날 수 있습니다.

셋째, 재혼을 하고자 하는 목회자는 새로 들어오는 배우자가 전 배우자의 자녀들을 사랑으로 따뜻하게 돌보고 키우는 일을 담당할 수 있는가를 반드시 점검해야 합니다. 이 일은 생각보다 훨씬 어려울 수 있습니다. 전 배우자가 낳은 자녀들은 이미 마음에 큰 아픔을 안고 있기 때문에 쉽게 마음 문을 열지 않을 수 있습니다. 새로운 배우자는 자신에게 마음 문을 열지 않는 전 배우자의 자녀들에 대하여 미워하는 마음을 가질 수도 있습니다. 신데렐라 이야기나 콩쥐와 팥쥐 이야기가 동서양을 막론하고 전해 내려오는 것은 전 배우자의 자녀들과 새로운 배우자와의 관계를 원활하게 맺는 것이 얼마나 어려운 일인가를 보여 줍니다. 이 부분에서 새로운 배우자의 마음과 전 배우자의 자녀들의 마음이 어떤 것인가를 확인할 필요가 있습니다. 이 부분에서 문제가 생겨 가정에 어려움이 찾아오면 목회 자체를 원활하게 수행하는 것이 어려워집니다. 이 부분에서 어려움이 확인되면 재혼을 보류할 필요가 있습니다.

11
교역자의 사례비를 책정하는 원칙은 무엇인가요?

> 대부분의 교회가 교역자들에게 사례비를 책정해서 드리는데 교역자들에게 사례비를 드리는 것이 성경적인가요? 바울 사도는 무보수로 사역했는데 그것이 더 성경적이지 않나요? 담임목사의 사례비가 교회의 규모에 비해서 과도하게 느껴지는데 이것을 어떻게 이해해야 할까요? 사례비를 책정하는 원칙이 있나요?

저는 지난 8월 초 노회장을 맡고 있는 어느 목사님과 대화를 나눈 일이 있었습니다. 대화의 주제들 가운데 가장 심각하게 고민했던 문제는 재정이 열악한 교회가 은퇴하는 목회자를 처우하는 방법에 관련된 것이었습니다. 목회자의 퇴직금 지급을 위한 재정을 미처 마련하지 못한 상태에서 담임 목회자의 은퇴를 맞이한 많은 교회들이 궁여지책으로 찾아낸 해법은 후임으로 오는 목회자에게 적게는 수천만 원, 많게는 억대 단위의 돈을 지참금으로 가지고 오게 하여 그 돈으로 은퇴목회자의 퇴직금을 지급하는 것이었습니다. 우리에게 충격으로 다가올 수밖에 없는 이 관행을 어떻게 받아 들여야 할까요? 이런 편법을 동원해서라도 생계에 대한 대책이 없이 은퇴해야 히는 목회사들을 도와야 하는 것일까요? 아니면 이 관행은 교회의 가장 심각한 부패의 증거인 성직매매의 전형일까요?

이 예는 교역자의 사례비 문제에 대한 분석과 성찰의 시급성과 중요성을 단적으로 보여줍니다. 이 글에서 저는 먼저 성경적 근거를 살피면서 교역자 사례비를 어떻게 이해해야 하는가를 제시하고자 합니다. 이어서 저는 교역자 사례비 책정의 원리들에 대하여 검토해 보고, 현재 한국교회들이 정한 교역자 사례비의 구체적인 항목들이 정당한 것인가, 정당하다면 이 항목들을 어떻게 운용해야 하는가에 대하여 의견을 피력하고자 합니다. 마지막으로 교역자의 납세문제와 보험 및 연금과 관련된 은퇴 후 대책 등에 대한 소견을 제시하는 것으로 글을 마무리 짓고자 합니다.

교역자 사례비를 어떻게 이해해야 하는가?

교역자에게 정기적으로 사례비를 지불하는 관행은 초대교회의 부흥과 발전에서 비롯되었습니다. 신약의 교회가 형성되기 시작한 초기에는 정기적으로 사례금을 받는 사역자들이 없었습니다. 예컨대 사도 바울은 교회가 간헐적으로 주는 도움을 거절하지 않았지만(빌 4:15), 스스로 천막을 만드는 일을 하여 자신과 동료들의 생활비를 스스로 충당하면서(행 18:3; 20:34, 35; 고전 9:6, 12; 살후 3:8) 대부분의 사역을 행하였습니다. 초대교회는 장로들을 세워서 성도들을 지도하도록 했습니다. 교회가 부흥하여 성도들의 숫자가 많아지고 이들에게 말씀을 전하고 이들을 돌보는 업무가 늘어나자 초대교회는 이 일을 전담하는 전임교역자를 세우고 그의 생활비를 교회가 전담하도록 했습니다. 이와 같은 과정을 참고할 때 교역자가 교회의 사역에 전념하는 것이 바람직한 것임은 분명하지만 교역자가 생계유지를 위하여 어떤 경우에도 다른 일을 해서는 안 된다는 것을 절대적인 원리로 세울 수는 없음을 알 수 있습니다.

교회가 전임교역자의 생활비를 책임지는 관행은 사도들의 가르침, 예수님의 가르침, 더 거슬러 올라가 구약의 가르침에 의하여 정당화되었습니다. 사도 요한은 요한 3서 5절에서 "나그네된 자들에게 행하는 일은 신실한 일이니"라고 했는데, 여기서 말하는 나그네는 순회전도자를 뜻합니다. 이 본문은 교회에게 전도자를 재정적으로 지원할 것을 권고하는 본문입니다.

전임사역자에 대한 재정지원을 본격적으로 강조한 사도는 바울이었습니다. 바울은 예수님의 가르침과 구약시대에 이스라엘 백성들이 레위인을 도운 것을 근거로 제시하면서 전임사역자에 대한 재정지원을 정당화했습니다. 바울은 군인으로 징집된 자는 먹을 것, 입을 것, 무기 등을 비롯하여 생활에 필요한 모든 것을 국가로부터 공급받는다는 사실("누가 자기 비용으로 군 복무를 하겠느냐," 고전 9:7), 포도를 심은 농부에게는 포도 열매를 수확할 권리가 있다는 사실("누가 포도를 심고 그 열매를 먹지 않겠느냐," 고전 9:7), 양을 기르는 목축업자에게는 양의 젖을 먹을 권리가 있다는 사실("누가 양 떼를 기르고 그 양 떼의 젖을 먹지 않겠느냐," 고전 9:7) 등과 같은 일반적인 상식을 예로 들면서 교회의 전임사역자에 대한 생활비지원을 정당화했습니다.

바울은 또한 모세의 율법 중에서 두 가지 근거를 제시하면서 교회의 전임사역자의 생활비지원을 정당화합니다. 하나는 신명기 24장 5절에 있는 곡식을 밟아 떠는 소에게 망을 씌우지 말라는 조항입니다(고전 12:9). 소는 밭을 열심히 갈면 주인이 풀을 준다는 기대를 가지고 힘든 밭갈이를 합니다. 그런데 마음이 차가운 주인이 소가 풀에 한 눈을 팔면 일이 늦어질 것을 우려하여 소의 입에 망을 씌웠던 것입니다. 바울은 이 명령이 하나님이 소 자체를 염려해서 주신 명령이 아니라 주의 일을 열심히 하는 레위지파를 다른 열한지파의 사람들이 차가운 마음으로 대하지 말 것을 강조하기 위한 상징으로 해석합니다. 따라서 바울은 13절에서 성전에서 일하는 이들(레위지파)이 성전에서 나는 것을 먹으며, 제단에서 섬기는 이들(제사장들)은 제단과 함께 나눈다고 말합니다. 제단과 함께 나눈다는 말은 제단에 바친 제물의 일부를 가진다는 뜻입니다. 그런데 성전에서 나는 것, 곧 제물은 누가 제공하는가? 열한 지파가 제공합니다. 그러므로 이 말은 열한 지파가 레위인의 생활비를 전담한다는 뜻입니다. 열한 지파는 레위인의 생활비를 전담할 때 차가운 마음으로 해서는 안 된다는 것이지요. 이 본문은 신약시대의 용어로 해석하면 교회가 전임교역자의 생활비를 전담하되, 차가운 마음으로 하지 말고 따뜻한 사랑의 마음으로 하라는 뜻을 담고 있습니다. 뿐만 아니라 바울은 "일꾼이 자기의 먹을 것을 받는 것이 마땅하다"는 예수님의 가르침(마 10:10; 눅 10:7)을 근거로 하여 교회의 전임교역자에 대한 재정지원을 정당화합니다.

이처럼 레위인의 생활비는 열한지파가 전담하고 전임교역자의 생활비는 교회의 성도들이 전담한다면 이 생활비는 열한지파의 것을 가지고 레위인을 돕고, 성도들의 돈을 가지고 전임교역자를 돕는 것일까요? 아닙니다. 유다의 열한지파는 하나님께 제물을 드리고, 성도들은 하나님께 헌금을 드립니다. 유다의 열한 지파가 제물을, 그리고 성도들이 헌금을 하나님께 드린 순간 이 제물과 헌금에 대하여 열한 지파와 성도들에게 주어져 있던 상대적인 소유권(상대적이라고 하는 이유는 모든 재화의 절대적인 소유권은 항상 하나님께 있기 때문입니다. 시 24:1 참조)은 하나님께로 완전히 넘어갑니다. 따라서 이 제물과 헌금은 하나님의 것입니다. 그러므로 이 제물로부터 레위인이 생활에 필요한 것을 받고, 헌금으로부터 전임교역자가 생활비를 받는 것은 열한 지파로부터나 성도들로부터 받는 것이 아니라 하나님으로부터 받는 것입니다. 하나님을 섬기는 사역을 하므로 하나님이 주시는 것입니다. 그러므로 성도들은 전임교역자의 생활비를 전담할 때 자신들의 것을 가지고 지원한다고 해석해서는 안 됩니다. 성도들은 마치 고용주가 피고용인에게 월급을 주는 것과 같은 마음가짐과 태도로 전임교역자의 생활비를 지원해서는 안 됩니다.

교역자 사례비 책정에 필요한 원리들

1) 사례비 책정의 주체

교역자 사례비 책정의 문제를 다룰 때 먼저 검토해야 할 문제는 전임 교역자의 사례비를 누가 책정하는가? 하는 것입니다. 개신교에서 전임 교역자의 사례비를 책정하는 주체로는 국가, 교단, 개 교회를 들 수 있습니다. 첫째로, 국가가 사례비 책정의 주체가 되는 경우가 있습니다. 국가와 교회를 동일시했던 2차 대전 이전의 독일이 이 경우에 해당합니다. 국가는 국민들이 낸 세금을 재원으로 하여 목회자의 사례비를 지급합니다. 그러나 국가와 교회의 영역이 분리되어 있는 현대 개신교에서 이 방법을 채용하는 것은 불가능합니다. 둘째로, 교단이 모든 전임교역자들에게 생활비를 배분하는 경우가 있습니다. 독일의 복음주의 교회, 영국 성공회, 화란 국교회, 미국 감독교회, 스코틀랜드의 장로교회 등이 이 방법을 채택하고 있습니다. 이 방법을 채택하면 목회자가 안정적으로 교회 봉사에 전념할 수가 있다는 장점이 있으나 목회자가 타성에 빠질 우려가 있고 교회의 건전하고 생명력 있는 성장이 저해될 수 있습니다. 셋째로, 개교회가 사례비 책정의 주체가 되는 경우가 있습니다. 침례교회, 미국을 비롯한 대다수의 장로교회, 개혁교회 등이 이 방법을 택합니다. 이 방법은 목회자가 긴장감을 가지고 열심을 다해 교회봉사를 하도록 동기를 부여하는 장점이 있으나 재정상의 불안감 때문에 안정감 있고 소신 있는 사역이 저해될 소지도 있습니다. 지 교회를 모든 교회사역의 원천으로 간주하는 교회민주주의의 틀 안에 있는 대부분의 한국교회에서 첫 번째나 두 번째 방법을 채택하는 것은 구조적으로 어렵습니다. 세 번째 방법을 채택하면서 교단이 현재보다 좀 더 적극적으로 개 교회를 지도하는 방식이 좋은 대안이 될 것입니다.

2) 사례비의 수준

다음으로 생각할 문제는 전임교역자의 사례비의 수준을 어느 선에서 결정할 것인가 하는 것입니다. 전임교역자는 경제생활에 있어서도 성경의 가르침을 따라야 하며, 하나님이 원하시는 바른 경제생활이 어떤 것인가를 모범으로 보여 주어야 합니다. 하나님이 성도들에게 권장하는 경제생활의 수준을 잘 요약하고 있는 것은 잠언 30장 8절입니다. "나를 가난하게도 마옵시고 부하게도 마옵시고 오직 필요한 양식으로 나를 먹이시옵소서." 예수님은 주기도문에서 "일용할 양식"을 구할 것을 명령하셨습니다. 특히 예수님은 제자들을 전도자로 파송하시면서 금화나 은화와 같은 돈이 들어 있는 전대, 두 벌 옷(한 벌 옷은 생활필수품이지만 두 벌 옷은 신분 과시용의 사치품), 양식, 여분의 신(마가복음에서는 신을 신으라고 했는데, 이 신은 현재 신고 있는 필수품으로서의 신인 반면에, 마태복음에서 휴대하지 못하게 한 신은 신고 있는 신이 아닌 여분의 신), 여분의 지팡이(마가복음에서 휴대를 허용한 지팡이는 길안내용 지팡이이고, 마태복음과 누가복음에서 휴대를 불허한 지팡이는 호신용으로 쓰이는 무기)를 지니고 다니지 말도록 명령하셨는데(마 10:9,10; 막 6:8,9; 눅 9:3), 예수님의 명령의 핵심은 전도자는 다른 성도들보다 조금 더 검소한 "일용할 양식"에 자족하는 경제생활을 영위함으로써 모범이 되어야 한다는 것입니다.

이와 같은 성경의 가르침을 따라서 전임교역자의 사례비의 수준의 하한선과 상한선을 실징힐 수 있습니다.

첫째, 전임교역자의 사례비는 생계유지에 필요한 최저생활비 아래로 떨어지지 않도록 해야 합니다. 최저생활비의 수준은 현대 사회에서 통용되는 수준을 참고하면 됩니다. 문제는 교회의 재정이 열악하여 최저생활비의 수준조차도 지급하지 못하는 미 자립교회가 있다는 것입니다. 이런 경우에는 교단 혹은 교회연합체가 도움을 줄 수 있어야 합니다. 교단 혹은 교회연합체는 재정형편이 넉넉한 교회들을 설득하고 미 자립 교회와 연결하여 미 자립교회의 전임교역자의 생활비 지원을 할 수 있도록 하거나 교단적인 차원에서 공동기금을 마련하여 미 자립교회의 전임교역자의 생활비 지원을 하여 개 교회를 뒷받침해 주어야 합니다.

둘째, 전임교역자의 사례비는 검소한 일용할 양식의 수준을 넘어서지 않아야 합니다. 검소한 일용할 양식의 수준은 교역자가 살고 있는 시대와 사회의 문화와 관련이 있기 때문에 어떤 일률적인 액수를 정할 수는 없습니다. 이 수준은 사회적 상규를 깊이 있게 숙고하여 모든 성도들과 시민들이 납득할 수 있는 수준에서 결정하면 됩니다. 또한 물가의 변동 등과 같은 사회적 상황을 고려하여 사례비의 수준을 인상하는 것도 필요합니다. 이때 사회적 상황을 가장 합리적으로 고려하여 봉급인상폭을 결정하는 공무원 봉급인상률을 참고하면 도움이 됩니다.

그러나 교회의 예산 규모가 커지는 것과 비례하여 목회자의 사례비 규모가 상한선이 없이 커지는 것은 잘못된 관행입니다. 통상적으로 교인들은 자신들은 상한선이 없이 부유한 삶을 누려도 되지만 목회자들만은 검소한 삶을 살아야 한다고 생각하는데 익숙해 있습니다. 이런 생각은 바른 기독교인의 관점은 아닙니다. 평신도이든 아니면 교역자이든 아무리 많은 돈을 번다해도 돈을 번 자의 삶의 수준에 일정한 상한선을 그어야 비로소 이웃을 넉넉하게 도울 수 있는 여유가 마련됩니다. 돈을 버는 수준만큼 생활수준을 끊임없이 올리면 생활수준 전체가 기하급수적으로 확대되기 때문에 다른 사람들을 돕는 재원이 늘 부족하게 됩니다. 목회자는 성도들의 이와 같은 잘못된 관점에 대하여 경종을 울려야 합니다. 만일 목회자도 교회를 부흥시킨 데 대한 보상으로 경제생활의 수준을 상한선이 없이 높이게 되면 "일용할 양식"에 대한 예수님의 가르침을 이해하지 못하거나 외면하게 되고, 영적으로 둔감해지며, 경제생활 수준을 끊임없이 높이려는 교인들을 책망할 수가 없게 됩니다. 그리고 많은 교인들로부터 마음에서 우러나오는 존경심을 잃게 되고 목회 리더쉽은 무너지고 말 것입니다.

3) 예산 대비 사례비의 비중

또 한 가지 문제는 교회 전체 예산 가운데 교역자 사례비의 비중이 어느 정도 차지해야 하느냐 하는 것입니다. 구약의 대표적인 헌금방식인 십일조를 통하여 들어온 헌물은 주로 분깃이 없는 레위인의 생활비로 사용되었고(민 18:20-24), 레위인들은 자신들이 받은 십일조에서 다시 십일조를 떼어서 제사장들에게 주었습니다. 그리고 남은 헌물로 성막이나 성전 운영에 필요한 경비를 충당했습니다. 십일조는 이스라엘 백성이 제사를 드리기 위하여 모일 때 음식을 만들어 먹는 일에도 사용되었고(신 12:1-19), 특히 3년차에 드리는 십일조는 전액을 가난한 사람들을 구제하는 데 사용되었습니다. 요약하면 구약의 헌금은 레위인의 생활비, 성전 운영비용, 구제 등에 사용되었습니다. 신약시대에는 전임교역자의 생활비를 교회가 전담하는 것은 자명한 사실로 전제된 상태에서 예루살렘 교회가 가난한 성도들의 식사제공을 위한 기금을 만들어 사용한 일이 있습니다(행 2:44,45; 4:32-37). 갈라디아에 있는 교회들(갈 2:10), 시리아의 안디옥교회(행 11:27-30), 고린도교회(고전 16:1, 2) 등이 예루살렘 교회의 열악한 재정을 돕기 위하여 구제금을 모아서 전달하기도 했고, 바울의 선교를 지원하기도 했습니다(빌 4:15). 이상과 같은 성경상의 언명들을 종합해 보면 헌금은 전임교역자의 생활비, 구제, 선교 등을 위하여 사용되었음을 알 수 있습니다.

교회의 헌금은 전임교역자의 생활비를 전담하는 데 최우선순위를 두어야 합니다. 헌금의 규모가 작을 경우에는 헌금 전체 비중에서 전임교역자의 사례금 지급 비중이 높아지는 것은 당연합니다. 헌금의 액수가 작아서 전임교역자의 사례금 지급이 어려운 실정인데도 교회의 헌금은 인건비, 구제, 선교가 균형을 맞추어야 한다는 원리를 획일적으로 적용하여 전임교역자의 사례비를 생활이 불가능정도로 낮게 지급하는 것은 잘못된 것입니다. 그러나 교회의 헌금규모가 커지는 경우에도 균형예산의 원리를 일률적으로 적용하여 전임교역자의 사례비를 지나치게 많이 책정하는 것도 잘못된 것입니다. 이때는 인건비 비중이 크게 낮아져야 합니다. 전임교역자의 사례비는 사회적 상규에 따라서 하한선과 상한선을 정해 놓고 이 범주 아래로 내려가거나 올라가지 않도록 해야 합니다. 따라서 헌금규모가 작을 때는 예산의 60-70%까지도 전임교역자의 사례금으로 지급되어야 하는 때가 있고, 헌금규모가 클 때는 예산의 5% 이내로 인건비의 규모가 줄어들어야 할 때도 있습니다.

4) 목회자 사례비의 구체적인 항목들에 대하여

통상적으로 목회자 사례비는 본봉 이외에 사택관리/도서구입/자녀교육/차량운영/통신 등과 같은 목회자복지후생지원비와 목회자의 고유한 목회활동을 지원하는 목회비의 세 가지 항목으로 구성되는 것이 통례입니다. 이 세 가지 항목들은 정당하게 설정된 것들로서 의미가 있는 것들이지만, 오해와 남용의 소지가 있기 때문에 운영방식을 지혜롭고 투명하게 하는 것이 필요합니다. 본봉은 그야말로 기초생활비이기 때문에 본봉의 운영방식에 대해서는 전적으로 목회자의 재량에 맡겨야 합니다. 그러나 목회자복지후생지원비와 목회비의 경우는 운영의 지혜를 살리는 것이 필요합니다.

목회자복지후생지원비는 모든 사람들이 상식적으로 납득할 수 있는 액수의 경비수준을 계산하여 일정액을 정해서 지불하고 반드시 영수증 처리를 하는 것이 필요합니다. 액수를 정하지 않고 목회자가 자유롭게 쓰도록 하면 절약하지 않고 흥청망청 쓸 우려가 있습니다. 사람들은 자기 소유의 돈이 아닌 공금의 경우에는 절약하지 않고 마음대로 써버리는 습성이 있는데 목회자라고 해서 예외는 아닙니다. 전화비, 전기세, 유류비, 도서구입내역이 터무니없이 많이 지급된다든가, 자녀를 해외로 보내 일 년에 몇 만 불이 넘는 학자금이 지불되는 등의 일이 발생하면 교회가 시험에 들 수 있습니다.

목회비는 성도들을 돌보는 활동을 하는 과정에서 긴급하게 재정적으로 도와야 하거나 긴급하게 손님접대를 해야 하는 경우를 대비하여 목회자가 재량으로 쓸 수 있도록 마련한 항목으로서 일종의 판공비에 해당합니다. 긴급한 경우를 대비하여 일정액의 목회비 항목을 마련하는 것은 필요합니다. 그러나 일단 교회에 들어 온 모든 헌금은 공금이기 때문에 목회자가 혼자 개인적인 판단으로 지출하는 것은 신중을 기할 필요가 있습니다. 긴급하게 구제를 한다 하더라도 은밀하게 목회자의 개인 돈인 것처럼 지불하는 것은 바람직하지 않습니다. 공금은 은밀하게 지불될 수가 없습니다. 목회자에게 부탁만 하면 목회자 개인에게서 언제나 도움이 온다는 인식을 심어주는 것은 좋지 않습니다. 목회자는 재정적으로 구제하는 일을 전담하는 직분이 아닙니다. 오히려 목회자는 돈이 없어서 마음은 있어도 개인적으로는 지원해 주지 못한다는 인식을 심어주는 것이 필요합니다. 따라서 일정한 목회비를 설정하되, 지불은 재정부에 맡기는 것이 좋습니다. 목회자가 상황을 재정부에 설명하면 특별한 문제가 없는 한 재정부가 교회의 이름으로 도움 받는 자의 온라인계좌 등으로 보내주고, 목회자가 손님접대를 한 경우는 목회자가 영수증을 가져 오면 목회자의 계좌로 넣어 주는 것이 좋은 방법입니다. 목적이 정당하고 재정적인 여유가 있으면 설정된 목회비의 액수를 넘어서는 경우에도 지불이 가능할 것입니다. 이런 신중하고 지혜로운 방법을 철저하게 이용함으로써 좋은 의도로 마련된 목회비가 교회를 혼란 속에 빠뜨리는 계기가 되지 않도록 유의해야 합니다.

은퇴 교역자에 대한 재정적 준비

목회자는 교회의 지도자로서만 사는 것이 아니라 한 사회의 시민으로서 사회가 부과하는 책임과 권리를 다른 시민들과 함께 나누면서 살아갑니다. 목회자도 국가가 베푸는 각종 혜택들을 누리면서 살아갑니다. 목회자들도 국민의 생명을 노리는 적국으로부터 생명을 보호받는 국방의 혜택, 범죄자들로부터 보호받는 치안의 혜택, 사회의 각종 물질적이고 정신적인 인프라의 혜택 등을 누립니다. 그렇다면 목회자도 국가가 부과하는 정당한 책임들을 수행할 의무를 지닌다고 할 수 있습니다. 목회자들도 로마서 13장 7절이 규정한 납세의 의무로부터 자유로울 수 없습니다. 목회자가 교회로부터 사례비를 받는다면 이 사례비는 목회자에게 들어 온 수입이 분명합니다. 목회자가 받는 돈은 하나님이 주신 특별히 거룩한 돈이고 다른 사람들이 벌어들인 돈은 세속적인 돈이라고 이원적으로 구분하는 것은 바른 기독교적 관점이 아닙니다. 모든 수입이 다 하나님이 주신 거룩한 돈입니다. 성직자의 면세는 콘스탄틴 대제가 기독교를 공인하면서 성직자들에게 베풀었던 특혜였는데, 종교개혁자들은 이 특혜가 성직자들의 타락의 온상이 되었음을 뼈저리게 느끼고 이 특혜를 철폐했고, 이후 구미의 모든 개혁교회의 목회자들은 이 특혜를 누리지 않고 국가의 시민으로서 납세의 의무를 담당해 오고 있습니다. 유독 한국의 개신교 목회자들만이 시대의 흐름에 맞지 않게 이 특혜를 누리고 있습니다.

 목회자는 수입에 대한 납세의 의무를 담당하는 동시에 국가가 제공하는 연금제도의 혜택에도 적극적으로 참여하여 그 권리를 누려야 합니다. 은퇴교역자의 은퇴 후의 생활대책 문제는 교역자 사례비 문제가 해결해야 할 중요한 숙제들 가운데 하나입니다. 우선 교회는 전임교역자의 은퇴시점을 대비한 재정적 준비를 미리미리 해야 합니다. 우선 교회는 전임교역자가 교단이나 국가가 시행하는 연금의 혜택을 받을 수 있도록 기금을 부어야 합니다. 그리고 퇴직금을 지급하기 위한 기금도 일정액을 매월 적립하여 은퇴시점이 되었을 때 갑자기 큰 부담을 지는 일이 없도록 해야 합니다. 교회는 은퇴시점이 되면 은퇴 목회자의 연금과 퇴직금의 수준을 살핀 후에 이 두 가지 조치만으로 부족하다고 판단되는 부분을 보완하는 정도의 조치를 취하면 됩니다. 그러나 교회가 지원하는 수준은 은퇴한 목회자 부부의 검소한 생활수준을 지원하는 정도를 넘어서서는 안 됩니다. 은퇴하는 목회자가 교회에 수억 원의 위로금을 요구하거나 큰 교회를 이루었다는 명목으로 수십억 원 수준의 보상금을 강요하는 관행은 반드시 없어져야 합니다. 많은 목회자들이 무리한 위로금과 보상금 요구로 성도들과 다투고, 교인들의 사랑과 존경심을 다 잃어버리고, 자기가 피땀 흘려 세워 온 교회를 자기 손으로 망가뜨리고 교회를 떠나는 모습은 안타깝기 이를 데 없습니다. 은퇴하는 목사는 은퇴하는 순간부터 자신의 생활수준을 극히 검소한 수준으로 대폭 낮추는 결단을 반드시 해야 합니다. 교회를 떠나는 목회자는 거저 받았으니 거저 준다는 심정을 가져야 하며, 지중해 전역을 혼자 힘으로 복음화시킬 만큼 어마어마한 성과를 이루었으면서도, 어느 한 교회로부터도 대가를 요구하지 않고 마지막에는 주를 위하여 순교로 생애를 마감했던 사도 바울을 생각하면서 목회의 마지막을 아름답게 마무리할 수 있어야 합니다.

12

교회공사수주를 교인에게 맡기는 것이 바람직한가요?

> 교회 리모델링 공사를 하게 되었습니다. 마침 저희 교회에는 관련 사업을 하는 성도 여러 명이 있습니다. 한 성도는 교회의 충실한 일꾼이고 한 성도는 주일 성수를 겨우 하는 수준입니다. 그런데 서로 공사 수주를 기대하는 상황이라 난처합니다. 어떻게 해야 할까요?

제가 협동목사로 섬기고 있는 교회의 담임목사님이 제게 긴급하게 의견을 물어 온 일이 있었습니다. 사안은 바로 오늘 논의의 주제로 제시된 것과 같은 교회의 리모델링 공사 문제였습니다. 이제 막 교회에 출석하기 시작한 성도가 한 사람 있었는데, 이 성도가 교회가 리모델링을 한다는 소식을 듣고 실비 정도만 받고 싸게 공사를 맡아서 봉사하고 싶다는 제안을 목사님에게 해 온 것입니다. 교회 자체가 작은 개척교회였기 때문에 이런 제안이 오면 우선 반가운 것은 사실입니다. 그런데 목사님은 뭔가 마음이 편하지 않았습니다. 우선 이 성도가 교회에 나온 지 얼마 되지 않아서 성숙된 신앙이 없었던 데다가 사람 됨됨이도 파악할 시간이 없는 상태였습니다. 게다가 이권과도 관련된 문제였기 때문에 덥석 공사를 맡겼다가 일이 잘못 되기라도 하면 성도 자신뿐만 아니라 교회도 난감한 상황에 빠질 우려가 있었습니다. 목사님의 고민을 듣고 저는 공사를 맡겠다고 제안한 성도가 실망하더라도 그분에게 공사를 맡기는 것을 유보하는 것이 좋겠다는 의견을 말씀드렸습니다. 그리고 만일 공사를 한다 하더라도 공개적으로 입찰을 하여 진행하는 것이 바람직하다고 말씀드렸습니다. 결과적으로 담임목사님은 그 성도에게 공사를 맡기지 않고 교회 리모델링 경험이 풍부한 다른 교회 목사님들과 정보를 교환하고 도움을 주고받으면서 필요한 부분은 일반 업체들과 직접 접촉하여 계약을 체결하는 방법으로 공사를 완료했습니다.

제가 경험한 한 가지 사례를 말씀드리긴 했지만 이 사례가 어떤 경우에서나 예외 없이 적용되어야 할 절대적인 모델은 아닙니다. 우선 이 사안은 교회의 정체성과 서고 넘어짐을 결정하는 교리의 문제도 아니고, 시대와 장소를 초월하여 적용되어야 할 보편적인 계명의 문제도 아닙니다. 이 문제는 교회윤리라는 특수한 정황 안에서 제기된 기술적인 문제이기 때문에 상황에 따라서 대처방법이 다양하게 나타날 수 있습니다. 이 문제를 판단할 때는 교회란 무엇이며, 기업이란 무엇인가에 대한 바른 이해가 필요하고, 교회가 처한 구체적인 상황은 무엇이며, 교회 공사에 참여하고자 하는 성도들의 신앙의 성숙도는 어느 정도인가 등을 종합적으로 고려하는 것이 필요합니다. 교회의 특수한 상황은 교회마다 양상이 다 다르고, 성도의 신앙의 성숙도, 공사를 맡고자 하는 동기, 경제에 대한 이해 등도 편차가 아주 많기 때문에 대응방법도 다르게 나타날 수 있습니다. 그러나 앞에서 문제로 제기된 질문에는 교회의 특수한 상황과 성도들의 성숙도의 정도가 구체적으로 제시되어 있지 않고, 또 공사를 맡고자 하는 성도들이 공사를 맡고자 하는 동기가 어떤 것인지도 구체적으로 나타나 있지 않고, 이들이 경제활동을 하는 태도와 경제에 대한 이해 등도 나타나 있지 않습니다. 따라서 이 글에서는 문제로 제기된 상황을 보다 구체화시켜서 세 가지 경우들로 나눈 후에 각 경우들마다 교회관, 경제관, 신자의 신앙 성숙의 정도와 공사를 맡는 동기 등이 어떻게 작용하는가를 분석해 보고 바람직한 결정의 방향을 모색해 보고자 합니다.

먼저 가장 바람직하고 또 논란의 여지가 전혀 없는 경우는 관련되는 업종에 종사하는 성도가 하나님께 헌납하는 마음으로 공사비 전체를 자신이 부담하여 시행하는 경우입니다. 이 경우의 전제 조건은 이 성도가 오랜 신앙생활의 경륜이 있고 믿음생활의 훈련도 잘 되어 있어야 하며, 자신이 하는 사업의 재무구조도 탄탄해야 하며, 자신의 헌신이 자신의 사업운영에 재정적으로 부정적인 영향을 주지 않는 상태에 있어야 한다는 것입니다.

공정하고 공개적인 검증 과정

다음으로는 교회가 일반적인 공사를 진행할 때와 동일한 수준에서 공사에 필요한 실비와 사업체가 받아야 할 수익금을 업체에게 지급하는 경우입니다. 이 경우에는 같은 교회 안에 있는 사업체와 사적으로 공사계약을 하는 것 보다는 공개입찰을 하고, 교회 안의 관련 사업을 하는 성도들에게도 공정하게 입찰에 참여할 수 있는 기회를 준 다음에 계약조건 등을 꼼꼼하게 검토해 보고 계약조건에 가장 부합하는 사업체를 선정하여 공사를 맡기는 방법이 바람직한 것 같습니다. 특히 교회 안에 복수의 사업체가 있고 이 복수의 사업체가 모두 공사를 맡기를 원하는 상황이라면 반드시 공개입찰에 붙여서 공정하게 기회를 주어야 하며, 공사조건을 냉정하게 따져 본 후에 합리적인 판단결과에 근거하여 공사를 맡겨야 합니다. 교회 안의 사업체들만을 대상으로 비공식적으로 검토한 후에 어느 한 편을 선정하는 방법은 매우 위험하며, 자칫하면 목회에 어려움을 안겨 줄 수 있습니다. 어느 편이 선정되든 간에 선정 받지 못한 측에서 반드시 불만이 나오게 되어 있는데, 그 불만이 같은 교회 안의 성도에게로 향하게 된다는 점에 문제가 있습니다. 또한 공사를 맡기는 것은 교회가 분명하게 혜택을 주는 것이므로 교회가 성도들을 차별한다는 인식을 피할 수 없습니다. 또한 교회가 사업체의 공사수행능력을 객관적으로 평가

했다 하더라도 그 사실을 당사자에게 통보하는 경우 당사자가 상당한 상처를 입기 때문에 그 사실을 말할 수도 없습니다. 그러면 교회가 본의 아니게 불필요한 구설수에 오를 수가 있으며, 이런 구설수는 교회의 영적인 분위기에 치명적인 해를 끼치게 됩니다. 그러나 공사를 공개입찰에 부치면 공정성도 확립할 수가 있고, 교회가 요구하는 공사조건도 꼼꼼하게 따질 수가 있고, 사업수행능력부족도 부담 없이 지적할 수가 있습니다. 이런 과정을 거쳐서 사업체가 선정되면 선정된 사업체가 교인이 운영하는 기관이라 하더라도 뒷말이 없어지고 교회가 불필요한 부담으로부터 자유로울 수 있습니다.

교회는 간혹 교회 성도들이 사업하는 것을 돕는다는 이유로 공개적인 검증과정을 거치지 않고 관련 사업을 하는 성도들에게 일방적으로 사업 혜택을 주는 경우가 있습니다. 그러나 이 방법은 의도와는 달리 오히려 관련 사업을 하는 성도에게 해가 될 수 있습니다. 교회 사업 하나를 맡는다고 해서 사업이 일어서는 것이 아니며, 사업능력이 충분히 갖추어지지 않은 상태에서 쉽게 공사를 수주 받게 되면 오히려 사업체의 경쟁력이 약화될 수가 있습니다. 체질이 약화된 기업체는 궁극적으로 살아남을 수가 없습니다.

물론 교회가 교회 안에 관련업을 하고 있는 성도들이 있는데도 이처럼 공개입찰에 부치기가 관례상 쉬운 일은 아닙니다. 그럼에도 불구하고 교회의 고유한 영적인 특성을 손상시키지 않고 유지하는 것이 일부 교인들에게 물질적인 혜택을 주는 것 보다 훨씬 중요하다는 점을 반드시 유념해야 합니다. 교회는 성도들에게 영적이고 도덕적인 혜택을 주는 것을 본업으로 하는 기관으로서 상업적 거래를 통한 이익을 성도들에게 베푸는 기관이 아닙니다. 이 점에서 교회는 경제 공동체와는 성격과 소명이 다른 기관이라는 점을 분명히 인식해야 하며, 두 기관의 경계선이 모호해지지 않도록 유의해야 합니다. 예루살렘 성전을 강도(장사꾼)의 소굴로 만든 예루살렘 종교계의 관행에 대하여 분노하셨던 예수님의 마음을 음미할 필요가 있습니다(막 11:17). 교회가 교인들에게 물질적인 혜택을 베풀 때는 언제나 어떤 보상도 기대하지 않는 구제의 차원에서 행해야만 하며, 일에 대한 보상으로서 지불한다든가 상업상의 계약에 의거한 불공정한 특혜를 베풀어서는 안 됩니다.

교회와 기업의 소명의 차이

가장 어려운 경우는 교회가 교회 안에 있는 교인들 중에서 사업자를 선정하는 경우입니다. 이 경우는 교회가 공사를 맡는 성도에게 사회적으로 통용되는 공사비 보다 훨씬 저렴한 가격으로 공사를 진행하거나 아니면 자재 값이나 기본적인 인건비만 받고 이익을 남기지 않는 방법으로 공사를 맡아 줄 것을 기대하는 것이 통상적입니다. 저는 이런 방법으로 교회내의 관련 사업을 하는 성도에게 일을 맡기는 것은 최대한 자제하는 것이 바람직하다는 의견을 갖고 있습니다. 그 이유로는 몇 가지를 열거할 수 있습니다.

먼저 우리는 앞의 언명에서도 이미 시사된 것처럼 교회와 기업이 모두 하나님의 주권과 뜻을 이루어야 한다는 점에서는 공통점을 지니고 있지만 하나님으로부터 각각 고유한 소명을 받았으며, 그 소명을 이루는 방법도 서로 다르다는 점에 유의할 필요가 있습니다. 교회는 비영리단체로서 설교와 기도와 도덕적인 설득과 무상으로 베푸는 구제라는 방법으로 하나님의 뜻을 이 땅위에서 구현하는 소명을 지닌 공동체입니다. 교회의 주된 소명은 영혼의 구원과 안녕에 있습니다. 반면에 기업은 영리단체로서 시민들이 필요로 하는 물질적 상품을 생산하여 공급함으로써 시민들의 경제생활의 안녕과 복리를 도모하고 기업에서 일하는 근로자들의 재정적 생계를 지원하는 것을 목표로 하며, 이와 같은 목적을 달성하기 위하여 일정한 수익창출을 해야 하는 기관입니다. 교회와 기업은 서로에게 주어진 고유의 소명과 이 소명을 이루는 방법을 존중하고 서로 침해하지 않도록 해야 합니다. 예컨대 교회가 기업을 향하여 마땅히 받아야 할 수익을 희생할 것을 요구하는 것은 기업의 재무구조 악화를 조장하는 조치로서 기업의 고유한 소명을 침해하는 것입니다. 교회가 기업을 향하여 이런 희생을 요구할 때 사회와 기업은 교회가 정의롭지 못하고 자기중심적이라는 인상을 가질 수 있으며, 교회를 신뢰하지 않는 지경에까지 이를 수 있습니다. 뿐만 아니라 공사에 사용되는 자재들은 같은 자재라도 질이 아주 좋은 것들과 질이 아주 나쁜 것들에 이르기까지 편차가 매우 심하기 때문에 사업체가 손익을 맞추기 위하여 계약했던 것보다 더 싼 자재를 사용하고자 하는 유혹을 받기 쉽습니다. 이런 일들은 삼풍백화점 붕괴사건이나 성수대교붕괴사건에서 볼 수 있는 것처럼 자칫하면 인간의 생명을 위협하는 부실공사로 이어질 수 있습니다. 만일 교회가 교회건물신축이나 리모델링 공사와 관련하여 온갖 불공정함, 눈속임, 부실화 등으로 얼룩지게 되면, 교회의 대사회적 신뢰도가 심각하게 손상 받을 수 있습니다. 필자는 오늘날 한국교회가 바로 이 딜레마에 빠져 있지 않는가 하는 염려를 지울 수 없습니다. 많은 한국교회와 기독교기관들이 기독교인 사업체와 손을 잡고 건설과 리모델링 작업을 진행해 왔는데, 교회는 사업체에게 헌신이라는 이름으로 수익을 충분히 내지 못하는 저렴한 공사비를 무언중에 강요하고, 사업체는 자재원가 조작 등과 같은 편법을 이용하여 수익을 부당하게 확보하는 악순환을 반복해 왔고, 그로 인하여 궁극적으로는 교회의 신뢰도가 떨어지고 기독교인 사업체의 체질이 약화되지는 않았는지 우려됩니다.

성도의 신앙 성숙도

이상에 지적한 점들을 고려한 후에라도 교회가 교회 안의 관련 사업을 운영하는 성도에게 어느 정도의 수익성의 희생을 조건으로 하여 공사를 맡기기로 결정하지 않을 수 없는 경우에는 공사를 맡는 성도의 신앙이 그런 희생을 감당해내고도 시험에 들지 않고 오히려 하나님의 은혜를 더 크게 경험할 수 있을 만큼 성장해 있는가를 반드시 점검해 보아야만 합니다. 이 경우에는 일단 신앙이 충분히 성숙하지 않은 교인의 경우에는 공사를 맡기지 않는 것이 바람직합니다. 물론 믿음이 약한 교인이라 할지라도 어느 정도의 희생을 감수하면서 교회를 위하여 일하는 과정에서 오히려 믿음이 더 크게 자라날 가능성이 없는 것은 아닙니다. 그러나 대부분의 경우에는 이렇게 희생하면서까지 교회를 위하여 일하는 것이 오히려 믿음이 건강하게 성장하는 것을 막거나 아니면 믿음이 왜곡된 형태로 자라나게 할 위험이 있습니다. 공사를 맡게 되는 성도는 반드시 그 정도의 희생을 능히 감당해내고도 믿음 그 자체에 흔들림이 없어야만 합니다.

이 점과 관련하여 성경에 등장하는 두 사례들을 비교 검토해 보는 것이 참고가 될 것 같습니다. 초대 예루살렘 교회에는 갈릴리 출신의 가난한 성도들이 많았습니다. 예루살렘 교회는 이 문제를 방치하지 않고 성도들 가운데 재산이 넉넉한 성도들로부터 자진헌납을 받아 일종의 공동기금을 조성하고 이 기금을 이용하여 구제를 위한 식사를 마련하여 대접하는 등의 일을 했습니다. 예루살렘 교회의 많은 성도들이 하나님으로부터 받은 은혜에 감사하는 마음으로 자원하여 재산을 헌납하여 공동기금 마련을 도왔습니다. 이들 가운데 바나바가 있었습니다. 사도행전 4장 36절과 37절에 보면 바나바가 자기가 가진 밭을 팔아서 사도들의 발 앞에 두었다고 보도하고 있습니다. 그런데 바나바는 이런 큰 희생을 감당할 만큼 인품도 훌륭했고 기도도 많이 하여 성령이 충만한 상태에 있었습니다다(행 11:24). 예를 들어서 사울이 개종한 후에 예루살렘의 사도들을 만나려고 하자 사울의 행적을 잘 알고 있었던 예루살렘의 사도들이 사울을 만나주지 않았습니다. 그러나 바나바가 중재를 하자 예루살렘의 사도들이 곧 사울을 만나 줄 만큼 바나바는 신망을 받고 있었던 인물이었습니다(행 9:26,27).

바나바의 헌납에 대한 보도 뒤에 또 한 건의 헌납에 관한 보도가 등장합니다. 이 헌납은 아나니아와 삽비라의 헌납 사건입니다. 이들도 처음에는 하나님의 은혜를 받고 소유를 판 후에 판 돈 전부를 하나님께 바치려는 마음이 있었던 것 같습니다. 그러나 이들은 그 정도의 희생을 감당하기에는 인품이나 믿음이 성숙하지 못했던 것 같습니다. 이들은 소유를 판값의 일부만을 사도들에게 바치고는 판돈을 다 바쳤다고 거짓말을 했습니다. 이들의 거짓말은 베드로의 눈에 발견되었고 마침내 하나님의 벌을 받아 죽음을 맞이했습니다. 이들이 자신들의 믿음의 분량에 맞는 정도의 헌신의 범위를 벗어나지 않았다면 이런 비극은 없었을 것입니다.

교회는 아나니아와 삽비라 사건이 주는 교훈을 유념하면서 믿음이 약한 자들에게 이들의 믿음을 혼란에 빠뜨릴 우려가 있는 직무를 맡기는 일은 믿음이 약한 자들의 믿음이 성장하여 그 직무에 뒤따르는 혼란과 어려움을 감당할 수 있는 단계에 이를 때까지 유보하는 것이 바람직합니다.

제 II 부
상담학의 관점에서 본 삶의 문제들

13
이기적인 교인들을 어떻게 이해할 수 있나요?

> 신앙생활하면서 갈등되는 문제들 중의 하나입니다. 신앙생활한지 오래된 교인들임에도 불구하고 두드러질 정도로 이기적인 행동을 하는 이들을 볼 때에 화가 나고 마음에 상처를 받습니다. 도움이 필요할 때에는 매우 싹싹하게 다가오다가도 좀 괜찮아지면 언제 도움을 받았느냐는 듯이 인사도 잘 하지 않고 무시하는 것처럼 행동할 때 실망이 큽니다. 기도할 때는 청산유수처럼 잘 하는 그들을 보면 신앙에 대해서 회의가 들기까지 합니다. 어떻게 이해하고 대처해야할까요?

질문하신 분의 심정을 공감합니다. 초신자도 아니고 신앙의 연수가 꽤 된 교인들임에도 불구하고 두드러질 정도로 이기적인 성격을 가진 분들을 보면 분노감뿐 아니라 신앙 자체에 대한 회의감까지 느끼게 되지요. 그래서 기독교인들의 삶의 모습을 보고 실망한 나머지 신앙생활을 더 이상 하지 않는다고 말하는 이들이 종종 있습니다. 예수님께서는 믿는 자들에게 산상보훈의 말씀 속에서 "너희 빛이 사람 앞에 비춰게 하여 그들로 너희 착한 행실을 보고 하늘에 계신 너희 아버지께 영광을 돌리게 하라"(마 5:16)고 말씀하셨습니다. 그런데 정작 착한 행실보다는 두드러질 정도의 이기적인 삶의 모습을 보임으로 인하여 하나님의 이름이 욕되게 하는 이들을 볼 때마다 안타깝고 화가 나는 것이 사실입니다.

그런에도 불구하고 이기적인 행동을 하는 교인들을 이해하는 것이 우선적으로 필요합니다. 드러내놓고 자기중심성을 보이는 것은 모든 사람들이 보이는 증상은 아닙니다. 따라서 죄로 타락했기 때문에 이런 행동을 하는 것이라고 일반화하는 설명은 한계가 있습니다. 왜냐하면 모든 사람들이 다 이렇게 분명하게 자기중심성을 드러내는 것은 아니기 때문입니다. 모든 사람들은 분명히 자기중심적인 면이 있지만 모든 사람들이 자기중심적인 면을 드러내놓고 행동화하지는 않기 때문입니다.

성경의 관점으로 볼 때 원래 하나님이 창조하셨던 첫 인간 아담과 하와는 그들이 죄를 범하기 전에는 자기중심성이 전혀 없었습니다. 그러나 하나님의 명령에 불순종하고 선악과를 먹은 이후에 곧 그들은 자신의 책임을 상대방에게 전가하는 자기중심적인 반응을 보였습니다. 이것은 그들의 죄성을 보여준 것입니다. 상대방의 입장을 이해하며 공감하며 배려하기 보다는 자기를 방어하기에 급급한 모습이었습니다.

따라서 정도의 차이는 있지만 이기적인 자기애(narcissism)는 타락한 인간의 핵심 문제임에 틀림없습니다. 의인은 없나니 하나도 없다는 성경적인 진리의 틀 속에서 볼 때 자기중심성이라는 죄로부터 자유로운 인간은 아무도 없습니다. 그러나 이 자기중심성이라는 죄성과 죄가 양육환경이나 사회적인 질서에 의하여 어느 정도 충족되며 절제될 때에는 두드러질 정도의 이기적이며 병리적인 자기중심성은 다스려지며 치료될 수 있습니다. 그래서 불신자들 중에서도 이타적이며 사회적인 성품을 갖고 이 세상에서 건강하게 대인관계를 하며 사는 이들이 있는 것입니다. 물론 자기애성에 대한 완벽한 해결과 치료는 이 세상에서는 불가능합니다. 자기애성이 죄와 연결되기 때문입니다. 예수를 믿고 거듭난 성도의 삶도 완전히 이 자기애성으로부터 자유롭지 못합니다. 아무리 성화가 일어난다고 할지라도 여전히 성도는 완전한 영광을 바라보며 대망해야 하는 존재이기 때문입니다.

자기애성 성격장애를 보이는 사람들

두드러질 정도의 자기중심성을 상담학자들은 '외현적 자기애'(overt narcissism)이라고 명명합니다. 타인들에게 웬만해서는 잘 드러나지 않는 자기애를 '내현적 자기애'(covert narcissism)이라고 구별하여 설명합니다. 내현적 자기애를 가진 사람은 보통 자신을 열등한 존재로 인식할 때가 많습니다. 반면 외현적 자기애를 가진 사람은 자신감이 넘치며 남들이 볼 때 거만하며 교만한 행동을 할 때가 많습니다.

외현적 자기애를 가진 사람들을 진단명으로 이해할 때에는 '자기애성 성격장애'로 진단합니다. 성격장애란 성인기에 접어든 사람들을 진단할 때 사용하는 틀인데 행동이 예측할 수 있을 정도로 반복적이며 웬만한 환경의 변화에 의해서는 고집스러울 정도로 변화가 잘 일어나지 않는 것이 특징적입니다. 자기애성 성격장애는 크게 세 가지가 특징적입니다. 자기웅대성, 흠모 욕구가 강함, 그리고 공감 결여입니다. 다음의 아홉 가지 증상들 중에서 최소한 다섯 가지 이상이 해당되면서, 다양한 삶의 맥락에서 그 증상들이 비교적 예측할 수 있게 보일 때 자기애성 성격장애로 진단될 수 있습니다. 1) 자기중요성에 대한 과장된 느낌을 갖는다(예를 들면, 자신의 성취와 자질을 과장하거나 상응하는 성취가 없음에도 탁월한 사람으로 인정받는 것을 기대하는 것이다). 2) 무한정의 성공과 능력과 탁월성, 아름다움 또는 이상적인 사랑에 대한 환상에 집착되어 있다. 3) 자신이 "특별하며" 독특하다고 믿으며 다른 특별한 또는 높은 지위에 있는 사람들이나 기관들만이 자신을 이해할 수 있다거나 그들과 관계해야 한다고 믿는다. 4) 과도한 흠모를 요구한다. 5) 특권의식을 가지는데, 즉 특별히 예우 받는 것을 불합리하게 기대하거나 자신의 기대에 자동적으로 순응해 주기를 기대하는 것이다. 6) 대인관계에서 착취적이다. 즉 자신의 목표를 위해서 타인을 이용하는 것이다. 7) 공감력이 부족하다. 타인의 감정이나 필요를 기꺼이 알아차리거나 파악하지 못한다. 8) 타인들을 자주 부러워하거나 타인들이 자신을 부러워한다고 믿는다. 9) 거만하고 오만한 행동이나 태도를 보인다. 질문한 분이 힘들어하는 교인들이 두드러지게 보여주는 있는 증상들은 5번과 6번, 7번에 해당합니다. 일부 증상들을 언급하셨지만 나머지 특징들도 그들에게 상당히 있을 것이라고 추정할 수 있습니다. 우선 인간을 이해함에 있어서 이 성격장애를 가진 이들이 적지 않다는 것을 아실 필요가 있습니다. 특히 오늘날과 같이 개인주의가 병적으로 팽배해가는 시대에는 이 성격장애를 가진 사람들이 점점 늘어나고 있는 추세에 있습니다. 바울 사도가 디모데후서 3:1-5절에서 언급한 말세의 사람들의 특징을 묘사한 내용 중에 자기애성 성격장애의 증상과 연결되는 내용들이 여러 가지로 표현된 것이 놀랍습니다: "사람들이 자기를 사랑하며…자랑하며 교만하며(흠모욕구)…감사하지 아니하며(특권의식)…무정하며(공감부족)…자만하며." 안타까운 사실은 이런 증상들이 불신자들 중에만 있는 것이 아니라 예수 그리스도에 대한 신앙을 고백하는 이들 중에도 적지 않게 있다는 것입니다.

다른 성격장애들도 마찬가지이지만 특히 자기애성 성격장애는 심리학적으로 말하자면 삶의 초기 발달 과정에서부터 문제가 시작되는 면이 있다고 알려져 있습니다. 영적으로 말하자면 앞에서도 언급했듯이 아담의 타락 이후에 생긴 인간의 원죄성에 기인합니다. 크게 두 종류의 환경이 이 성격장애의 발달에 기여한다고 알려져 있는데 비공감적인 양육환경이 첫째 원인입니다. 아기가 가진 자기애의 욕구가 충분히 채워지지 않음으로 인하여 결핍이 생기게 되면 '취약한 자기'(fragile self)라는 취약한 심리 구조물이 생길 위험성이 높습니다. 이 취약한 자기를 가지고 성장하는 아동은 고통을 회피하거나 경감시키기 위해서 비현실적이며 환상적인 자기를 유지하게 됩니다. 마침내 성인기에 접어들면 이 확대된 자기를 현실적 자기로 동일시하게 됩니다. 그리고 자신의 행동에 대해서 별로 문제의식을 갖지 않고 살게 됩니다. 다른 사람들에게 두드러질 정도로 이기성이 드러나지만 정작 자신이 이기적이라는 사실을 잘 인식하지 못하거나 인정하려고 하지 않습니다. 두 번째 요인은 정반대의 경우입니다. 적절한 좌절 경험이 거의 없이 과도한 공감과 지지를 성장과정에서 지나치게 오랫동안 계속 경험하는 것입니다. 청년기에 접어들어서도 부모가 성인 자녀를 마치 어린 아이 때처럼 왕자나 공주처럼 대하거나 과잉보호를 하는 것은 현실적인 참된 자기 발달을 저해하는 행동입니다. 대부분의 자기애성 성격장애자들은 후자보다는 전자의 경우에 해당됩니다. 지금 4-50대의 성인들의 경우는 전자의 경우가 훨씬 많을 것이며 20-30대의 경우에는 후자의 경우도 적지 않게 있을 것으로 추정합니다.

긍휼의 마음으로

복음의 진리를 깨닫고 예수 그리스도를 믿고 고백하며 신앙생활을 하지만 이미 형성된 자기애성 성격장애에 대해서 문제의식을 갖고 치료적인 변화를 시도하지 않으면 신앙과 삶이 잘 연결되지 않는 삶을 살게 됩니다. 따라서 신앙생활 속에서도 이기성이 드러나는 것입니다. 교회에서 직분자가 된다고 해서 성격장애가 치료되는 것이 아닙니다. 오히려 직분을 자랑하거나 직분에 걸맞는 존경을 해주지 않을 때 화를 내거나 상처를 입었다고 생각합니다. 섬기는 자세보다는 섬김을 받으려는 욕구가 강합니다. 약자들에 대한 진정한 공감력이 약합니다. 이런 사람이 중직자가 되면 일반 성도들이 상처를 입게 될 위험성이 높아집니다. 심지어 목사님들 중에서도 자기애성 성격장애가 심한 분들이 적지 않게 있습니다. 표면적으로는 하나님의 영광을 위해서, 성도들을 섬기기 위해서 목회한다고 주장하고 그렇게 믿지만 그들의 내면을 탐색해보면 인정욕구, 성공욕구, 주목받고 싶은 욕구가 강하게 꿈틀거리고 있는 모습이 내재화되어 있습니다. 이런 목회자는 에스겔 34장에서 하나님이 심판하시겠다고 경고하신 병리적인 이스라엘의 목자와 비슷합니다. 진정한 의미에서 양 떼를 먹이는데 관심이 있기보다 자기 자신만을 먹이는데 관심이 있는 목자는 자기애성 성격장애자입니다. 연약한 자, 병든 자, 상한 자, 쫓기는 자, 그리고 잃어버린 자에 대한 진정한 공감력이 없는 목자입니다. 단지 위협과 조종으로 양들을 두렵게 하며 때리고 혼내는 목자일 뿐입니다.

기독교 신앙적인 관점에서 볼 때 자기애성 성격장애를 갖고 삶을 살면 매일 죄를 밥 먹듯이 짓는 삶을 사는 것입니다. 이런 사람은 하나님을 전심으로 사랑하지 못하며 이웃을 자신처럼 사랑하지 못합니다. 타인들을 무시하거나 이용하는 죄를 범하는 것이지요. 이런 사람은 특권의식이 있어서 은혜를 은혜로 인식하지 못합니다. 은혜를 당연하게 여기며 감사할 줄 모릅니다. 이것이야말로 죄를 계속 범하는 것이지요. 고의성이 있다고 말할 수는 없지만 자신의 문제를 인식하지 못한 채 생각하는 것, 말하는 것, 느끼는 것, 대인관계 하는 것은 분명히 하나님이 원하시는 삶의 모습이 아닙니다. 이기적인 자기사랑에 집착하는 삶을 사는 것은 분명히 하나님의 뜻이 아닙니다. 오히려 하나님의 진노를 야기하는 위험한 삶입니다. 잠언 저자의 표현을 빌리자면 하나님이 미워하시는 것 예닐곱 가지 중의 맨 첫 번째가 '교만한 눈'이기 때문입니다(잠 6:17). 자기애성 성격장애자들의 눈빛은 교만이 묻어 있습니다. 그들은 안하무인격인 행동을 합니다. 그리스도인이라고 할지라도 하나님에 대한 경외심소자 갖시 못할 수 있습니다. 하나님의 심판을 야기하는 삶입니다. 이사야 선지자는 이 교만한 사람과 국가에게 임할 '그 날'을 다음과 같이 예언했습니다: "그 날에 눈이 높은 자가 낮아지며 교만한 자가 굴복되고 여호와께서 홀로 높임을 받으시리라 대저 만군의 여호와의 날이 모든 교만한 자와 거만한 자와 자고한 자에게 임하리니 그들이 낮아지리라"(사 2:11–12).

따라서, 자기애성 성격장애라는 죄를 이해하게 되면 드러내놓고 이기적인 교인들을 볼 때 "어떻게 저럴 수가 있지?"라고 분노하기보다 그들을 안타까워하며 긍휼히 여기는 마음의 눈이 열릴 수 있습니다. 공감 받지 못하고 자란 삶에 대한 측은지심과 자신의 문제점을 객관적으로 인식하지 못한 채 착각과 환상 속에서 살아가는 모습에 대해서 불쌍히 여기는 마음을 가진다면 이런 교인들을 볼 때 덜 힘드시리라 생각합니다. 혹은 간혹 과도하게 공감을 받음으로써 자기인식을 제대로 하지 못하고 마치 라오디게아 교회 교인들이 가졌던 태도처럼 살고 있는 그들을 불쌍히 여기며 그들을 위하여 기도할 수 있는 마음이 생길 수도 있겠습니다. 그들이 자신의 모습을 객관적으로 점검하고 따뜻한 사랑과 관심을 경험할 수 있는 기독교상담을 받는 것에 대해서 성령께서 그들의 마음을 열어주시기를 기도 할 수도 있겠습니다.

더 나아가 질문하신 성도님 자신에게 혹시 이기적인 모습과 자기애성 성격장애적 증상이 있지는 않은지 점검할 필요도 있습니다. 방어기제 이해에서는 이것을 '투사'(projection)이라고 부릅니다. 즉 자신에게 자기애적인 이슈가 있을 때 비슷한 이슈를 가진 사람을 만나면 화가 나고 싫은 감정이 생기는 현상을 의미합니다. 스스로의 모습을 발견하기란 어렵지만 타인의 모습을 통해서 자기의 모습을 인식하게 된다면 좀더 성숙할 수 있는 기회가 될 수 있겠습니다. 당연히 분노하는 마음도 줄어들 것입니다.

성경의 가르침을 따르는 삶

마지막으로, 성도님이 고민하는 문제에 대해서 성경의 가르침을 몇 가지 소개하고자 합니다. 야고보 사도는 형제들에 대한 비방이나 판단을 보류할 것을 권면합니다: "형제들아 서로 비방하지 말라 형제를 비방하는 자나 형제를 판단하는 자는 곧 율법을 비방하고 율법을 판단하는 것이라 네가 만일 율법을 판단하면 율법의 준행자가 아니요 재판관이로다 입법자와 재판관은 오직 한 분이시니 능히 구원하시기도 하시며 멸하기도 하시느니라 너는 누구이기에 이웃을 판단하느냐"(약 4:11-12). 신앙생활을 오래 했음에도 불구하고 자기애성 성격장애적 모습이 심한 분조차도 예수 그리스도께서 은혜를 베푸시고 그의 피로 구속한 성도일 수 있다는 점을 기억해야 합니다. 좋으나 싫으나 그도 성도님의 형제요 자매라는 사실을 명심할 필요가 있겠습니다. 판단과 심판은 의로우신 재판관이신 주님께 맡깁시다. 성도님의 시선을 부족한 사람들에게 두기보다 "믿음의 주요 또 온전하게 하시는 이인 예수"(히 12:2)에게 고정함으로써 신앙의 경주를 포기하지 않는 지혜로운 성도가 되시길 바랍니다.

사도 베드로는 신앙의 식구들끼리 서로 섬기며 대접할 때에 원망함이 없이 할 것을 권면했습니다: "서로 대접하기를 원망 없이 하고"(벧전 4:9). 자신의 대접과 호의를 상대방이 비록 이기적으로 이용하고 고마워하지 않는다고 할지라도 "형제 사랑하기를 계속하고 손님 대접하기를 잊지 말라 이로써 부지중에 천사들을 대접한 이들이 있었느니라"(히 13:1-2)는 말씀을 기억하고 선을 행하는 것을 계속하는 것이 하나님이 기뻐하시는 삶입니다. 은밀한 중에 보시는 주님께서 그 선행을 기억하며 인정해주실 것입니다. 세상의 사람들은 '주고 받음'(give & take)의 철학을 갖고 대인관계를 하는 것을 합리적이며 상식적이라고 말합니다. 그러나 예수님의 무조건적인 은혜와 사랑을 경험한 성도는 산상보훈의 말씀을 기쁨으로 순종할 수 있는 능력을 경험할 수 있습니다: "악힌 자를 대적히지 말라 누구든지 네 오른편 뺨을 치거든 왼편도 돌려 대며 또 너를 고발하여 속옷을 가지고자 하는 자에게 겉옷까지도 가지게 하며 또 누구든지 너로 억지로 오 리를 가게 하거든 그 사람과 십 리를 동행하고 네게 구하는 자에게 주며 네게 꾸고자 하는 자에게 거절하지 말라"(마 5:39-42). 예수님은 더 나아가 "너희가 너희를 사랑하는 자를 사랑하면 무슨 상이 있으리요 세리도 이같이 하지 아니하느냐 또 너희가 너희 형제에게만 문안하면 남보다 더하는 것이 무엇이냐 이방인들도 이같이 아니하느냐"(마 5:46-

47)라고 질문하시면서 세상의 윤리와 상식을 뛰어넘는 실천을 권하셨습니다. 이런 성도가 선으로 악을 이기는 사람입니다.

한편 성경적으로나 심리적으로 건강한 자기애가 있습니다. 건강한 자기애는 자기를 돌보며 사랑하는 동시에 타인을 사랑하며 배려할 수 있는 자질이자 요소입니다. 예수님은 율법의 정신을 요약하면서 "네 이웃을 네 자신처럼 사랑하라"고 말씀하셨습니다. 물론 이 말씀은 이웃을 사랑하라는데 초점이 있습니다. 그러나 자신을 사랑할 수 있는 능력을 긍정하는 숨겨진 의미가 있습니다. 심리적으로도 어린 사람들은 이웃 사랑을 할 수 있는 능력이 매우 제한적입니다. 자신을 건강하게 사랑할 수 있는 능력과 자기 가치감이 부족하기 때문입니다. 그래서 이들은 주로 이기적인 면을 보입니다. 열등감이 심한 사람들은 이웃을 건강하게 사랑할 수 없습니다. 불안과 수치심 또는 인정욕구 때문에 다른 사람들에게 잘 해주는 것이지 진정한 의미에서 잘해주는 것이 아니기 때문입니다. 바울 사도는 남편과 아내의 사랑에 대해서 언급하면서 자기 사랑의 긍정적인 면을 잘 지적한 바 있습니다: "이와 같이 남편들도 자기 아내 사랑하기를 자기 자신과 같이 할지니 자기 아내를 사랑하는 자는 자기를 사랑하는 것이라 누구든지 언제나 자기 육체를 미워하지 않고 오직 양육하여 보호하기를 그리스도께서 교회에게 함과 같이 하나니"(엡 5:28-29). 가장 가까운 이웃인 아내나 남편을 사랑하는 배우자는 곧 자기를 사랑하는 것이라고 말했습니다. 여기에서 자기 사랑이 반드시 부정적인 면만 있는 것이 아님을 알 수 있습니다. 이기적인 자기 사랑은 극단적이며 미성숙한 것임에 틀림없습니다. 그래서 일반 정신의학에서도 이것을 성격장애로 진단하는 것입니다. 그러나 균형 있고 건강한 자기 사랑은 이 땅에서 이웃과 더불어 살아가는데 꼭 필요한 자질입니다.

사도 바울은 낙심하지 않고 포기하지 않는 인내심이 성도들에게 필요함을 다음과 같이 표현했습니다: "우리가 선을 행하되 낙심하지 말지니 포기하지 아니하면 때가 이르매 거두리라 그러므로 우리는 기회 있는 대로 모든 이에게 착한 일을 하되 더욱 믿음의 가정들에게 할지니라"(갈 6:9-10). 성도님의 삶에 주님의 크신 위로와 능력이 함께 하시길 빕니다.

14
자녀를 꼭 낳아야 할까요?

> 결혼한 지 얼마 되지 않았고 내 집을 마련하기 위해 맞벌이를 하고 있습니다. 그런데 걱정은 자녀입니다. 오늘의 현실상 아이를 낳았을 경우, 양육비와 교육비를 고민하지 않을 수 없습니다. 자칫 자녀에 대한 비용으로 노후를 준비하지 못할까 걱정입니다. 특별히 아이를 낳아야겠다는 생각도 없습니다. 그보다 저희 부부는 아이를 낳지 않고 둘의 삶의 질을 높이는 것이 경제적으로도 스트레스를 받지 않고 살아가는 해결책이라 생각했습니다. 그러나 양가 어르신들은 아이를 가져야 하지 않겠냐고 하십니다. 교회 목사님도 자녀를 낳고 양육하는 것이 성경적 뜻이라고 말씀합니다. 힘들어도 아이를 낳아 키우는 것이 성경적인 행동인가요?

연애와 결혼 그리고 출산을 포기한 세대를 '3포 세대'라고 부르는 현대를 살고 있는 젊은 기독청년들을 바라보면서 저는 안타까움과 긍휼심을 갖고 있습니다. 질문하신 분을 편의상 자매라고 부르겠습니다. 자매는 그 힘든 3포 세대 중에서 연애와 결혼을 했다는 점에서는 감사할 조건이 더 있는 분이라고 볼 수 있겠습니다. 그러나 자매 역시 출산을 포기해야 하지 않을까 고민하는 점에서 고통을 겪고 있는 세대에 속하는 분임에 틀림없습니다.

결혼한 대부분의 부부들은 자녀를 낳고 싶은 자연적인 욕구를 갖게 됩니다. 특히 여성은 자녀를 갖고 싶은 모성애적인 욕구가 강하게 있는 것이 사실입니다. 원해도 아기가 생기지 않아서 고통하는 부부들이 늘어나고 있습니다. 의학기술의 발달 덕택에 인공적인 임신을 통해서 아기를 가질 수 있는 가능성도 높아졌습니다. 그럼에도 불구하고 모성애적인 욕구를 거스를 만큼 현실적인 삶이 녹록하지 않기 때문에 출산을 포기하려는 분들이 늘어나고 있는 것 같습니다. 자녀까지 양육해야 한다면 두 사람이 돈을 벌어도 안정된 경제적인 삶을 영위하기가 쉽지 않은 현실이라는 점을 인정하고 공감합니다.

자매가 질문한 내용에 포함되지는 않았지만 어떤 부부들은 경제적인 안정을 얻을 때까지는 자녀출산을 연기하는 것이 성경적인지 고민하기도 합니다. 특히 여성들의 사회적 활동이 점점 많아지는 사회 환경 속에서 출산으로 인하여 활동 기회가 줄어들고 출산 후에 다시 직장생활에 복귀하는 것이 어렵다는 현실적인 불안 때문에 임신을 결정하지 못하는 여성들이 많이 있습니다.

저는 자매가 제기한 질문에 한정해서 답변해보려고 합니다. 보건복지부와 한국보건사회연구원이 조사한 2012년 전국 결혼 및 출산동향 조사에 의하면 자녀 한명을 대학졸업까지 양육하는데 드는 비용을 3억 896만원으로 추산했습니다. 이것은 2009년에 조사한 결과인 2억 6천만 원보다 약 5천만 원이 증가한 액수입니다. 산술적인 액수로만 본다면 연봉 3천만 원을 받는 직장인이 세금을 떼지 않고 다 사용할 수 있다고 해도 적어도 10년 치의 봉급액수와 맞먹는 것입니다. 물론 도시와 농촌의 차이나 개별적인 양육방식 차이에 따라 액수의 차이기 있겠지만 평균 액수만 고려한다면 자매님이 고민하고 있듯이 자녀를 1명이라도 낳아 양육한다는 것은 엄두를 내기가 어렵게 보입니다.

결혼에 대한 성경적 가치관을 정립해야

자매의 질문에 대하여 저는 핵심적인 문제를 주로 언급하고 싶습니다. 그것은 성경적인 세계관과 가치관이라는 문제입니다. 기독교인들 중에도 세상적인 가치관 속에서 결혼하는 사람들이 적지 않습니다. 왜 결혼을 하는 것일까요? 성경적으로 볼 때, 한 남자와 한 여자가 가정을 이루어 행복하게 살기 위해서 결혼하는 것이 결혼의 최종 목적은 아닙니다. 한 남자와 한 여자가 짝을 이루어 결혼하게끔 섭리하신 하나님의 뜻을 분별하며 실천하는 것이 성경적인 결혼관이며 결혼 가치관입니다. 자매의 질문 속에서는 하나님과 '연결짓기'하는 지혜가 별로 없다는 점이 아쉽습니다. 자매를 이 땅에 태어나게 하시고 예수님을 믿어 구원받게 하신 분이 하나님이십니다(엡 1:3-6 참조). 지금까지 이 땅에 머물면서 살게 하시고 결혼까지 하도록 인도해주신 분이 하나님이십니다. 그리고 자매 가정의 주인이 되신 분도 하나님이십니다. 자매와 배우자의 생사화복(生死禍福)을 주관하시는 분이 하나님이십니다. '보이지 않는 분'에 대한 시선을 놓쳐버리면 '보이는 것'에 주목(注目)할 수밖에 없습니다(고후 4:18 참조). 보이는 현상과 조사 결과에 초점을 맞추면 자매의 마음은 흐트러지게 될 것입니다. 불안과 두려움이 가중될 수밖에 없을 것입니다. 그리스도인은 현상과 데이터를 무시하지는 않지만 그것에 휘둘리지 않습니다. 왜냐하면 우리의 생각과 계획을 뛰어넘는 큰 생각과 능력을 가진 하나님과 연결된 삶을 살기 때문입니다.

광야의 이스라엘 백성들의 삶의 방식이 그러했습니다. 약 2백만 명이 넘었을 것으로 추정되는 백성들이 농사도 지을 수 없고 비도 잘 오지 않는 광야에서 사십년을 살 수 있었던 것은 전적으로 하나님이 도우시고 역사했기 때문입니다. 그들은 누구도 먹어보지 못했고 상상하지 못했던 '만나'라는 하늘로부터 내린 양식으로 살았고 반석에서 샘이 흘러나와 갈증을 해결하는 삶을 살았습니다. 낮에는 뜨거운 햇빛을 가려주는 구름기둥이 떠나지 않았고 밤에는 추운 광야생활을 따뜻하게 해주는 불기둥이 떠나지 않았습니다. 이 성경 이야기는 오늘을 살아가는 성도들의 삶에도 연결되는 이야기입니다. 연결되어야 합니다. 구별되면 안 됩니다. 하나님은 그 때도 살아계셔서 역사하셨고 오늘도 살아계셔서 놀라운 능력을 행하시는 분이기 때문입니다.

하나님과 연결되지 않는 비기독교인들은 당연히 자신이 삶의 주인이 되어 살아갑니다. 그래서 자신이 자신의 삶을 통제하려고 노력합니다. 경제적으로 불안한 상황이 되면 지출을 줄일 수 있는 방법을 강구할 것입니다. 지출을 줄이는 효과적인 방법이 자녀를 갖지 않는 것이라고 판단되면 자녀를 낳지 않겠다는 결정까지 할 것입니다. 자녀를 갖지 않는 것이 하나님의 뜻인가 또는 아닌가 라는 고민 자체가 무의미할 것입니다.

자녀를 낳을 것인가 말 것인가를 결정하기에 앞서서 자매의 정체성을 점검할 필요가 있습니다. 자신이 왜 이 땅에 태어났는지, 무엇을 위해, 누구를 위해 살도록 지음을 받았는지에 대해서 성경적인 가치관으로 무장하지 않으면 환경적인 변수에 의해 자매의 마음은 요동하게 될 것입니다. 야고보 사도는 믿음이 연약한 성도들에게 다음과 같이 권면합니다: "너희 중에 누구든지 지혜가 부족하거든 모든 사람에게 후히 주시고 꾸짖지 아니하시는 하나님께 구하라 그리하면 주시리라 오직 믿음으로 구하고 조금도 의심하지 말라 의심하는 자는 마치 바람에 밀려 요동하는 바다 물결 같으니 이런 사람은 무엇이든지 주께 얻기를 생각하지 말라 두 마음을 품어 모든 일에 정함이 없는 자로다"(약 1:5-8). 하나님은 '후히'(generously) 주시는 분입니다. 세상적인 마음도 품고 하나님을 믿는 마음도 품는 사람은 '두 마음을 품은'(double-minded) 사람입니다. 예수님께서도 "너희가 하나님과 재물을 겸하여 섬기지 못하느니라"(마 6:24)고 말씀하시고 이어서 "목숨을 위하여 무엇을 먹을까 무엇을 마실까 몸을 위하여 무엇을 입을까 염려하지 말라"(마 6:25)고 권면하셨습니다. 그리고 "이는 다 이방인들이 구하는 것이라 너희 하늘 아버지께서 이 모든 것이 너희에게 있어야 할 줄을 아시느니라 그런즉 너희는 먼저 그의 나라와 그의 의를 구하라 그리하며 이 모든 것을 너희에게 더하시리라"(마 6:32-33)고 분명하게 약속하셨습니다. 자매는 이 말씀을 믿어야 합니다.

그래야 불안이 줄어들며 상대적으로 믿음이 자랍니다. "믿음을 따라 하지 않는 모든 것은 다 죄니라"(롬 14:23)고 성경은 말합니다.

하나님에 대한 믿음으로 불안을 극복해야

'불안'(anxiety)은 에덴동산을 떠난 모든 인간들이 보편적으로 씨름하는 핵심적인 문제이자 핵심적인 감정입니다. 심리적으로나 영적으로 성숙하지 못한 사람들은 이 불안을 회피하기 위하여 의식적으로 또는 무의식적으로 방어기제를 사용하는 경향이 있습니다. 그 중의 하나가 강박적인 생각과 행위입니다. 불안을 통제하기 위해서 강박적으로 어떤 행동을 하는 것입니다. 문제는 강박적인 행동을 할 때 일시적으로 불안이 감소하지만 그 결과 자유가 없어지고 매이게 된다는데 문제가 있습니다. 아이를 갖지 않겠다는 결정을 하고 삶을 통제하면 노후가 덜 불안할 것 같고 경제적인 안정을 가져다 줄 수 있으리라 생각할 수 있습니다. 그러나 삶은 수많은 변수가 어우러지는 과정입니다. 아이가 없어서 돈을 버는 대로 다 저축하고 연금도 마련할 수 있을 것 같지만 하나님이 도우시지 않으면 자매의 모든 수고는 허사입니다. 자신이 치명적인 병에 걸리게 되면 한동안 저축했던 모든 돈이 병원치료비로 날아갈 수 있습니다. 배우자가 교통사고로 죽게 된다면 기대했던 노년기를 함께 보내지 못할 수 있습니다. 이와 같은 예를 든다면, 이루 헤아릴 수 없이 많을 것입니다.

시편기자의 고백이 자매의 상황에 적합합니다: "여호와께서 집을 세우지 아니하시면 세우는 자의 수고가 헛되며 여호와께서 성을 지키지 아니하시면 파수꾼의 깨어 있음이 헛되도다 너희가 일찍이 일어나고 늦게 누우며 수고의 떡을 먹음이 헛되도다"(시 127:1-2). 이어지는 본문이 자매에게 바로 적용이 됩니다: "보라 자식들은 여호와의 기업이요 태의 열매는 그의 상급이로다 젊은 자의 자식은 장사의 수중의 화살 같으니 이것이 화살통에 가득한 자는 복되도다"(시 127:3-5). 성경은 진리의 말씀입니다. 자녀는 하나님의 기업이라고 시편기자는 고백했습니다. 자매가 아무리 삶을 계획하고 열심히 노력해도 하나님이 자매의 삶을 인도해주시지 않으면 자매의 노년기의 삶 자체가 주어지지 않을 수 있습니다. 당장이라도 생명을 취하실 수 있는 하나님을 두려워하지 않고 여러 해 먹을 양식을 쌓아놓고 스스로 안심하는 어리석은 부자처럼 될 수 있습니다(눅 12:16-21 참조). 자매가 자녀를 가질 수 있는 기능이 의학적으로 있다면 지금까지도 그랬듯이 장래에도 자매의 삶을 주관하실 하나님을 믿고 최소한의 자녀라도 출산하는 것이 성경적인 가치관에 부합된 삶을 사는 것입니다. 믿음의 증거가 자매의 삶에서 나타나야 할 것입니다(히 11:1 참조).

자매는 예레미야가 한 고백을 명심할 필요가 있습니다: "여호와여 내가 알거니와 사람의 길이 자신에게 있지 아니하니 걸음을 지도함이 걷는 자에게 있지 아니하니이다"(렘 10:23). 지금까지 걸어온 자매의 삶의 여정에서 자매님이 스스로 걸어온 것 같지만 사실은 보이지 않는 하나님이 자매의 발걸음을 지켜주시고 인도해주셨기 때문에 오늘에 이른 것입니다. 하나님의 주권성에 대하여 신앙고백을 할 수 있을 때 미래에 대한 불안을 내려놓을 수 있을 것입니다.

바울은 로마서 11장 36절에서 하나님의 주권성을 높이는 성경적인 세계관을 잘 드러내었습니다: "이는 만물이 주에게서 나오고 주로 말미암고 주에게로 돌아감이라 그에게 영광이 세세에 있을지어다 아멘." 여기에서 '만물'은 '모든 것'입니다. 자매의 삶과 가정도 'from Him,' 'through Him,' 'to Him'이라는 사실을 명심할 때 주(Lord)가 되시며 통치자가 되시는 하나님에 대한 믿음을 의식화하며 활성화시킬 수 있습니다.

상담은 내담자가 '연결짓기'와 '구별짓기'를 잘 하도록 돕는 과정입니다. 자매의 부모님 세대와 조부모님 세대는 자매나 부모님을 출산했을 때 자매보다 훨씬 경제적으로 열악한 시대를 살았던 세대입니다. 지금 세대의 관점에서 보면 그때 세대 부모들은 무책임하다고 할 수 있을 만큼 자녀들을 많이 낳았습니다. 심지어 전쟁 중에도 자녀들을 낳았습니다. 지금처럼 자녀 양육에 신경을 많이 쓰지 못한 것이 사실입니다. 그러나 그 시절에 태어난 사람들이 오늘날 대한민국을 이끌고 있는 세대가 되었습니다. 가난한 가정환경에서 태어났지만 어려움을 딛고 성장해서 오늘날 한국교회의 목회자들이 되고 사회 각층에서 하나님의 뜻을 펼치는 자들이 되었습니다. 자매의 부모님이 미래에 대한 불안이 너무 크고, 노후에 대한 걱정으로 가득 차 있었다면 자매조차 이 땅에 출생하지 못했을 것입니다.

가정은 신앙적 유산을 다음 세대로 전수하는 통로

하나님의 뜻은 결혼 제도를 통해서 한 세대의 신앙적 유산이 다음 세대로 전수되는데 있습니다. 믿음의 가정에서조차 미래에 대한 불안으로 인하여 자녀를 출산하지 않기로 결심한다면 그 가치관이 점점 퍼져나가게 되겠지요. 결국 다음 세대를 기약할 수 없는 '반생명운동'에 동참하는 것이 될 것입니다. 타종교의 이야기지만 이슬람교의 전략 중의 하나는 결혼을 통하여 온 세계를 이슬람 세계로 확장하는 것이라고 합니다. 무서운 마귀적인 전략이 아닐 수 없습니다.

직접적으로 연결되는 성경본문은 아니지만 유추해서 말씀드릴 수 있는 성경말씀을 언급해보고자 합니다. 요셉을 통해서 이집트에 정착한 야곱의 자손들이 그 땅에서 사백년 동안 했던 중요한 일은 한 국가를 이룰 만큼 생육하고 번성하는 일이었습니다: "요셉과 그의 모든 형제와 그 시대의 사람은 다 죽었고 이스라엘 자손은 생육하고 불어나 번성하고 매우 강하여 온 땅에 가득하게 되었더라"(출 1:6-7). 이 하나님의 섭리적인 일은 애굽 왕에게 큰 위협감을 안겨주었습니다. 마침내 바로 왕은 히브리인 남자 아기가 태어나면 죽이라는 명령까지 내렸습니다. 바로 왕의 명령은 마귀적인 것이었습니다.

성도들이 결혼을 하면 다른 그 어떤 사명보다 자녀를 낳고 자녀들을 주의 훈계로 양육함으로써 하나님의 통치와 섭리가 다음 세대에서도 이어질 수 있도록 하는 것이 하나님의 뜻입니다. 마귀는 성도들의 믿음을 약화시킴으로써 신본주의적인 삶 대신에 인본주의적인 삶을 살도록 유혹합니다. 자매와 같은 생각을 하는 크리스천 부부들이 많아진다면 '나비효과'처럼 자매의 결정이 파급 효과를 일으켜 다음 세대의 한국교회와 사회는 하나님의 뜻을 따라 행하는 자들이 거의 없어지게 될 것입니다. 성경 사사기 시대의 고통은 여호수아 세대가 지난 후에 다음 세대가 신앙의 유산을 물려받지 못했다는데 있었습니다: "그 세대의 사람도 다 그 조상들에게로 돌아갔고 그 후에 일어난 다른 세대는 여호와를 알지 못하며 여호와께서 이스라엘을 위하여 행하신 일도 알지 못하였더라"(삿 2:10). 여호수아 세대는 가나안을 정복하며 전쟁하는 와중에 유목문화에서 농경문화로 정착하면서 먹고 사는 문제에 집중하다가 다음 세대를 말씀으로 양육하는 일에 소홀했습니다. 자녀를 출산해도 말씀으로 양육하지 않으면 큰 의미가 없습니다. 믿는 가정에 자녀들이 태어난다고 할지라도 부모들이 먹고 사는 문제에 급급하며 노후 걱정이나 하는 수준의 신앙인들이라면 그 자녀들은 부모보다 더 세상적인 물결에 휩쓸리며 세속적인 가치관을 갖고 살게 될 것입니다.

또 다른 성경본문은 바벨론 왕국에 의하여 멸망당한 유다 백성들에게 하신 하나님의 말씀입니다. 바벨론에 사로잡혀간 모든 포로들에게 예레미야를 통해 주신 말씀은 놀랍게도 하나님의 회복의 때가 될 때까지 일상적인 삶에 최선을 다하라는 것이었습니다: "너희는 집을 짓고 거기에 살며 텃밭을 만들고 그 열매를 먹으라 아내를 맞이하여 자녀를 낳으며 너희 아들이 아내를 맞이하며 너희 딸이 남편을 맞아 그들로 자녀를 낳게 하여 너희가 거기에서 번성하고 줄어들지 아니하게 하라"(렘 29:5-6). 경제적으로 안정이 되지 않고 미래가 불투명한 현 한국사회를 살아가면서 주님이 오실 때까지 믿음의 가정들이 해야 할 중요한 사명 중의 하나는 '자녀를 낳고' '주의 훈계로 양육하여' 그 자녀가 하나님을 경외하는 삶을 살도록 하는데 있습니다. 사회에 기여를 하며 돈을 벌며, 사업을 하는 것도 중요하지만 더 중요한 우선순위는 하나님과 연결된 자녀를 낳고 양육하며 전도를 통하여 영적인 자녀들을 낳고 양육하는데 두어야 할 것입니다.

자녀를 낳아서 양가 부모님들의 마음을 기쁘게 하는 것도 무시할 수 없는 일입니다. 자녀를 양육할 때 부부가 누리게 될 기쁨도 분명히 있습니다. 자녀를 양육하면서 자매의 성품이 다듬어지며 성화되는 것도 사실입니다. 자녀를 갖지 않고 두 부부만이 삶의 질을 높이겠다는 것도 반드시 비성경적이라고 말할 수는 없을 것입니다. 그러나 자매의 질문 속에는 전반적으로 '자기중심성'의 이슈가 엿보입니다. 바울이 디모데후서에서 경고한 말세의 현상의 첫 번째 증상인 "사람들이 자기를 사랑하며 돈을 사랑하며"의 이슈가 많이 깔려 있습니다. 성경적인 가치관은 '하나님을 전심으로 사랑하는 것'과 '이웃을 자신처럼 사랑하는 것'에 있습니다. 자매의 삶에 태어날 수도 있는 자녀는 자매가 이 세상에서 자신만큼이나 사랑해야 할 가장 가까운 이웃이 될 것입니다. 자신의 노후를 염려하기보다 태어날 하나님의 자녀를 믿음으로 기대하며 그 자녀에게 사랑을 하는 것이 율법의 정신을 완성하는 길이자 자기 십자가를 지고 주님을 좇는 제자의 삶을 사는 길이 될 것입니다.

15
가까운 교회로 옮기는 것이 이기적인 행동인가요?

> 얼마 전 직장에 취업하면서 어릴 적부터 다니던 본 교회와 거리가 떨어진 지역으로 이사를 갔습니다. 한번은 본 교회 거리가 멀어 가까운 지역 교회 주일 예배에 참석했습니다. 한데, 목사님의 설교가 저에게 은혜가 되었습니다. 그러다 교회 소그룹 모임에 초대를 받아 나가게 됐습니다. 교인들이 새로운 식구인 저를 따뜻하게 대해 주었습니다. 사실 본 교회 보다는 새로운 교회의 신앙적 분위기와 성향이 저에게 맞는 것 같습니다. 이에 비해 본 교회는 목사님의 설교나 소그룹이 활발하지 않아 영적인 교제나 공급을 받기 어렵습니다. 가족들은 교회를 옮기는 것을 좋지 않게 생각합니다. 저도 모르게 이중 소속이 되어 버렸습니다. 교회는 봉사나 헌신도 필요하지만 은혜를 받는 게 중요하다고 생각합니다. 이런 이유로 교회를 옮기려는 것이 신앙적 이기주의라고 볼 수 있을까요?

질문하신 분을 형제라고 부르겠습니다. 형제는 취업과 더불어 부득이 이사를 가게 되었고 어릴 적부터 출석했던 교회를 떠나서 가까운 지역 교회에 정착하는 과정에서 겪는 갈등에 대해서 호소하시는 것으로 저는 이해했습니다. 교회 봉사나 헌신도 필요하지만 교회를 통해서 자신이 은혜를 받고 기쁘게 신앙생활을 하는 것이 중요하다고 생각한다는 생각도 표현해주셨네요. 자신의 이런 고민과 갈등이 과연 신앙적으로 이기주의로 치부될 수 있는지에 대해서도 알고 싶어 하시네요.

저는 형제의 개인적인 상황에서 던진 질문에 대해서 먼저 답변을 드리겠습니다. 그리고 다른 이유들로 인하여 교회를 옮기는 문제에 대해서 고민하는 성도들에게도 적용되는 말씀을 드리려고 합니다. 첫째, 형제의 갈등은 본 교회에 여전히 출석하고 있는 원가족들의 견해와 자신의 견해가 충돌하기 때문에 생겨나는 것으로 이해됩니다. 가족들이 왜 교회를 옮기는 것에 대해서 반대하는지는 그 이유가 분명하지 않네요. 아마도 교회에서 비중이 있는 직분을 맡은 가족이어서 다른 교인들의 입장을 고려해서 반대할 수도 있겠지요. 또는 원가족이 심리적으로 '융해'(fusion)되어 있어서 성인 자녀인 형제를 여전히 부모의 권위와 통제 아래 두기를 원하기 때문일 수도 있겠습니다. 또는 담임목사님의 입장이 지나치게 개교회 중심적이어서 교인들이 타교회로 떠나는 것에 대해서 이미 여러 번 부정적인 입장이나 태도를 교인들에게 보였기 때문일 수도 있겠습니다. 아무튼 상반된 견해와 가치가 충돌하는 상황에서 형제는 중요한 결정을 내려야 하는 입장에 있습니다.

이 상황에 대해서 성경적으로 직접적인 가르침을 주는 말씀은 없습니다. 신약의 목회서신들에는 교회를 옮기는 것에 대한 문제가 제기 되지 않았기 때문입니다. 당시의 성도들은 특정 지역에 살면 그 지역 교회에 소속되는 것이 당연했기 때문입니다. 고린도 지역에 있는 교회와 같이 교회 내에 분쟁은 있었지만 멀리 떨어진 교회에 먼 거리를 이동하면서 출석하는 경우는 거의 없었기 때문입니다. 그러나 자동차나 기차를 이용하여 먼 거리도 몇 시간 만에 왕복할 수 있는 시대에 살면서 어떤 성도들은 부산에서 서울까지 또는 서울에서 대구까지 KTX 열차를 타고 출석하기도 합니다. 이런 행동이 비성경적이라고 말하는 것은 어렵습니다. 은혜를 사모해서 자신이 영적으로 활력을 얻고 소속감을 느낄 수 있는 교회라면 상당한 희생을 감수하고서라도 출석하는 것은 오히려 칭찬받을 행동입니다. 그러나 특별한 예외적인 상황이 아니라면 거주지에서 가까운 곳에서 신앙생활을 하는 것이 여러 면에서 유익하다고 말씀드리고 싶습니다.

형제의 경우에는 어릴 적부터 출석해왔지만 목사님의 설교에 대한 불만족, 별로 활동적이지 못한 소그룹 등의 이유로 인하여 신앙생활에 큰 유익을 경험하지 못한 채 지내온 것으로 보입니다. 한국교회 중에서 이런 상황에 빠지게 하는 교회들이 적지 않습니다. 교회가 성도들의 신앙생활의 성장을 위해서 존재하기 보다는 성도들이 교회의 현상유지를 위해서 존재해야 하기 때문입니다. 지역 교회가 유지되기 위해서 기존 성도들이 계속 출석을 '해주어야' 하는 것이 어떤 교회의 현실이라면 그 현실은 성도들의 신앙을 저해하고 있는 것입니다. 형제의 경우에 이사한 새로운 지역에 있는 교회에서 설교에서 도전과 은혜를 경험하고 교회 분위기도 신앙 생활하는데 따뜻하고 성경적으로 건강하다면 갈등하는 마음을 정리하고 지금 출석하는 교회에 등록하시고 이중 교적을 정리하시기를 권하고 싶습니다. 형제는 교회를 이리 저리 방황하며 바꾸어 다니는 분이 아니라 어릴 적부터 출석해왔던 교회에 적어도 2-30년의 오랜 세월 동안 충성스럽게 이전 교회에서 지체로서 신앙생활해온 분이라고 여겨집니다.

교회 이적은 성경적으로 옳고 그름의 문제가 아니다

교회를 옮기는 것은 죄가 아닙니다. 교회를 옮긴다고 해서 하나님의 뜻을 거스르는 것도 아닙니다. 오히려 교회를 옮겨야 하는 것이 하나님의 뜻일 때가 있습니다. 하나님은 그의 자녀들이 한 곳에서 정체된 상태에서 신앙의 성장도 없이 안주하는 것을 원하지 않으시기 때문입니다. 오히려 하나님은 우리가 믿음을 사용하여 새로운 환경이지만 모험하는 길을 선택하기를 원하실 때가 많습니다. 쉬운 길과 어려운 길이 앞에 있다면 하나님이 인도하시는 길은 대부분의 경우에 어려운 길입니다. 좀 더 어려운 길을 선택해야 우리의 신앙이 자라고 심리적으로도 성장하기 때문입니다. 형제의 경우에 좀더 어려운 길은 가족들의 집단적인 생각과 압박에도 불구하고, 그리고 이미 익숙해진 교회 환경에도 불구하고, 자신의 생각을 견지하며 부모로부터 분리되며 독자적인 신앙생활을 구축해 가는 것이라고 생각합니다. 새로운 교회에 정착하는 것은 기존의 교회에 출석하는 것보다 많은 시간과 노력이 필요합니다. 반드시 정착할 수 있다는 보장도 없습니다. 그런 점에서 형제를 향한 하나님의 뜻은 새로운 교회에서 부모로부터 독립적인 신앙생활을 하는 것이라고 말씀드릴 수 있겠습니다.

질문하신 형제의 연령은 아마도 20대 말에서 30대에 이르는 분으로 여겨집니다. 심리적으로도 부모로부터 건강한 자기개별화가 일어나야 하는 시점입니다. 만약 부모님이 형제를 여전히 독립적인 존재로 인식하지 못하고 그들의 뜻에 형제가 순응해주기를 바란다면, 그리고 형제가 부모님의 기대감에 순응해야 한다면 의존적인 관계를 벗어나기 어려울 것입니다. 형제는 부모님과 '구별짓기'(differentiation)를 해야 하는 연령대에 있습니다. 따라서 부모의 관심사보다는 자신의 관심사에 더 비중을 두어 결정하는 것이 바람직합니다. 직접적인 연결은 무리가 있지만 하나님이 아브라함을 불러내시는 과정에서 "너는 너의 고향과 친척과 아버지의 집을 떠나 내가 네게 보여 줄 땅으로 가라"(창 12:1)고 말씀하신 부르심처럼 불투명한 미래를 향해 새로운 변화를 촉구하시는 하나님의 인도하심이 형제의 삶의 여정에서 연결될 수 있을 것입니다.

성전 개념과 교회 개념

구약의 성전 개념과 교회 개념을 지나치게 연결시키는 목회사들과 교회들이 간혹 있습니다. 예루살렘 성전을 제외한 곳에서 제사를 드리는 것을 금했던 것처럼 몸담았던 교회 공동체를 떠나 다른 교회 공동체로 가는 것을 은연중에 믿음 생활에서 이탈하는 것처럼 가르치는 경우입니다. 그러나 신약적인 예배는 구약의 제사법에 따른 예배와 구별되며, 특정 장소에 국한 되는 것이 아님을 예수님께서 직접 말씀해주셨습니다: "내 말을 믿으라 이 산에서도 말고 예루살렘에서도 말고 너희가 아버지께 예배할 때가 이르리라…아버지께 참되게 예배하는 자들은 영과 진리로 예배할 때가 오나니 곧 이 때라"(요 4:21-23). 예수님의 이름으로 두 세 사람이 모인 곳에는 주님이 함께 하시겠다는 약속에서도 신약적인 예배는 특정 장소나 특정 지역교회에 국한 되는 것이 아님을 알 수 있습니다(마 18:20 참조). 하나님의 자녀들은 어디로 가든지 하나님이 함께 하시며 동행해주신다는 약속을 받았습니다(수 1:9; 마 28:20 참조). 야곱의 경우에 부모의 집을 떠나 외삼촌 라반이 살고 있는 지역으로 먼 길을 가는 도중에 벧엘에서 하나님을 꿈에서 만난 후에 "여호와께서 과연 여기 계시거늘 내가 알지 못하였도다…두렵도다 이 곳이여 이것은 다름 아닌 하나님의 집이요 이는 하늘의 문이로다"(창 28:16-17)라고 고백한 것에서도 형제의 고민에 대한 성경적인 가르침을 유추해볼 수 있겠습니다. 야곱은 실제로 부모의 집을 떠나 약 이십년이라는 세월을 라반의 집에서 보내면서 하나님의 임재를 경험하면서 살았습니다.

성도들이 여러 가지 이유로 이사를 해야 하는 것이 현실입니다. 전세금이 올라서 부득이 변두리로 이사해야 하는 이들이 적지 않습니다. 이런 성도들이 기존 교회에 출석한다는 것은 많은 어려움을 야기합니다. 아무튼 새로운 거주시에 기존 교회가 소속했던 교단이나 교파의 교회가 없는 경우가 간혹 있습니다. 이런 경우에는 예수 그리스도 중심적인 신앙고백이 있는 교회라면 타교단이나 타교파의 교회의 일원이 되는 것도 가능하며 필요합니다. 타교단이나 타교파의 교회도 예수 그리스도를 머리로 하는 보편적 교회의 한 지체이기 때문입니다.

교회 이적에 대한 다른 상황들

지금까지는 형제의 상황을 염두에 두고 답변을 해보았습니다. 지금부터는 다른 이유들로 인하여 교회를 옮기려는 성도들에게 적용될 수 있는 답변을 해보고자 합니다. 첫째, 자신의 이기적인 욕구를 채워주는 교회를 찾아다니는 이들이 있습니다. 교회 공동체에서 자신이 어떤 헌신을 할 수 있을지에 대해서는 거의 고민하지 않고 교회가 자신에게 어떤 도움을 줄 것인가를 주로 고려해서 교회를 선택하는 이들입니다. 대형교회에 출석하는 성도들 중에는 '익명의 교인'으로 출석하는 것으로 만족하는 이들이 있습니다. 많은 사람들 속에서 눈에 띄지 않고 예배를 드릴 수 있고, 소그룹에 의무적으로 참여하지 않아도 되고, 헌금 부담도 덜 느끼고, '사용자에게 편리한'(user-friendly) 환경을 대형교회가 제공하기 때문입니다. 물론 이왕이면 자녀들에게 좋은 교회교육 환경을 제공하는 교회를 선택하는 교인들의 심정은 이해가 됩니다. 개척 단계에 있는 교회들의 경우에는 이런 환경을 제공할 수 없고 교인들이 책임을 많이 져야 하기 때문에 부담을 느끼는 것도 사실입니다.

이와 같은 이기주의의 동기 때문에 교회를 선택하는 것에 대해서 말세의 증상을 지적했던 바울 사도의 교훈에서 가르침을 얻을 수 있습니다. 말세의 특징은 "사람들이 자기를 사랑하는" 것입니다(딤후 3:2). 놀랍게도 오늘날 한국사회와 한국교회는 병리적인 자기 사랑에 집착하는 증상들을 드러내고 있습니다. 아가페 사랑의 속성인 "자기의 유익을 구하지 아니하는" 것과 대조적으로 한국사회는 자기의 유익을 앞세우고 있습니다(고전 13:5 참조). 기독교인들 중에 이기적이며 자기애성 성격장애적 특성을 지닌 사람들이 적지 않은 것이 현실입니다. 이런 성격을 가신 자들은 "때가 이르리니 사람이 바른 교훈을 받지 아니하며 귀가 가려워서 자기의 사욕을 따를 스승을 많이 두고 또 그 귀를 진리에서 돌이켜 허탄한 이야기를 따르리라"(딤후 4:3-4)는 말씀처럼 이단적인 가르침에 현혹

되거나 개인의 취향과 세속적인 관심사를 옹호하는 설교자나 목회자를 좇아서 교회를 옮길 가능성이 많습니다.

둘째, 경계선(borderline) 성격장애적인 심리적 특성으로 인하여 불안정하게 교회를 옮겨 다니는 이들이 있습니다. '이상화'와 '가치절하'의 양극단을 오가는 심리적인 미성숙함으로 인하여 어느 특정 교회나 목회자를 이상화해서 교회를 옮겼다가 얼마 가지 않아 그 교회나 목회자의 단점이 보일 때 격노하며 가치절하 하는 이들입니다. 쉽게 실망해서 그 교회를 떠나는 것입니다. 단기간에 여러 교회들로 옮겨가는 것은 심리적인 미성숙에 기인하는 것임을 자각할 필요가 있습니다. 지상에 있는 교회들이나 목회자들 중에서 참으로 이상화할 수 있을 만큼 완벽한 공동체나 목회자는 존재하지 않습니다.

셋째, 형편과 처지 때문에 부득이 타교회 옮겨야 하는 이들이 있습니다. 이럴 경우에는 떠나는 교회 성도들로부터 떠나는 과정에서 일종의 작별 '의식'(ritual)을 행하는 것이 바람직합니다. 바울은 그의 전도 여행 과정에서 각 지역의 성도들과 '작별'(saying good-by)을 하는 모습을 여러 번 보여주었습니다(행 20:1, 17-38, 21:1 참조). 특히 에베소 교회 장로들이 바울과 헤어지는 과정에서 무릎을 꿇고 함께 기도하며 "다 크게 울며 바울의 목을 안고 입을 맞추고"(행 20:37) 전송했던 모습은 인상적입니다. 떠나는 교회 성도들 앞에서 인사를 하고 간단한 선물을 전달하고 작별한다면 상실감을 좀더 잘 처리할 수 있을 것입니다. 한국교회가 전통적으로 사용해왔던 이명서를 주고받으면서 교회를 옮긴다면 마침표를 잘 찍고 새롭게 시작하는데 도움이 될 것입니다. 이전 교회 담임목사가 현재 출석 교회의 담임목사에게 전화나 이메일을 통해서 '의뢰'(referral)하며 이명하는 성도의 신앙생활을 부탁한다면 아름다운 이명절차가 될 수 있을 것입니다.

넷째, 교회를 옮겨야 하는 상황에서 고려할 부분은 애도(grieving)의 역동성입니다. 이전 교회의 성도들과의 관계가 단절됨에서 오는 상실감이 처리되지 않은 채 새로운 교회에 접붙임을 받게 될 때 새로운 교회 공동체에 정착하는 것이 어렵습니다. 다른 예배 분위기, 낯선 얼굴들, 그리고 낯선 교회당 내부를 낯설지 않게 대한다는 것이 정서적으로 쉽지 않습니다. 특히 교회생활에서 중요하다고 여기는 어떤 요소가 마음에 들지 않을 때 새로운 교회에 정착하기란 어려운 일입니다. 자칫 교회를 옮기는 과정에서 교회출석을 등한시 하는 경우까지 생길 수 있습니다.

'가나안' 성도라는 신조어가 생긴 한국교회 현실에서 여전히 교회 출석과 등록을 소중히 생각하고 새로운 교회에 정착하고자 애쓰는 형제의 삶에 조금이라도 도움이 되기를 기대합니다. 새 교회에서의 신앙생활에 진보가 있기를 빕니다.

16
타종교 재단이 운영하는 학교에 자녀를 보내도 되나요?

> 학교 진학을 앞두고 있는 자녀가 있습니다. 학교의 교과과정이나 시설 등이 아이의 적성을 잘 살려줄 것 같습니다. 그런데 모 타종교 재단이 운영하고 있는 학교라 아이를 진학시켜야 할지를 놓고 고민하고 있습니다. 종교에 대해 학생들에게 강요하고 있지는 않은 것 같지만, 내심 아이가 학교생활을 하면서 기독교 신앙에 영향을 받을까 고민도 되고요. 어떻게 결정하면 좋을까요?

편의상 자매로 부르겠습니다. 어떤 분야의 명문학교에 가고 싶지만 그 학교가 정통기독교회가 이단으로 분류하는 종교재단에 속한 학교거나 타종교가 운영하는 학교일 때 자매의 자녀를 그 학교에 진학시켜도 신앙적으로 무리가 없는지 알고 싶은 것이 질문의 요지로 여겨집니다. 이런 고민을 한다는 것은 기독교 신앙을 고백하는 부모로서 귀한 일이라고 말씀드리고 싶습니다. 별 고민과 갈등조차 하지 않고 눈에 보이는 것을 좇아가는 소위 신앙인들도 적지 않은 현실을 고려할 때 말입니다.

유치원, 초등, 중등, 또는 고등학교 진학 문제에 제한해서 말씀드리고 싶습니다. 그 이유는 자녀들의 발달단계에서 볼 때 고등학교까지는 가치관 형성에서 여전히 변화하는 단계에 있는 반면 대학교에 입학하는 연령의 자녀의 경우에는 어느 정도의 가치관 형성이 된 단계에 접어들었기 때문에 환경의 영향을 덜 받을 수 있기 때문입니다.

크게 세 가지로 결정할 수 있는 가능성이 있습니다. 첫째는 아예 타종교 재단이 운영하는 학교에는 자녀를 보내지 않겠다는 결정을 하는 것입니다. 세상적으로는 손해를 감수하는 길입니다. 둘째는 타종교 재단이 운영하는 학교에 보내기는 하되 자녀의 신앙교육에 대해서 가정에서 철저하게 교육하고 무장시키는 경우입니다. 셋째는 유명도와 인지도를 따라서 자녀들을 그냥 타종교 재단 학교에 보내기로 결정하는 경우입니다. 세 번째의 경우는 제가 논의할 필요도 없이 세속적인 가치관을 따르는 어리석은 결정입니다.

결론부터 먼저 말씀드린다면 저는 유초중고등 학교에 진학하는 크리스천 자녀들의 경우에 타종교 재단의 학교에 진학하는 것은 기독교적인 세계관에서 볼 때 위험할 뿐 아니라 자녀들의 장기적인 삶에서 신앙적으로 득보다는 실이 크다고 봅니다. 왜냐하면 이 연령층의 자녀들은 아직 가치관이 충분히 형성되어 있지 않기 때문입니다. 학교 선생님이나 친구들의 압박을 견딜 수 있을만큼 강하지 못합니다. 따라서 가치관의 충돌과 혼란을 불가피하게 겪게 될 것입니다. 세속적인 가치관과 타종교의 가치관 및 세계관의 도도한 물결에 대해서 비판하고 저항할 수 있는 가치관을 이 연령대의 자녀들은 확립하기가 어렵습니다. 기독교인의 정체성을 분명히 하며 소금과 빛의 역할을 하기는 커녕 오히려 그 학교 시스템의 요구에 순응하거나 동화될 가능성이 높습니다. 이 시기의 자녀는 '수용력'(receptive power)이 큰 반면 '행사력'(agential power)은 제한적입니다. 즉 영향을 주로 받지 영향을 끼치기가 매우 어렵다는 것입니다.

유치원 교육 기관 중에서 가톨릭교회 재단에서 운영하는 유치원의 경우에, 겉으로는 기독교를 표방하기 때문에 문제가 없어 보일 수 있습니다. 그러나 심리발달과 인성형성 및 영적 발달의 기초가 형성되는 중요한 발달단계에서 가톨릭교회의 분위기가 친숙해지면 자칫 자녀가 평생 가톨릭 신자가 될 수 있는 위험성이 높습니다. "세살 적 버릇 여든까지 간다"는 옛 말도 있지만 정신분석학의 한 학파인 대상관계이론을 따르는 학자들은 만 3-4세까지의 경험은 아동의 심리발달에 매우 중요한 시기라고 주장합니다. 이 시기에 만나는 의미 있는 대상들이 아이에게 '좋은 대상'(good object)으로 경험될 때 그 아이는 심리세계 속에서 유치원 때 경험했던 선생님들과 가톨릭교회의 이미지를 우호적으로 인식할 가능성이 높습니다. 성장기의 사고, 정서, 의지, 대인관계, 그리고 더 나아가 영적 생활에서 가톨릭교회의 가치관의 영향을 의식적으로 또는 무의식적으로 받을 것입니다.

예고의 경우를 예로 들겠습니다. 예술 분야에서 실력이 있는 선생님들이 많고 알려진 동문들이 있는 학교이지만 선화예고는 통일교 재단에 속한 사립학교입니다. 학교 홈페이지에 설립자인 문선명과 그의 아내의 사진이 게재되어 있고 건학이념은 "愛天, 愛人, 愛國"으로 나와 있는 학교입니다. 자녀를 예술인으로서 성공시키겠다고 통일교의 정체성을 드러내놓고 부각하는 학교에 자녀를 입학시킨다면 그것은 '소탐대실'(小貪大失)의 결과를 가져오는 어리석인 행동이 될 것입니다. 단기적인 시각으로 볼 때에는 타종교 재단이 운영하는 사립학교에 진학하는 것이 세상에서 성공하는 길처럼 보일 수 있습니다. 그러나 신앙적으로는 자매의 자녀가 신앙적으로 멸망으로 갈 수 있는 길이 될 수 있다는 점을 명심해야 합니다.

성경의 예

성경의 예를 롯의 삶에서 찾아볼 수 있습니다. 아브라함과 헤어지는 과정에서 롯이 "눈을 들어" "요단 지역을 바라본즉 소알까지 온 땅에 물이 넉넉하니 여호와께서 소돔과 고모라를 멸하시기 전이었으므로 여호와의 동산 같고 애굽 땅과 같았더라"(창 13:10)는 말씀의 표현처럼 그는 세속적인 가치관으로 인생의 중요한 결정을 내렸습니다. 그는 "그 지역의 도시들에 머무르며 그 장막을 옮겨 소돔까지 이르"(창 13:12)게 되었고 결국 소돔의 영향권에서 살아야 했습니다. 베드로 사도는 그의 삶을 가리켜 "무법한 자들의 음란한 행실로 말미암아 고통당하는 의로운 롯을 건지셨으니 이는 이 의인이 그들 중에 거하여 날마다 저 불법한 행실을 보고 들음으로 그 의로운 심령이 상함이라"(벧후 2:7-8)고 표현했습니다. 그가 겪어야 했던 영적 싸움이 치열했음을 알 수 있습니다. 그는 소돔을 변화시키는데 아무런 영향력을 발휘할 수 없었습니다. 오히려 그의 심령만 손상되었을 뿐입니다. 결과적으로 그는 소돔에 들어갈 때에는 물질적으로도 풍족했지만 나올 때에는 빈손으로 겨우 생명만 부지하는 신세가 되고 말았습니다. 그의 가치관은 분명히 소돔의 영향을 받았습니다. 낯선 나그네를 보호하기 위하여 자신의 딸들을 희생물로 내놓겠다고 말한 것은 하나님의 뜻과는 다른 것이었습니다. 심판의 경고를 전하는 그의 말을 예비 사위들이 농담으로 여겼습니다. 사위들조차 그에게 여호와 신앙에 대해서 제대로 영향을 받지 못했던 것입니다. 그리고 그는 소돔 출신의 사위들을 얻으려고 했습니다. 소돔 사람들과 사돈관계를 맺으려고 했던 것은 그가 신앙적으로 바로 서 있지 못했음을 보여줍니다. 그의 딸들 역시 자손을 얻기 위해서 인간적인 방법을 동원했습니다. 거의 폐인이 되어 동굴에 거하는 아버지 롯을 술 취하게 하여 각각 아버지와 동침하여 모압과 암몬이라는 자손을 얻는 반인륜적인 행동을 했습니다. 이 사실에서 롯은 딸들에게 여호와를 경외하는 신앙적 유산을 제대로 물려주지 못한 것으로 추정할 수 있습니다. 결국 그의 자손은 아브라함의 자손들과 대대로 원수관계가 되고 말았습니다. 롯의 삶은 처음 철길에서 선로가 벗어날 때는 아주 작은 차이지만 갈수록 선로는 전혀 다른 방향을 향해 가는 것에 비견할 수 있는 것이었습니다.

롯과 반대의 경우를 다니엘과 그의 세 친구들에게서 찾을 수 있습니다. 그들은 자신의 조국이 멸망당해서 바벨론이라는 세속 국가에 포로로 잡혀 갔고, 바벨론 왕궁에서 지도자 수련 과정을 거쳤습니다. 그러나 그들은 여호와 신앙을 가진 유대인으로서의 정체성과 충돌이 일어나는 경우에 직면했을 때 그 환경에 순응하거나 타협하지 않았습니다: "다니엘은 뜻을 정하여 왕의 음식과 그가 마시는 포도주로 자기를 더럽히지 아니하리라 하고 자기를 더럽히지 아니하도록 환관장에게 구하니 하나님이 다니엘로 하여금 환관장에게 은혜와 긍휼을 얻게 하신지라"(단 1:8-9). 비록 그들은 나이가 비교적 어린 청소년기에 있었지만 유대인의 음식 규례와 어긋나는 바벨론 왕궁의 음식 전통에 대해서 과감하게 도전했던 것입니다. 그들은 개인적인 '입신양명'(立身揚名)을 원하지 않았습니다. 그들은 비록 이방 나라에서 살고 있었지만 여호와 하나님을 경외하는 삶을 일관성 있게 견지했던 것입니다. 다니엘은 왕의 명령을 어기면서 하루에 세 번씩 기도하는 습관을 지켰습니다. 다니엘의 세 친구들은 우상에게 절하기를 거절했기 때문에 풀무불에 던져졌습니다. 그들은 그것을 기꺼이 선택하였습니다(단 3:16-18 참조). 만약 그들이 타협하는 삶을 살았더라면 그들의 이름은 성경에 기록되지 못했을 것입니다. 성남제일교회 담임목사인 홍정기 목사님은 2014년 12월 7일 주일예배 설교에서 "세상과 충돌하라"는 A. W. 토저의 책 제목을 딴 설교제목으로 설교하면서, 다니엘이 뜻을 정하며 유대인으로서의 정체성이 해체되는 것을 거부하였을 때 하나님은 그를 끝까지 보호하시는 은혜를 베푸셨음을 역설했습니다. "이 다니엘이 다리오 왕의 시대와 바사 사람 고레스 왕의 시대에 형통하였더라"(단 6:28)는 말씀을 근거로 비록 왕조가 두 번이나 바뀌는 상황 가운데서도 타국인으로서 다니엘의 삶을 하나님이 형통하게 이끌어 주셨음을 예시했습니다. 하나님은 오늘날도 하나님 중심적인 삶을 살기로 결단하는 성도들에게 다니엘에게 베푸셨던 동일한 은혜를 베푸실 것입니다. 인간으로서 느낄 수 있는 미래에 대한 불안을 담대하게 하나님의 주권과 섭리에 맡기면서 하나님 중심적인 결단을 내릴 때 하나님께서 자매의 자녀의 진로와 앞길을 형통하게 하실 것입니다. "너는 마음을 다하여 여호와를 신뢰하고 네 명철을 의지하지 말라 너는 범사에 그를 인정하라 그리하면 네 길을 지도하시리라"(잠 3:5-6)는 말씀에 아멘으로 반응하며 자녀에게 더 큰 그림을 보게 할 수 있을 때 자녀가 신앙적으로도 성숙해지며 삶에서 형통하게 되는 복도 누리게 될 것입니다.

학업보다 우선시해야 할 것

기독교 신앙과 세계관을 최우선으로 견지하며 결정을 내리는 부모의 행동을 보면서 자녀는 신앙과 삶을 일치시키는 것을 직접적으로 또는 간접적으로 학습하게 될 것입니다. 입으로는 하나님 중심적인 신앙과 성경 중심적인 신앙을 부르짖어도 실제 삶에서 진학과 같은 중요한 결정을 내릴 때 세상적인 가치 기준과 평가 기준을 우선시하여 자녀에게 조언한다면 자녀는 인본주의적이며 세속주의적인 가치관을 우선시하는 자녀로 성장할 것입니다. 자녀를 양육할 때 주의 교훈을 따라 양육하려면 자녀의 생사화복을 주관하시는 하나님을 기쁘게 하는 삶을 사는 자녀들이 되는데 초점을 맞추어야 할 것입니다.

"너희는 먼저 그의 나라와 그의 의를 구하라 그리하면 이 모든 것을 너희에게 더하시리라"(마 6:33)는 예수님의 산상보훈의 말씀을 진리의 말씀으로 붙잡을 때 자녀의 진로를 바로 지도할 수 있을 것입니다. 다른 기독교인들이 그들의 자녀를 세상적인 가치관과 타협하여 타종교 사립학교에 진학시키는 다른 기독교인들이 있을 때 하나님 중심적인 가치관을 견지함으로써 진학의 기회를 과감하게 포기하는 것은 고통스러운 결정일 것입니다. 적극적으로 박해를 받는 것만이 의를 위하여 고난을 받는 것이 아닙니다. 소극적으로 욕심을 낼 수 있는 기회를 포기하는 것도 의를 위하여 고난을 받는 것입니다. 베드로 사도의 귀띔을 자내의 삶에 연결해서 소화할 수 있으면 좋겠습니다: "그러나 의를 위하여 고난을 받으면 복 있는 자니 그들이 두려워하는 것을 두려워하지 말며 근심하지 말고 너희 마음에 그리스도를 주로 삼아 거룩하게 하고 너희 속에 있는 소망에 관한 이유를 묻는 자에게는 대답할 것을 항상 준비하되 온유와 두려움으로 하고 선한 양심을 가지라"(벧전 3:14-16a). 예측할 수 있는 길을 가면 덜 불안합니다. 많은 사람들이 가는 길이 불안을 덜 야기합니다. 그러나 찾는 자가 적고 가는 자가 적은 길을 가는 자는 불안하고 혼란스러울 수 있습니다. 그래서 세속화된 교인들은 불안과 두려움 때문에 눈에 보이는 것에 시선을 고정합니다. 그러나 찾는 자가 적고 가는 자가 적은 길이 생명으로 인도하는 길입니다.

믿음으로 모험하며 결단하는 성도들에게 하나님은 영적인 성숙과 아울러 심리적인 성숙을 선물로 주십니다. 그들의 삶을 책임지고 인도해 주십니다. "그들이 두려워하는 것을 두려워하지 말고 근심하지 말고" 성도들은 그리스도를 마음의 주인으로 삼고 나아갈 때 보이지 않은 하나님께 시선을 고정할 수 있습니다. 베드로는 이런 믿음의 사람들을 위하여 다음과 같이 약속합니다: "너희 염려를 다 주께 맡기라 이는 그가 너희를 돌보심이라"(벧전 5:7). 자매가 자녀의 진로를 위해서 관심을 갖는 것 이상으로 하나님 아버지가 자녀의 진로에 관심을 갖고 돌보신다는 사실을 믿을 때 불안이 다독여지며 따라서 자매가 자녀의 불안을 다독일 수 있을 것입니다.

수영로교회를 담임하는 이규현 목사님의 표현을 빌리자면 오늘날의 많은 그리스도인들은 믿음의 '야성'(野性)이 없습니다. 세상이 감당하지 못하는 사람들이 아니라 세상이 요구하기도 전에 먼저 순응하며 타협하는 이들이 많습니다. 심지어 적극적으로 세상의 삶에 편승하기까지 하는 이들이 적지 않습니다. "경건의 모양은 있으나 경건의 능력을 부인"(딤후 3:5)하는 이들이 너무나 많은 말세에 우리는 살고 있음을 자각해야 할 것입니다. 주일성수를 목숨처럼 지켰던 신앙 선배들의 유산과 신사참배를 거부하면서 투옥되기를 두려워하지 않았던 신앙 선배들의 유산이 많이 퇴색되어가는 시대에 우리는 살고 있습니다. 우리가 "땅에서는 외국인과 나그네임을 증언"(히 11:13) 하는 삶을 살지 않으면 우리도 자각하지 못하는 사이에 이 세상의 방식을 따라가는 세상나라의 시민으로 전락하게 될 것입니다. 기독교 역사에 "광야와 산과 동굴과 토굴에 유리"하면서 살았던 사람들은 "세상이 감당"하지 못하는 사람들이었습니다(히 11:38). 자매의 자녀를 야성이 있는 신앙인으로 양육하고 싶다면 첫 단추부터 제대로 끼워야 할 것입니다.

자매의 고민은 명문대학에 입학시키기 위해서 수험생 자녀를 주일에도 학원에 보내며 아예 1-2년은 예배출석까지 제한하는 교인들에게도 접목될 수 있을 것입니다. 명문대학교에 보낸다고 반드시 그 자녀의 삶이 행복하고 앞길이 순조롭게 펼쳐지는 것이 아닙니다. 세상적으로 성공할 확률은 높겠지만 명문대학 입학이 자녀의 앞길을 보장해주는 것이 결코 아님을 명심해야 합니다. 설령 세상에서 성공하는 자녀가 된다고 할지라도 그 성공이 오히려 영적으로는 패망에 이르는 길이 될 수 있습니다.

마지막으로, 타종교 재단의 사립학교지만 재학생들에게 타종교 의식에 참여하는 것을 강제적으로 요구하지 않고 신앙적인 부분에서 학생의 기독교신앙을 존중하는 학교가 혹시라도 있다면, 그리고 가정에서 자녀의 신앙적인 교육을 책임지고 잘 가르칠 수 있는 자신이 있다면 차선적으로 그 학교에 진학하는 것을 고려해보실 수 있습니다. 그러나 심사숙고해야 할 것입니다. "만물이 주에게서 나오고 주로 말미암고 주에게로 돌아감이라 그에게 영광이 세세에 있을지어다 아멘"(롬 11:36)이라고 찬송한 바울의 고백을 깊이 묵상하면서 "너희는 이 세대를 본받지 말고 오직 마음을 새롭게 함으로 변화를 받으라 그리하면 하나님의 선하시고 기뻐하시고 온전하신 뜻이 무엇인지 분별할 수 있을 것이다"(롬 12:2, NIV에서 번역)라는 말씀을 붙잡고, 자신의 진로에 대해서 큰 숲을 보지 못한 채 나무 몇 그루만 보고 진학을 결정하고 싶어하는 자녀를 잘 설득해서 신앙적으로 지혜롭고도 하나님을 기쁘시게 하는 결정을 내릴 수 있기를 빕니다.

17
불신자와 결혼해도 될까요?

> 결혼을 진지하게 고민하고 있는 크리스천 여성입니다. 사귀고 있는 남자는 기독교에 대해서 반대하지 않지만 교회에 나가본 적이 없는 사람입니다. 결혼하면 교회에 나가겠다고 이야기는 합니다. 아직은 나가지 않고 있습니다. 문제는 남자의 집안이 불교 집안입니다. 남자는 성격이 좋아 보이고 안정된 직장에 다니고 있습니다. 믿는 남자와 결혼하고 싶지만 현실적으로 기독교 신앙이 좋은 남자 청년들은 별로 없는 것 같습니다. 어떻게 해야 할까요?

이 질문에 대해서 단답형으로 '예' 또는 '아니오'라고 답할 수 있으면 좋겠지만 성경의 가르침을 고려할 때, 그리고 현실을 고려할 때 저는 예라고 대답할 수도 있고 아니오라고 대답할 수도 있다고 생각합니다.

먼저 결혼생활에 대하여 큰 그림을 본 후에 구체적이며 세부적인 그림을 보는 것이 유익할 것입니다. 첫째, 기독교인들에게 있어서 결혼의 의미와 목적은 불신자들이 생각하는 결혼의 의미와 목적과는 다릅니다. 둘 사이에 공통분모가 많습니다. 그러나 기독교인들의 결혼생활의 궁극적인 목적은 하나님을 영화롭게 하며 하나님의 나라를 추구하는 것이라는 점에서 불신자들의 결혼생활의 목적과는 구별됩니다. 불신자들에게 있어서 결혼과 가정은 이 땅에서 최고의 가치와 인생의 최대 의미입니다. 그러나 기독교인들에게 있어서 결혼과 가정은 영원한 하나님의 나라의 틀 속에서 볼 때 이 땅에서만 유효한 '잠정적' 가치와 의미를 갖고 있는 신적 제도입니다. 부활이 없다고 믿는 사두개인들이 예수님에게 일곱 형제가 한 여자와 결혼하게 된 상황을 이야기하면서 "부활 때 곧 그들이 살아날 때에 그 중의 누구의 아내가 되리이까"(막 12:23)라고 질문했을 때 "너희가 성경도 하나님의 능력도 알지 못하므로 오해함이 아니냐 사람이 죽은 자 가운데서 살아날 때에는 장가도 아니 가고 시집도 아니 가고 하늘에 있는 천사들과 같으니라"(막 12:24-25)고 대답하셨습니다. 이 말씀에서 결혼 제도는 이 땅에서만 유효한 것임을 알 수 있습니다.

둘째, 결혼은 하나님이 제정하신 신적인 제도이지만 인간이 죄로 타락한 후에도 믿지 않는 자들에게도 베푸신 일반은총입니다. 비록 하나님이 처음 의도하신 결혼의 목적과 달라짐으로써 거룩성을 잃어버리고 세속화되었지만 하나님은 신자나 불신자 모두가 결혼제도를 통하여 가정을 이루며 자녀를 양육하며 사회의 질서를 이루어갈 수 있도록 섭리하십니다. 불신자들의 가정도 이 땅에서는 기쁨과 행복을 누리며 살기를 원하십니다. 그래야 세상이 어느 정도의 건강성을 유지하며 지탱될 수 있기 때문입니다. 불신자들의 가정이라고 해서 다 역기능적이 된다면 신자들의 삶에 악영향을 끼칠 것입니다. 기본적인 상식, 윤리, 도덕이 무너지는 세상이 될 것이기 때문입니다.

결혼이라는 제도가 없어진다면 부모, 부부, 자녀라는 개념조차 성립하지 않게 될 것입니다. 창세 때부터 현재까지 오랜 세월 동안 결혼 제도가 무너지지 않고 이어져 오고 있는 것은 분명히 하나님의 섭리가 있기 때문입니다. 하나님은 자신의 언약의 백성들과의 관계를 결혼이라는 메타포를 빌려 설명하실 만큼 결혼은 가치 있고 의미있는 신적 제도입니다. 부부 사이의 사랑과 언약의 관계를 통하여 자신의 사랑과 언약을 표현하실 정도였습니다.

셋째, 결혼은 일부일처 제도가 하나님의 뜻이며 그 이유는 '경건한 자손'을 얻기 위함이라고 성경은 말씀합니다. 그리고 하나님이 결혼의 증인이 되신다고 말씀합니다: "너와 네가 어려서 맞이한 아내 사이에 여호와께서 증인이 되시기 때문이라 그는 네 짝이요…오직 하나를 만들지 아니하셨느냐 어찌하여 하나만 만드셨느냐 이는 경건한 자손을 얻고자 하심이라"(말 2:14-15). 덧붙어 하나님은 이혼을 미워한다고 말씀하셨습니다(말 2:16).

불신자와의 결혼? "No"

이와 같은 큰 그림을 염두에 두고 자매의 질문에 대해서 구체적인 답변을 해보겠습니다. 먼저, 불신자와의 결혼이 가능하느냐는 질문에 대해서 '아니오'라고 대답할 수 있는 성경적 근거와 실제적인 이유에 대해서 말씀드리겠습니다.

불신자와의 결혼을 금지하는 성경적 근거를 몇 가지로 제시할 수 있습니다. 첫째, 창세기 2:24절에 "이러므로 남자가 부모를 떠나 그의 아내와 합하여 둘이 한 몸을 이룰지로다"라고 말씀하신 결혼의 연합 정신은 단순히 육체적인 연합을 의미할 뿐 아니라 영적인 연합과 연대성을 내포합니다. 하나님의 생기를 그 코에 불어넣으셨을 때 '생령'(a living spirit)이 된 인간은 영적인 존재이기도 합니다. 따라서 전인격적인 연합이 이루어지지 못하는 결혼은 하나님의 원래 뜻에서 벗어나는 것이라고 말할 수 있습니다. 그리스도의 영이 거하는 성전인 신자와 "세상 풍조를 따르고 공중의 권세 잡은 자를 따르는"(엡 2:2) 불신자가 결혼을 통해 연합을 이룬다는 것은 하나님의 원래의 뜻은 분명히 아니라고 말할 수 있습니다. 성경에서 예외적인 경우들이 허용되어 있지만 이혼은 하나님의 뜻이 아니었습니다(마 19:3-8 참조). 마찬가지로, 불신 결혼도 예외적인 경우들이 허용되어 있지만 하나님의 원래의 뜻이 아니라고 볼 수 있습니다. 예를 들면, 이삭과 리브가의 신앙의 가정에서 쌍둥이로 태어나 성장한 에서와 야곱의 결혼은 대조적입니다. 에서는 부모의 허락과 축복 없이 가나안 여자들과 결혼했습니다. 야곱은 부모의 충고를 따라 여호와 신앙을 가진 라반의 딸들과 그녀들의 여종들과 결혼했습니다. 네명의 아내를 거느리게 된 야곱의 결혼 생활은 힘들었지만 그의 결혼생활에서 태어난 열두 아들들은 이스라엘 신앙 공동체를 대표하는 각 지파의 대표자가 되었습니다. 반면 에서는 에돔 족속의 조상이 되었는데 에돔은 이스라엘과 계속 원수가 되는 나라가 되었고 하나님의 심판을 받는 민족이 되고 말았습니다(옵 1:1-16 참조).

둘째로, 포로시대에 활동했던 느헤미야가 직면했던 유대인들의 종교적이며 사회적인 문제점들 중의 하나는 이방인들과의 결혼 문제였습니다:

> 그 때에 내가 또 본즉 유다 사람이 아스돗과 암몬과 모압 여인을 맞아 아내로 삼았는데 그들의 자녀가 아스돗 방언을 절반쯤은 하여도 유다 방언은 못하니 그 하는 말이 각 족속의 방언이므로 내가 그들을 <u>책망하고 저주하며</u> 그들 중 몇 사람을 때리고 그들의 머리털을 뽑고 이르되 너희는 너희 딸들을 그들의 아들들에게 주지 말고 너희 아들들이나 너희를 위하여 그들의 딸을 데려오지 아니하겠다고 <u>하나님을 가리켜 맹세하라</u> 하고 또 이르기를 옛적에 이스라엘 왕 솔로몬이 이 일로 <u>범죄</u>하지 아니하였느냐 그는 많은 나라 중에 비길 왕이 없이 하나님의 사랑을 입은 자라 하나님이 그를 왕으로 삼아 온 이스라엘을 다스리게 하셨으나 <u>이방 여인이 그를 범죄하게 하였나니</u> 너희가 이방 여인을 아내로 맞아 이 <u>모든 큰 악을 행하여 우리 하나님께 범죄하는 것을</u> 우리가 어찌 <u>용납하겠느냐</u>"(느 13:23-27) (밑줄은 필자의 것임).

이 본문은 역사적으로 미국교회에서 인종 간에 결혼을 반대하는 근거로 사용되기도 했습니다. 미국교회는 오랫동안 백인과 흑인의 결혼을 허용하지 않았습니다. 물론 이것은 성경을 올바르게 적용한 것이 아니었습니다. 느헤미야서 본문은 유대인들이 유대인의 순수혈통주의를 내세우는 본문으로 사용되었으며 사마리아인들을 천시하는 근거가 되기도 했습니다. 그러나 느헤미야의 행동은 여호와 신앙을 전수함에 있어서 포로생활에서 귀환한 유다인들이 블레셋이나 모압과 암몬과 같은 족속들과 결혼관계를 통하여 섞임으로써 자녀들이 유다의 모국어를 하지 못하고 신앙적으로도 여호와 신앙을 떠날 수 있는 상황을 심각하게 우려한 것으로 해석하는 것이 필요합니다. 즉 신앙적인 언어를 습득하지 못함으로써 쉽게 유다 신앙공동체가 이방화될 현실을 느헤미야는 우려한 것입니다. 왜냐하면 악이 선에게 영향을 미칠 가능성이 훨씬 높기 때문입니다. 실제로 하나님은 명시적으로 "암몬 사람과 모압 사람은 여호와의 총회에 들어오지 못하리니 그들에게 속한 자는 십 대뿐 아니라 영원히 여호와의 총회에 들어오지 못하리라"(신 23:3)고 금지하셨기 때문에 이것을 무시하는 행동들이 있던 것은 결국 여호와 신앙이 약화되고 있다는 것을 말해주는 증상이었던 것입니다. 특히 아내가 이방 백성 출신일 때 유다인 남편에게 불신앙적인 영향을 끼쳐 남편과 자녀들이 하나님을 떠나고 우상숭배할 위험성이 충분히 있었기 때문에 느헤미야는 경각심을 가졌던 것입니다.

구약에서 모압 여인 룻이 신앙인인 시어머니 나오미를 통해 여호와 신앙을 삿세 되고 베들레헴 공동체의 일원이 된 이야기에서 구약 성경은 타민족에 대해서 완전히 배타적인 입장을 취하지 않았음을 알 수 있습니다. 그녀는 마침내 보아스와 결혼하여 다윗 왕의 할아버지가 된 오벳을 낳았고 다윗 왕가의 조상이 되었습니다. 이방 족속이라도 할례를 받으면 언약의 백성으로 편이 되었습니다. 출애굽할 때 순수한 이스라엘 백성들만 나온 것이 아니라 많은 잡족들이 함께 나왔고 그들도 할례를 통하여 이스라엘 공동체의 일원으로 인정받았습니다. 아브라함에게 주어진 언약은 "너는 여러 민족의 아버지가 될지라"(창 17:4)는 것이었습니다. 요나서에 나타난 하나님의 사랑은 이방 적국 앗수르 백성에게도 미치는 것이었습니다. 이와 같이 구약은 타국인에 대해서 절대적으로 배타적인 입장을 취한 것은 아니었습니다. 그런 점에서 불신자와의 결혼도 같은 원리로 적용해볼 수도 있을 것입니다. 불신자라고 무조건 결혼할 수 없다는 입장이 아니라 신자가 되면 가능하다는 입장입니다.

셋째, 신약에서 불신자와의 결혼을 금지하는 본문으로 가장 많이 인용되는 본문은 고후 6:14절, "너희는 믿지 않는 자와 멍에를 함께 메지 말라"는 말씀입니다. 이 본문에 대해서 유진 피터슨의 『메시지 성경』에서는 "하나님을 거부하는 자들과는 파트너가 되지 말라"고 번역했습니다. 결혼관계도 일종의 파트너쉽입니다. 그렇다면 이 본문에 근거해서 불신자와의 결혼은 하나님의 말씀에 불순종하는 것이라고 볼 수 있습니다. 사실상 결혼은 멍에를 같이 메는 것입니다. 불신자와 결혼의 멍에를 메는 것은 처음부터 매우 큰 위험부담을 안고 시작하는 것이라고 해도 과언이 아닙니다. 고후 6:14절 본문이 정확하게 결혼을 염두에 둔 것이라고 해석하는 것은 무리입니다. 그렇지만 이 본문은 결혼에 적용하기에 적합한 지혜를 담고 있는 것이 사실입니다. 쟁기를 끄는 소가 멍에를 함께 메고 끌 수 있을 만큼 짝이 맞지 않으면 쟁기를 제대로 끌 수 없습니다. 짐승의 종류가 서로 다르거나 키가 맞지 않는 짐승들에게 멍에를 함께 메우면 그 짐승들의 등이 다 까지게 되어 고통스러워할 것입니다. 뿐만 아니라 쟁기질 자체가 거의 불가능할 것입니다. 따라서 불신결혼을 통하여 불신자와 멍에를 메지 말라고 하는 것은 하나님이 성도들을 아끼는 마음으로 하신 말씀이라고 볼 수 있겠습니다. 그 결정에 따른 불가피한 부정적 결과가 어느 정도 예측되기 때문입니다.

넷째, "속지 말라 악한 농부들은 선한 행실을 더럽히나니"(고전 15:33)라는 본문도 불신결혼에 접목될 수 있습니다. 비기독교적인 배우자와 동행하면 부정적인 영향을 받게 될 것입니다. 솔로몬은 "노를 품는 자와 사귀지 말며 울분한 자와 동행하지 말지니 그의 행위를 본받아 네 영혼을 올무에 빠뜨릴까 두려움이니라"(잠 22:24-25)라고 이 역동성을 잘 지적했습니다. 이 세상에서 좀더 행복하게 살아보기 위하여 사랑한다는 이유로 불신결혼을 했다가 신앙을 잃어버려 영원한 하나님 나라를 잃는다면 너무나 불행한 일이 아닐 수 없습니다.

마지막으로, "아내는 그 남편이 살아 있는 동안에 매여 있다가 남편이 죽으면 자유로워 자기 뜻대로 시집갈 것이나 주 안에서만 할 것이니라"(고전 7:39)는 말씀에서 재혼에 대한 말씀이기는 하지만 초혼의 경우에도 유추적으로 적용하여 불신결혼을 금지하는 말씀으로 이해할 수 있습니다. 재혼에서의 유예조건은 '주 안에서만' 가능하다는 것입니다. 바울은 "내가 이것을 말함은 너희의 유익을 위함이요 너희에게 올무를 놓으려 함이 아니니 오직 너희로 하여금 이치에 합당하게 하여 흐트러짐이 없이 주를 섬기게 하려 함이라"(고전 7:35)라고 그 이유를 밝혔습니다. 즉 고린도 교회 성도들의 유익을 위하여 그렇게 권면한 것입니다. 따라서 현대를 살아가는 성도들의 유익을 위하여 권면하는 말씀으로 볼 수도 있습니다. '주 안에서만' 결혼하라는 권면은 불신결혼을 하려는 청년을 유익하게 하기 위해서 주신 권면으로 볼 수 있습니다. 따라서 불신결혼을 반대하는 것은 반대 자체를 위한 것이라기보다는 하나님의 자녀들을 유익하게 하며 아끼기 위한 것이라고 이해할 수 있겠습니다.

불신결혼을 반대하는 현실적인 이유를 몇 가지 언급해보고자 합니다. 첫째, 예견할 수 있는 결혼생활의 어려움이 있습니다. 신앙을 공유한다고 해서 어려움이 없는 것은 아닙니다. 성격차이, 문화적 차이, 가치관의 차이 등으로 인해서 갈등을 겪으며 그 갈등들을 조정해가는 것은 결혼생활에서 예측할 수 있는 어려움입니다. 그러나 불신결혼의 경우에는 심각한 어려움이 존재합니다. 기독교인의 삶에서 가장 핵심적인 가치인 예수 그리스도에 대한 신앙과 헌신에서 견해를 달리하는 사람과 부부가 되어 살아간다는 것은 매우 힘든 일입니다. 특히 기독교신앙에 대해서 적극적으로 반대하는 배우자일 경우에는 겪어야 할 영적인 싸움은 길고도 고통스러울 수 있습니다. 그럴 경우에 결혼은 힘을 실어주는 치료적 관계가 아니라 힘을 빼앗아가는 반치료적이며, 반기독교적인 관계가 될 것입니다.

둘째, 설령 불신결혼 후에 상대방 배우자가 예수 그리스도를 믿게 되어도 그의 가치관이나 그의 심리적 변화는 큰 변화를 경험하기가 매우 어렵다는 점입니다. 이미 그리스도 밖에서 살아왔던 삶이 성격화되어 있기 때문입니다. 성격장애화된 자기중심성과 인본주의적인 삶의 태도와 가치관은 오랫동안 벗어지지 않을 가능성이 높습니다.

셋째, 자녀들이 생겨날 때, 신앙적인 갈등이 생길 가능성이 매우 높습니다. 부모의 신앙 가치관의 차이로 자녀가 혼란을 겪을 수 있습니다. 자녀의 입장에서는 부모의 상충된 가치관과 태도 사이에서 양가감정을 느낄 수 있습니다. 예를 들면, 가톨릭 신자와 신교 신자가 결혼하는 경우에도 어느 한쪽을 택하지 않으면 자녀가 혼란을 겪습니다. 양쪽 부모를 다 만족시키기 위해서는 자녀가 부모의 요구에 순응하는 거짓자기를 발달시킬 수 있습니다.

넷째, 예견할 수 있는 어려움을 좀더 구체적으로 지적해보겠습니다. 기본적으로 식사기도도 함께 하지 못합니다. 주일예배도 혼자 가야 합니다. 때로는 배우자가 예배 참석을 소극적으로 또는 적극적으로 반대할 수 있습니다. 결혼할 때에는 허용하겠다고 하지만 약속을 바꾸는 이들이 적지 않습니다. 더구나 처가나 시가가 기독교신앙을 갖고 있지 않을 경우에 제사 문제와 같은 추가적인 어려움을 예측할 수 있게 겪게 될 것입니다. 교단적인 차이나, 신앙의 성격이 차이가 있어도 힘든데, 불신 결혼 생활은 서로 다른 문화적 차이를 극복하는 만큼이나 어렵습니다. 신앙을 갖겠다고 약속해서 결혼했는데 약속을 계속 지키지 않을 경우에 상대방을 향하여 오래 견디는 것이 고통이 될 것입니다. 그리고 기독교 신앙을 반대하지 않겠다고 하며 신앙의 자유를 주겠다고 약속했으나 핍박할 경우에는 배신감이 들 것입니다. 제사를 드리는 문제가 발단이 되어 부부간의 불화가 생기게 될 수 있습니다. 극단적인 경우에는 이혼에 이를 수 있습니다. 교회활동에 제한을 받을 수 있습니다. 편집증적인 요소가 있는 배우자의 경우에는 질투하며 핍박하며 활동반경을 통제할 수도 있습니다. 이런 가능성을 충분히 고려하고 결정한다면 덜 후회하는 결혼생활을 하게 될 것입니다.

끝으로, 결혼의 일차적인 목적은 상대방을 구원하거나 전도하는데 있는 것이 아니라는 점을 명심하시면 좋겠습니다. 불신결혼을 했지만 감사하게도 상대방 배우자가 회심하며 불신 집안 전체가 복음화 되는 경우가 종종 있습니다. 결과적으로 볼 때 하나님이 합력해서 선을 이루시는 것을 경험할 수 있습니다. 그러나 그 가능성만 생각하고 그 반대 가능성을 진지하게 고려하지 않는다면 지혜롭지 못합니다.

불신자와의 결혼? "Yes"

다음으로, 불신결혼에 대해서 예라고 답변할 수 있는 성경적인 근거와 현실적인 이유를 제시해보겠습니다. 첫째, 고전 7장에 나타난 바울의 결혼과 독신 및 이혼에 대한 관점에서 불신결혼의 가능성을 찾아볼 수 있습니다. 바울 사도는 불신자와 이미 결혼한 자들의 경우에는 한쪽 배우자의 신앙과 섹슈얼이 불신 배우자의 삶에 긍정적인 영향을 미칠 수 있음을 지적하였습니다. 불신 배우자가 헤어지기를 원하지 않을 때에는 이혼하지 말라고 했습니다. 그리고 한쪽 배우자만 신앙을 가지고 있어도 자녀들이 거룩하다고까지 표현했습니다: "믿지 아니하는 남편이 아내로 말미암아 거룩하게 되고 믿지 아니하는 아내가 남편으로 말미암아 거룩하게 되나니 그렇지 아니하면 너희 자녀도 깨끗하지 못하니라 그러나 이제 거룩하니라"(고전 7:14). 로마서에서 바울이 이스라엘과 이방인이 복음 안에서의 맺는 관계에 대해서 언급하면서 "제사하는 처음 익은 곡식

가루가 거룩한즉 떡덩이도 그러하고 뿌리가 거룩한즉 가지도 그러하니라"(롬 11:16)고 말씀했습니다. 이 본문도 불신 배우자와 신앙을 가진 배우자와의 관계에 유추적으로 적용될 수 있다고 봅니다. 바울 사도는 결혼 생활을 통해서 불신 배우자를 구원할 수 있을 가능성에 대해서 배제하지 않았습니다: "아내된 자여 네가 남편을 구원할는지 어찌 알 수 있으며 남편 된 자여 네가 네 아내를 구원할는지 어찌 알 수 있으리요"(고전 7:16).

둘째, 직접적으로 결혼과 관련하여 해석하는 것은 무리가 있지만 유추하여 고려할 수 있는 본문은 전도서 4장 9-12절입니다:

> 두 사람이 한 사람보다 나음은 그들이 수고함으로 좋은 상을 얻을 것임이라 혹시 그들이 넘어지면 하나가 그 동무를 붙들어 일으키려니와 홀로 있어 넘어지고 붙들어 일으킬 자가 없는 자에게는 화가 있으리라 또 두 사람이 함께 누우면 따뜻하거니와 한 사람이면 어찌 따뜻하랴 한 사람이면 패하겠거니와 두 사람이면 맞설 수 있나니 세 겹 줄은 쉽게 끊어지지 아니하느니라.

결혼 관계가 주는 '회복탄력성'(resilience)의 힘은 인간이 이 세상에서 살아갈 때 누릴 수 있는 하나님의 일반적인 은총입니다. 믿는 배우자를 만나지 못해서 독신으로 살아갈 때 겪는 외로움과 한계가 분명히 있습니다. 그런 점에서 비록 불신자이지만 결혼생활을 영위해갈 수 있는 어느 정도의 성숙도를 가진 사람이라면 아쉽지만 결혼을 할 수도 있다고 봅니다.

마지막으로, "아내들아 이와 같이 자기 남편에게 순종하라 이는 혹 말씀을 순종하지 않는 자라도 말로 말미암지 않고 그 아내의 행실로 말미암아 구원을 얻게 하려 함이라"(벧전 3:1)는 베드로 사도의 권면에서 믿는 아내가 믿지 않는 남편에게 순종함으로써 그가 구원받게 될 계기가 마련될 가능성이 있음을 알 수 있습니다. 이것은 성경이 불신 결혼을 일방적으로, 완전히 금지하고 있지 않다는 것을 말해줍니다. 예외적이기는 하지만 성경은 불신 결혼을 인정하고 있으며 불신 결혼을 통해서도 하나님은 그의 구원 사역을 이루어가실 수 있다는 점을 말씀하고 있기 때문에 불신결혼은 예외적으로 허용될 수 있습니다.

불신결혼을 허용하는 현실적인 이유 또한 고려해볼 수 있겠습니다. 첫째, 한국교회는 결혼 적령기에 있는 기독교인 남성들의 숫자가 기독교인 여성들의 숫자보다 적다는 현실입니다. 교회에 따라서는 70:30 또는 80:20 정도의 비율로 여성의 숫자가 월등하게 많습니다. 이런 상황에서 하나님이 예비한 믿는 신랑감이 있을 것이라고 하나님의 섭리를 믿고 마냥 기다리게 하는 것은 무책임하며 비공감적인 권면이 될 것입니다.

둘째, 기독교신앙에 반대하지 않으면서 결혼 생활을 영위하기에는 여러 면에서 골고루 좋은 자질을 갖춘 사람들이 현실적으로 있기 때문입니다. 신앙심이 있다고 해서 쉽게 결혼을 결정하는 것은 지혜롭지 못합니다. 서로 어울리는 면들을 갖고 있어야 할 것이며 마음에도 들어야 하며, 사랑하는 마음도 생겨야 결혼으로 이어질 것입니다. 어느 정도의 심리적인 성숙도를 갖추어야 결혼생활이 순조로울 것입니다. 외적으로 보이는 신앙생활을 보고서 결혼의 일차적인 판단기준을 삼을 때에는 내적으로 보이지 않는 그의 신앙상태나 심리적 상태를 알지 못한 채 속임을 당할 수 있습니다. 특히 결혼 전에 사귈 때에는 방어기제를 자연스럽게 쓰기 때문에 상대방의 진짜 모습을 다 모를 경우가 많다는 점을 명심할 필요가 있습니다.

그런 점에서 혼전 상담을 받는 것은 예방적으로 매우 지혜로운 방법입니다. 전문적인 기독교상담사 또는 목회상담사를 통하여 결혼 대상과 자신에 대해서 보다 객관적인 평가 및 진단을 해보는 것은 예방적인 효과가 있습니다. MMPI와 같은 심리검사는 상대방의 심리적, 정신적 병리성을 파악하는데 도움이 될 수 있기 때문에 서로가 이와 같은 심리검사를 받고 그 결과를 서로 나누어보는 것도 상대방을 이해하며 불신결혼을 최종적으로 결정하는데 도움이 될 수 있습니다. MBTI 검사는 서로의 성격 차이를 이해하는데 매우 유익합니다.

독신은 그리스도인의 유효한 삶의 양식

불신결혼에 대한 대안으로서 저는 기독교인들의 독신생활에 대해서 추가적으로 언급하고자 합니다. 신약적인 관점에서 볼 때 신약시대를 사는 성도들은 결혼은 반드시 해야만 하는 것은 아니라는 점을 고려할 필요가 있습니다. 예수님과 바울 사도를 통해 결혼에 대한 의미가 좀더 명료해진 신약시대에서 독신은 유효한 삶의 양식이 될 수 있습니다. 바울 사도는 고린도전서 7장에서 독신의 문제를 다루면서 "내가 결혼하지 아니한 자들과 과부들에게 이르노니 나와 같이 그냥 지내는 것이 나으니라"(8절)고 말하며 "장가가도 죄 짓는 것이 아니요 처녀가 시집가도 죄 짓는 것이 아니로되 이런 이들은 육신에 고난이 있으리니 나는 너희를 아끼노라"(28절)라고 결혼에 대해서 소극적인 태도를 보였습니다. "너희가 염려 없기를 원하노라 장가가지 않은 자는 주의 일을 염려하여 어찌하여야 주를 기쁘시게 할까 하되 장가간 자는 세상일을 염려하여 어찌하여야 아내를 기쁘게 할까하며 마음이 갈라지며"(32-34a)라고 말씀함으로써 그가 결혼에 대해서 소극적인 입장을 취하는 이유를 밝혔습니다. "내가 이것을 말함은 너희의 유익을 위함이요 너희에게 올무를 놓으려 함이 아니니…흐트러짐이 없이 주를 섬기게 하려 함이라"(35절)고 그의 의도를 밝히기도 했습니다. 이상과 같은 바울의 권면은 "임박한 환난으로 말미암아 사람이 그냥 지내는 것이 좋으니라"(26절)고 말씀한 고전 7장과 초대교회 성도들의 삶의 정황을 이해하고 해석하는 것이 필요합니다. 그러나 하나님을 더 잘 섬기기 위한 목적을 위한 삶의 방식으로서 독신을 권면하기도 했다는 점에서 주님를 위한 독신생활은 현대 기독교인 청년들이 진지하게 고려해볼 수 있는 선택적인 삶의 양식으로서 추천할 수도 있다고 생각합니다. 존 스토트(John Stott) 목사님은 평생 독신으로 주님께 헌신하는 삶을 살다가 부름을 받은 좋은 모델입니다.

18
혼전 성관계 경험을 배우자에게 고백해야 하나요?

> 저는 결혼 전에 성관계를 한 적이 있습니다. 결혼을 해서 살고 있는데 남편에게 이 사실을 알리고 용서를 받아야 할지 알고 싶습니다. 혹시 남편이 혼전 성관계 여부에 대해서 질문해온다면 어떻게 대답해야 할까요?

먼저 과거의 실수 경험으로 인해서 마음의 짐을 지고 지금까지 결혼 생활을 이어온 자매에게 선하신 하나님의 위로가 있기를 바랍니다. 누구에게도 나눌 수 없는 혼자만의 비밀이 된 삶의 스토리를 죽을 때까지 안고 가야할지 아니면 남편에게 차라리 속 시원하게 이야기하고 용서를 구해야 할지 갈등하고 있는 자매의 마음이 잘 느껴집니다. 뿐만 아니라 혹시라도 남편이 먼저 혼전 성관계 경험 여부에 대해서 질문해올 경우에 난감한 상황에 빠질 것에 대한 불안감도 느껴집니다. 자칫 잘못 이야기했다가 결혼 관계가 파국적으로 치달을 수도 있는 것에 대한 두려움이 분명히 있으리라고 생각합니다.

이 문제와 씨름하는 기혼 남성들과 여성들이 적지 않다는 점을 먼저 알려드리고 싶습니다. 즉 자매만 혼자서 고통하며 불안해하는 문제가 아니라는 점에서 '고통의 부편성'을 인식함으로써 지나친 죄책감이나 수치감 또는 불안감에 시달리지 않으셨으면 좋겠습니다. 그리고 이 문제는 불신자들뿐 아니라 기독교 신앙을 갖고 살아가는 성도들도 공통적으로 씨름하는 문제라는 점을 아시면 좋겠습니다. 따라서 불신자들과 신자들이 공통적으로 인식해야 할 영역이 있고 신자들이 독특하게 인식해야 할 성경적인 가르침이나 원리를 고려해보아야 할 것입니다. 궁극적으로는 이 문제가 하나님의 관점에서 조명될 때 가장 명료하게 이해되며 보다 큰 그림 속에서 이해될 수 있다고 봅니다.

'이미 그러나 아직 아니'의 실존적 한계 인정해야

이런 점을 염두에 두고 저는 몇 가지 질문을 던지는 형식으로 자매에게 조언을 드리고 싶습니다. 질문하신 분은 자매지만 동일한 문제로 씨름하는 남성들에게도 동일하게 적용될 것입니다. 첫째, 부부 관계에서 모든 비밀이 다 공유되어야 할까요 라는 질문입니다. 우리가 에덴동산과 같이 벌거벗었으나 부끄럽지 않는 부부 관계에서 살고 있다면 비밀은 불필요할 것입니다. 아무 것도 가릴 필요가 없고 가리지 않아도 수치심을 느끼지 않을 것이기 때문입니다. 그러나 창세기에 나타난 아담과 하와의 부부관계에서 잘 드러나듯이 죄가 들어오면서 그들은 자신의 벌거벗음에 대한 수치심을 느끼게 되었고 자기중심성이 생기게 되었습니다. 그래서 상대방의 입장을 공감하기에 앞서서 자신을 방어하기에 급급한 관계로 변질되었습니다.

그리스도 안에서 맺어진 부부관계라고 할지라도 옛 자기와 새 자기의 모습이 공존하며 부부 각자의 심리적 발달과 영적 발달이 이상적으로 성숙하지 못한 상태에서 살아가는 성도들은 이 땅에서는 절대적인 개방성과 정직성으로 살 수 없는 현실적인 실존과 씨름하고 있습니다. 에베소서의 말씀에 순종하기 위해 우리는 부부간에 서로 사랑하고 존경하는 관계를 그리스도께서 교회를 향해 하신 모습처럼 이루어가려고 노력하고 있는 것이 사실입니다(엡 5:22-33 참조). 그러나 하나님 나라의 특성인 '이미 그러나 아직 아니'의 모습처럼 완벽하고 온전한 부부관계를 이루기에는 각자의 한계와 죄성을 갖고 있는 존재라는 사실을 겸손하게 인정할 필요가 있습니다. 심리학적으로 표현한다면 성도들도 깨어진 이 세상에서 살면서 원하든 원하지 않든 어느 정도의 방어기제들을 사용하면서 살고 있다는 점을 인정할 필요가 있습니다. 방어기제를 사용하지 않는 경우가 있다면 매우 심리적으로 성숙한 경우이거나 반대로 심리적으로 아주 미성숙한 경우입니다. 아주 어린 아이들은 방어기제를 사용하기가 어렵습니다. 원초적인 방어기제는 무의식적으로 사용되겠지만 말입니다. 매우 성숙하다고 말할 수 있는 사람들의 경우에도 종종 방어기제가 사용됩니다. 본인 자신이 인식을 못할 수 있지만 말입니다.

방어기제는 양면적인 기능이 있습니다. 정신세계가 와해되는 것을 방어해주는 순기능이 있습니다. 그러나 과도하게 사용되면 대인관계에서 이웃을 사랑하며 이웃으로부터 사랑을 받아들이는데 어려움을 겪게 합니다. 이렇게 다소 장황하게 설명한 이유는 정직과 투명성에도 양면성이 있을 수 있다는 점입니다. 아주 성숙한 사람은 정직하고 투명합니다. 반대로 아주 미성숙한 사람도 정직하고 투명합니다. 숨겨야 할 것과 숨기지 말아야 할 것을 구별할 수 있는 자아(ego) 능력이 채 발달하지 않았기 때문입니다. 숨겨야 할 것은 숨기는 것이 미덕이 될 때가 있습니다. 대부분의 경우 상담사들이 듣는 이야기는 비밀보장이 되어야 합니다. 누구로부터도 가리어진 이야기로 남아야 합니다. 가리는 것이 반드시 죄가 되는 것이 아니라는 사실을 인식할 필요가 있습니다.

그러나 성경은 아울러 정직과 진실이 우리의 삶을 자유하게 할 것이라고 가르칩니다. 진리가 예수님을 지칭하는 것이기는 하지만 "진리를 알지니 진리가 너희를 자유롭게 하리라"(요 8:32)는 말씀은 참으로 진리입니다. 진실과 정직이 있는 곳에는 거짓이 스며들 수 없으며 마귀가 틈탈 수 없기 때문입니다. 남편과의 관계에서도 과거의 중요한 실수에 대해서 진실하고 정식하게 말할 수 있다면 분명히 자유함이 있을 것입니다.

더 이상 불안하거나 수치스러워하지 않아도 되기 때문입니다. 그러나 삶은 복합적이며 단순하지 않습니다. 정직하게 살며 진실하려고 해도 상대방을 고려해야 지혜롭습니다. 상대방이 이해하고 소화할 수 있는 심리적 맷집과 능력이 약한데도 그 현실을 고려하지 않은 채 진실을 말한답시고 말하는 것은 상대방을 위하는 것이 아닙니다. 예를 들면, 심리적으로 매우 불안정한 사춘기 자녀에게 진실을 말한답시고 입양 사실을 털어놓는 것은 그 자녀를 배려하는 것이 아닙니다. 자칫하면 그 자녀를 죽이는 행동이 될 수 있습니다. 충격을 받은 자녀가 자살로 생을 끝낼 수도 있기 때문이다.

진실보다 덕이 우선되야

진실을 남편에게 반드시 이야기해야만 자매가 자유롭게 되고 치료가 되는 것이 아닙니다. 오히려 진실을 털어놓은 것이 부부관계를 악화시키고 파국적으로 이끌 수도 있기 때문에 분별력이 필요합니다. 예수님이 말씀하신 "너희는 뱀 같이 지혜롭고 비둘기 같이 순결하라"(마 10:16)는 삶의 원리를 고려해야 합니다. 천진난만한 순진함만으로는 세상과 가정이 세워지지는 않습니다. 전문적인 기독교상담을 받으면서 상담사에게 털어놓는 것은 안전하면서도 치료적입니다. 더 이상 수치심이나 죄책감이나 불안에 시달리지 않아도 될 만큼 치료적인 경험이 일어날 수 있습니다.

둘째, 진실이 우선일까요 아니면 덕이 우선일까요? 아니면 둘 다 동시에 만족시킬 수 있는 대안이 있을까요 라는 질문입니다. 자매님이 씨름하는 문제와 직접적인 관련성은 없는 성경 말씀이지만 바울 사도가 고린도교회 성도들에게 우상 제물에 대하여 언급하면서 "음식은 우리를 하나님 앞에 내세우지 못한다"(고전 8:8)고 말씀하며 "너희의 자유가 믿음이 약한 자들에게 걸려 넘어지는 것이 되지 않도록 조심하라"(고전 8:9)고 말씀한 내용이 자매와 남편 모두에게 적용될 수 있습니다. 혼전 관계가 없었다 또는 있었다는 사실은 하나님 앞에서 우리를 내세우게 하는 요소가 아닙니다. 없었다고 해서 자랑할 만한 일이 아닙니다. 있었다고 해서 하나님 앞에 주눅 들게 하는 것도 아닙니다. 자매나 남편이 가진 질문할 수 있는 자유(권리)가 상대방 배우자를 걸려 넘어지게 하는 것이 된다면 덕을 세우는 일이 아니겠지요. 진실의 여부도 중요하지만 덕을 세우는 것이 더욱 중요합니다. 진실을 말했을 때 상대방 배우자가 걸려 넘어져서 실족하게 된다면 그것은 지혜로운 것이 아닙니다. 상황윤리에 빠지면 곤란합니다만 지혜롭게 대처하는 것이 중요합니다. 성경적인 예를 든다면 다윗에게 기름을 부어 왕을 삼으려는 계획을 가지고 베들레헴에 가야했던 사무엘은 하나님께 "내가 어찌 갈 수 있으리이까 사울이 들으면 나를 죽이리이다"(삼상 16:2a)라고 말했을 때 하나님께서는 그에게 할 말을 주셨습니다: "너는 암송아지를 끌고 가서 말하기를 내가 여호와께 제사를 드리러 왔다 하고 이새를 제사에 청하라"(삼상 16:2b-3). 하나님께서 사무엘에게 대안을 주셨습니다. 하나님께서는 강조점을 다른데 둠으로써 진의를 감추는 대안적인 방법을 조언하셨습니다. 진실을 굳이 밝히지 않아야 할 대상에게 진실을 말한답시고 그대로 이야기하는 것은 어리석은 것입니다. 지혜롭지 못하게 말을 해서 사무엘이 죽임을 당했다면 그것은 어리석은 행동이겠지요. 이처럼 자매의 상황에서도 이같은 지혜가 필요하다고 생각합니다. 설령 남편이 질문해올 경우에라도 직답을 비껴가면서도 지혜롭게 대답할 수 있는 내용을 고민해보시면 좋겠습니다. 그 방법 중에 하나는 덕을 세우기 위하여 진실을 노출하지 않는 방법입니다. 예를 들어, 상담사들의 경우에는 내담자의 비밀을 보장하기 위해서 가족들이나 다른 주변의 사람들이 상담 내용에 대해서 질문해올 때에 자신이 알고 있는 내용이라고 해서 알려주지 않습니다. 비밀을 지켜야 할 경우에는 무덤까지 지켜주는 것이 사랑입니다. 잠언 기자는 "두루 다니며

한담하는 자는 남의 비밀을 누설하나 마음이 신실한 자는 그런 것을 숨기느니라"(잠 11:13)고 남의 비밀을 숨겨주는 것이 신실한 마음을 가진 자의 미덕이라고 말씀했습니다. 자신과 가장 가까운 이웃이 될 수 있는 자기 자신의 비밀을 숨기는 것이 신실한 자의 행동일 수도 있다는 점을 생각해보시면 좋겠습니다. 하나님은 어떤 성도의 비밀을 다른 성도들에게 노출시킴으로써 수치와 고통을 당하게 하는 일을 하시지 않습니다. 어떤 비밀은 지켜져야 유익합니다.

또다른 잠언 말씀에서 지혜를 찾을 수 있습니다: "악인은 입으로 그의 이웃을 망하게 하여도 의인은 그의 지식으로 말미암아 구원을 얻느니라"(잠 11:9). 말을 잘못 해서 가장 가까운 이웃인 남편을 실족케 하는 것은 악이라고 표현할 수 있습니다. 반면에 지식을 통해서 구원을 얻을 수 있습니다. 즉 의인은 어떤 난국으로부터도 '벗어날'(escape, NIV 번역) 수 있습니다.

고백하려는 동기 점검해야

셋째로, 자매는 왜 남편에게 과거 성관계 경험을 고백하려고 하는가라는 질문입니다. 자매가 남편에게 고백하려는 동기가 어떤 것인지를 점검할 필요가 있습니다. 오랫동안 짓눌러온 죄책감을 더 이상 감당할 수 없어서일까요? 아니면 남편을 사랑하기 때문에 모든 것을 다 알려야 한다고 생각하기 때문일까요? 자매의 고백을 듣고 남편도 만약 결혼 전에 성관계 경험이 있었다는 이야기를 하면 자매는 어떻게 반응할 수 있을까요? 우선은 괜찮을 수 있고 오히려 잘 되었다고 생각할 수도 있겠지요. 그러나 시간이 좀 흐른 다음 그 사실 때문에 자신이 처음 생각했던 것과 달리 충격을 받았다는 사실을 인식하게 될 때 자매는 어떻게 대처할 수 있을까요? 남편도 처음에는 쿨하게 받아들이고 용서한다고 하며 걱정하지 말라고 위로해줄 수도 있지만 시간이 흐르면서 태도가 달라질 수 있습니다. 생각과 감정은 차이가 있습니다.

어떤 남편은 자기의 과거 이야기를 하면서 아내에게 과거 이야기를 해보라고 부추기기도 합니다. 이것은 배우자를 시험에 빠뜨리는 행동입니다. 어리석은 행동입니다. 우선은 듣고 소화한 것처럼 보이지만 마음 세계는 큰 충격을 받을 수 있습니다. 그래서 부부 싸움할 때 그 이야기가 무심코 나올 수 있습니다. 성관계할 때에도 연상이 될 수 있습니다. 따라서 각 배우자는 결혼 전에 상처 입었던 모든 사건들, 실수했던 모든 사건들을 다 말할 필요가 없습니다. 해야 하는 것도 아닙니다. 자기의 마음이 편하기 위해서 상대방 배우자에게 과거를 고백하는 이들이 있습니다. 이것은 이기적인 행동입니다.

자매의 남편에게 도움이 될 수 있는 성경 말씀이 있다면 "마땅히 생각할 그 이상의 생각을 품지 말고 오직 하나님께서 각 사람에게 나누어 주신 믿음의 분량대로 지혜롭게 생각하라"(롬 15:3)는 말씀입니다. 만약 혼전 성관계 여부에 대해서 남편이 질문한다면 그 질문에는 "마땅히 생각할 그 이상의 생각," 즉 정도를 벗어나는 생각이 깔려 있습니다. 남편은 "마음을 새롭게 함으로 변화를 받아 하나님의 선하시고 기뻐하시고 온전하신 뜻이 무엇인지 분별하라"(롬 12:2)는 말씀대로 마음의 태도와 생각, 감정, 의지 등이 그리스도 안에서 날마다 새롭게 변하는 성장을 추구해야 할 것입니다. 성숙하게 되면 불안은 감소합니다. 대처하는 힘도 커집니다. 큰 그림을 보고 지엽적인 것에 목숨을 거는 어리석은 생각이나 행동을 하지 않습니다. 굳이 아내의 과거 경험을 알아내려는 어리석은 행동을 하지 않을 것입니다. 만약 남편이 자매의 과거에 대해서 우연히 알게 되어 고통스러워한다면 자매를 괴롭히지 말고 전문상담사를 찾아서 이야기를 털어놓고 마음의 치유를 받는 것이 지혜롭습니다. 이 고통 경험을 통해서 자신의 여러 이슈들을 발견하고 치료하는 좋은 기회가 될 수도 있습니다.

혼전 관계 질문은 이중 구속, 자기 패배적 상황 만들 수 있다

넷째로, 남편이 먼저 질문해 올 때 어떻게 대응하는 것이 과연 좋은 방법일까요? 성경적인 가르침이 있을까요 라는 질문입니다. 먼저, 남편이 자매의 혼전 성관계 여부에 대해서 묻는다면 그 질문 자체가 어리석은 질문이라는 사실을 자매가 알고 있어야 합니다. 이 질문은 남편의 자존감이 낮기 때문에 나온 질문입니다. 아내를 전체적으로 알아가고 이해하기보다는 지엽적인 것에 초점을 맞추어 아내를 이중구속(double-bind)적인 상황에 빠뜨리는 질문입니다. 또한 자기패배적인 상황을 만드는 어리석은 질문입니다. 질문해서 얻을 수 있는 것이 무엇일까요? 만약 아내가 혼전 성관계가 있다고 고백한다면 그것을 과연 자매의 남편이 얼마나 쿨하게 감당해낼 수 있을까요? 당장에는 쿨하게 이야기할지 모르지만 심리적인 자기 구조물이 취약하며 열등감이 있는 남편이라면 분노와 질투심, 또다른 의심을 갖게 될 위험성이 높습니다. 만약 자매가 없다고 대답해도 남편이 의심이 많은 편집성(paranoid) 성격장애적 요소를 갖고 있는 분이라면 자매의 대답 자체를 믿지 않고 계속 집요하게 물을 것입니다.

다시 질문으로 되돌아가서 남편이 만약 묻는다면 어떻게 반응하는 것이 성경적으로 지혜로울까요? 남편의 질문은 어리석은 질문일 뿐만 아니라 아내에게 대한 무례한 질문이라는 점을 자매가 인식할 필요가 있습니다. 이미 그 질문 속에는 아내에 대한 불신과 의심을 내포하고 있기 때문입니다. 고전 13장 5절에서 "사랑은 무례하지 아니하며"라고 말씀합니다. 남편이 무례하게 질문하는 것에 대해서 다 답변을 할 필요가 있을까요? 예수님께서는 빌라도가 "네가 유대인의 왕이냐"라고 심문했을 때 직답을 피하시고 "이는 네가 스스로 하는 말이냐 다른 사람들이 나에게 대하여 네게 한 말이냐"(요 18:34)라고 대답하셨습니다. 때로는 침묵하셨습니다. 자매의 경우에 문제가 될 수 있는 것은 예수님처럼 침묵하면 남편이 오해할 것이라는 점입니다. 진실을 말하면 화를 내며 반응할 가능성이 있습니다. 성폭행을 당했던 과거의 진실에 직면하려고 고백한 아내를 위하여 함께 울어주고 위로해주기는커녕 성폭행 당할 때 왜 방어하지 않았는지, 성적으로 오르가즘을 느끼지 않았는지까지 묻는 수준 이하의 모습을 드러내는 남편들도 있을 정도입니다. 따라서 상대방의 심리적, 영적 수준을 고려하지 않은 진실은 쓰레기 취급당할 위험성이 있습니다. 진주를 돼지에게 던지는 격이 될 수 있습니다. 남편의 그릇이 감당할 수 없는 그릇이라면 진실을 말한답시고 결혼관계를 파국으로 이끄는 것이 장기적인 관점에서 지혜로운 선택일까요? 거짓말을 하느냐 아니냐의 문제보다는 진실을 숨기는 것으로 볼 수 있지 않을까 생각합니다. 직답을 피하면서 왜 그런 질문을 하는지 반문하는 것이 한 방법일 수 있습니다. 또는 "그러면 질문하는 당신은 결혼 전에 성관계를 한 적이 있느냐"고 반문하는 것은 불안을 남편에게 넘기는 한 방법이 될 수 있겠습니다. 다시 말하지만, 저는 남편의 질문이 전혀 생산적이지 않으며 반치료적이며 우매한 질문이라고 말하고 싶습니다. 아내를 사랑한다면서 그런 질문으로 자신과 아내에게 덫을 놓고 함정을 파는 행동은 가학적인 행동입니다. 영적으로 말한다면 마귀적이며 파괴적인 질문입니다. 남편의 불신과 의심의 마음을 틈타 결혼관계에 금이 가게 해서 결국 이혼까지 이르게 하는 어리석은 질문입니다. 남편의 질문에 말려버리면 마치 늪에 빠져 헤어나오지 못하는 것처럼 결혼관계가 파국으로 치달을 수 있습니다. 만약 남편이 집요하게 묻는다든지 구체적인 내용을 꼬치꼬치 질문하게 된다면 자매는 크게 상처를 입을 수 있습니다. 이야기를 듣고 난 남편도 크게 상처 입을 수 있습니다. 더욱이 그 관계가 일회적이며 우발적인 것이 아니라 상당한 기간 지속되었고 서로가 원해서 이루어진 관계였을 경우에는 이혼의 빌미가 될 수 있습니다. 심리적으로 취약한 경우에 남편은 의처증 증상을 표출할 수 있습니다. 성생활에서 가학적이거나 무능해질 수도 있습니다. 성생활이 마치 불순물이 섞이는 것처럼 오염될 수 있습니다. 즐거워야 할 시간이 고통의 시간으로 바뀔 수 있습니다. 상대방에 대한 질투심과 비교하는 마음을 갖게 할 수 있습니다. 불안을 느끼게 할 수 있습니다. 자녀들에게 이 여파가 미칠 수 있습니다. 자녀들이 알게 되면 엄마나 아빠에 대해서 존경심을 잃을 수 있습니다. 아이들이 부모님이 이혼하지 않을까 하는 불안을 크게 느낄 수 있습니다. 자녀들이 장성해서 결혼할 때 부모의 이런 결혼관계로 인해 결혼하는 것을 두려워할 수 있습니다. 자녀 역시 배우자에 대하여 의심하는 성격으로 바뀔 위험성이 있습니다. 더 나아가 자매의 과거를 빌미로 남편이 반복적으로 성적인 표출(acting out)을 할 가능성이 있습니다. 진실이라는 작은 것을 얻기 위해서 크고 중요한 것들을 잃어버리는 것은 어리석습니다.

복음의 의미를 되새길 필요가 있습니다. 복음은 우리가 아직 죄인 되었을 때에 그리스도께서 대신 죽으심으로 우리가 의롭다 여김을 받은 자가 되었다는 선언합니다(롬 5:6 참조). 설령 자매가 결혼 전에 성관계 경험이 있다고 하더라도 하나님 앞에서 회개하고 용서를 받은 부분이라면 자매는 남편에게 순결한 신부이자 아내입니다. 마귀는 과거의 잘못을 가지고 정죄합니다. 그러나 하나님은 허물을 덮어주시며 자매를 의로운 자라고 인정해주십니다. 남편에게 고백해야 할 부정한 행위를 현재 하고 있다면 용서를 구해야겠지요. 그러나 결혼 전의 실수와 죄와 허물은 남편이 용서해야할 몫이 아닐 것입니다. 크고 작은 실수와 죄가 없는 사람이 누가 있겠습니까? 보는 것을 다 드러내고 고백해야만 부부간에 친밀감이 생기며 돈독해지는 것이 아닙니다. 간음하다가 현장에서 잡힌 여인에게 "나도 너를 정죄하지 아니하노니 가서 다시는 죄를 짓지 말라"(요 8:11)고 위로와 도전을 하신 예수님의 말씀을 기억하시면 좋겠습니다. "Don't ask and don't tell"라는 말이 현실적으로 유용한 접근이라고 말할 수 있습니다. 결혼은 현재형이며 미래형이어야 하기 때문입니다. 과거형은 바람직하지 않습니다.

낙태나 사실혼 경험은 밝혀야

끝으로, 성관계를 해서 낙태를 한 적이 있거나 아이를 낳은 적이 있다면 그것은 결혼 전에 밝혀야 할 부분입니다. 그것은 파혼이나 이혼의 사유가 될 수 있기 때문입니다. 결혼을 했지만 혼인신고를 하지 않은 채 살다가 헤어지고 난 후에 다른 사람과 결혼하면서 자신의 이전 결혼생활을 새로운 배우자에게 숨기는 것은 사회 통념상 비윤리적인 것으로 간주하는 것과 마찬가지입니다.

미혼 청년들에게 권면하는 말을 덧붙이고 싶습니다. 현대 사회가 급변하면서 전통적인 가치관이 흔들리고 성경적인 가치관조차 흔들리는 시대에 우리는 살고 있습니다. 다양한 미디어를 통해 알게 모르게 성경적인 가치관들이 잠식당하고 있습니다. 성개방, 혼전 동거, 혼전 성관계에 대해서 허용하는 분위기가 팽배합니다. 최근에 중국에 다녀왔는데 중국도 마찬가지라고 합니다. 청년들 중에서 혼전 성관계 경험이 없는 청년이 오히려 바보 취급을 받는 세상에 우리는 살고 있습니다. 심지어 임신하고 결혼하는 시대, 아기가 혼수품에 포함되는 시대에 우리는 살고 있습니다. 합의하에 이루어진 성은 괜찮다는 생각, 성은 개인의 프라이버시 영역이라고 여기는 가치관이 크리스천 청년들에게까지 영향을 끼치고 있습니다. 한 미국 자료에 의하면 2000명의 크리스천 여성들과 400명의 크리스천 남성들을 대상으로 한 설문조사에서 약 40퍼센트의 청년들만이 결혼식 하기 전에 성관계 경험이 없었다고 응답했다고 합니다. 크리스천들이라고 할지라도 적어도 과반수의 사람들이 혼전 성관계 경험을 갖고 있다는 것은 안타까운 현실입니다. 그러나 이것은 성경적으로 볼 때 하나님의 뜻이 분명히 아닙니다.

영적으로 도덕적으로 총체적인 부패 상태에 있었던 유다왕국 말기에 레갑 자손들은 약 200면의 세월이 흘렀지만 선조 요나답의 명령을 지켜 순종하는 구별된 삶을 살고 있었던 귀한 자존이었습니다. 평생 포도주를 마시지 않으며, 살 집도 짓지 않고 포도원이나 밭이나 종자도 가지지 않고 장막 생활을 이어갔던 신실한 자손들이었습니다. 하나님은 예레미야를 통해서 "레갑의 아들 요나답에게서 내 앞에 설 사람이 영원히 끊어지지 아니하리라"(렘 35:19)고 그들의 삶을 인정하시고 복을 주셨습니다. 현대 사회가 성적으로 무너져가더라도 기독청년들은 시대의 흐름을 거슬러 올라갈 수 있는 기독교적인 자존감과 정체성을 확립해야 할 것입니다. 현실적으로, 데이트를 할 때에 신체적 접촉이 점점 빈번해지지만 현실적으로 결혼을 할 수 있는 여건이 되지 않음으로 인하여 많은 기독청년들이 갈등하고 있습니다. 우리는 모두 부족한 죄인이지만 주님 앞에서 자신의 몸이 구별된 몸이며 주님의 것임을 인식하고 함부로 성적인 경계선을 허무는 어리석은 행동을 하지 않아야 할 것입니다. 특히 경계선 성격장애적인 특징을 갖는 청년들은 충동적이며 심리적으로 불안정하기 때문에 쉽게 성적인 경계선을 허물며 헌신되지 못한 성관계를 맺을 위험성이 높습니다. 상담을 통해서 전문적인 치료 과정을 겪기를 추천합니다.

혹시라도 자매의 혼전 성경험 전에 성장기에 성폭행을 당했던 트라우마 경험이 있었다면 전문상담사를 만나서 털어놓고 이야기를 하고 구체적인 상담기법을 통해 치료받게 되면 성폭행으로 인한 트라우마로부터 자유롭게 살 수 있다는 점을 아울러 알려드리고 싶습니다. 성폭행의 경험으로 인해서 남편과의 성생활이 의무적인 것이 되어 성생활이 원만하지 않다면 심리치료 과정을 통해서 건강한 성생활을 할 수 있게 될 것입니다.

19
성도가 꿈을 어떻게 이해해야 하나요?

> 성도들 중에 꿈에 대해서 지나치게 염려하거나 집착하고 해몽에 관심을 갖는 이들이 있습니다. 하나님이 자신에게 꿈을 통해 말씀하신다고 말하는 이도 있습니다. 꿈이란 무엇인가요? 꿈의 기능은 무엇인가요? 왜 꿈을 꾸나요? 성경에도 꿈과 해몽 사건들을 찾아볼 수 있습니다. 성경의 꿈과 해몽과 오늘날의 꿈과 해몽은 어떻게 다른가요? 꿈을 신뢰해도 되는 것일까요?

꿈과 관련해서 많은 질문들을 던지셨네요. 인류 역사 이래로 꿈은 항상 인간에게 관심의 대상이 되어왔지요. 구약과 신약에 꿈과 관련된 의미 있는 사건들이 많이 등장하는 것이 사실입니다. 문학, 예술, 영화, 기술 등의 많은 분야가 꿈과 연결됩니다. 심지어 일반인들이 흔히 이야기하듯이 돼지꿈을 꾸거나 용꿈을 꾸면 복권에 당첨될 가능성이 있거나 심마니가 산삼을 발견하게 될 가능성이 있는 '예견적'인 꿈이라고 생각하고 행동에 옮기는 경우가 많습니다. 어려운 난제가 꿈을 통해 해결되었다는 이야기도 종종 듣습니다. 그렇다면 과연 꿈은 무엇이며 어떤 기능을 갖고 있는 것일까요? 성도들은 이 꿈 현상을 어떻게 균형 있게 이해하는 것이 필요할까요?

인간의 무의식 영역을 다루고자 했던 정신분석학에서는 꿈에 대해서 깊은 관심을 갖고 연구해왔습니다. 프로이트는 '꿈은 무의식에 이르는 왕도'라고 표현하기까지 했습니다. 치료적인 의미에서 꿈의 의미를 찾아내려고 했던 프로이트나 융과 같은 인물들의 연구를 바탕으로 꿈분석을 하는 상담사들이 많이 있습니다. 성공회 신부였던 존 샌포드(John Sanford)는 융분석가인데 꿈에 대한 책을 쓰면서 "하나님의 잊혀진 언어"라는 부제를 달기도 했습니다. 오늘날 여전히 하나님은 꿈의 채널을 통해서도 성도들에게 의사소통을 하실 수 있는데 많은 그리스도인들이 꿈의 언어에 전혀 관심을 기울이지 않고 살아가는데 대하여 자신의 안타까움을 표현하기 위해서 그와 같은 부제를 단 것이었습니다.

꿈은 하나님의 창조 섭리

꿈은 하나님이 인간에게 꾸도록 허락하신 뇌신경학적, 정신적 현상입니다. 저의 집에 있는 애완견이 밤에 잠을 아주 잘 잡니다. 그런데 수면 중에 종종 짖기도 하고 끙끙대는 것을 보면 인간뿐 아니라 개도 꿈을 꾸는 것으로 여겨집니다. 그래서 '개꿈'이라는 말이 생겼는지 모릅니다.

하나님은 창조 때부터 인간이 수면 중에 꿈을 꾸도록 인간을 지으셨습니다. 인간은 수면 중에 여러 단계를 거치면서 잠을 자는데 그 단계들 중에 REM(Rapid Eye Movement) 단계에서 꿈을 꾸는 것으로 알려져 있습니다. 이 단계는 하룻밤에 적어도 대여섯 번 발생하는데 이 단계에서 수면하는 사람은 눈을 감은 채 자고 있지만 눈동자가 갑자기 빠르게 좌우로 또는 상하로 움직이기 시작하면서 꿈을 꿉니다. REM의 경험을 지속적으로 박탈한 채 자게 하면 정신적인 건강이 나빠진다는 연구 결과를 본 기억이 있습니다. 이 사실을 볼 때 꿈꾸는 것은 인간의 전인격적인 건강을 지키는데 기여하는 역할을 하는 것임을 알 수 있습니다. 잘 때 거의 꿈을 꾸지 않는다고 말하는 이들이 있습니다. 실제는 그들도 꿈을 매일 꿉니다. 단지 기억하지 못하기 때문에 마치 꿈을 꾸지 않은 것처럼 느낄 뿐입니다. 기억하지 않아도 꿈을 꾸면 정신적인 건강을 유지하는데 도움이 됩니다. 또 깊은 수면 상태를 유지함으로써 신체적으로 에너지가 재충전되는데 도움이 됩니다.

  어떤 꿈은 꾸고 나서 비교적 정확하게 기억이 나지만 대부분의 꿈은 눈을 뜨자마자 의식세계에서 사라지며 기억나지 않습니다. 노력을 한다면 기억나지 않았던 꿈도 '자유연상'(free association)과 같은 방법을 통해 기억해낼 수도 있습니다. 어떤 꿈은 잊을래야 잊을 수 없게 강렬하게 기억에 남아 있습니다. 그런 꿈을 융은 '큰 꿈'(big dream)이라고 불렀습니다. 좋은 꿈도 있지만 악몽도 있습니다. 특히 외상후 스트레스장애(PTSD)를 가진 사람들은 지속적이며 반복적으로 악몽을 꾸는 증상을 갖고 있습니다. 비록 악몽이지만 꿈 경험을 통해 트라우마를 겪었던 상황에 반복해서 직면시킴으로써 트라우마를 스스로 치료하는 과정일 수도 있습니다. 비록 악몽을 반복해서 오랫동안 꾸는 것 자체는 너무 고통스러운 일입니다.

  오래 전에 제가 쓴 짧은 글에서 인간이 매일 꾸는 꿈을 현대의 두뇌과학의 발달과 첨단기술의 도움으로 영상화할 수만 있다면 무의식적인 영역에서의 트라우마 경험이나 많은 심리적인 문제들의 원인을 찾아내어 심리치료를 하는데 매우 큰 기여를 할 수 있을 것이라고 말한 적이 있습니다. 획기적인 치료법이 될 것입니다. 아마도 멀지 않아 그런 때가 올지도 모릅니다.

꿈에 대한 성경적 이해

  우선, 꿈에 대한 성경적인 관점을 간단하게 말씀드리겠습니다. 성경적인 관점이 명료해신다면 일부의 그리스도인들이 꿈에 대해서 너무 의미를 부여하고 집착하고 염려하는 것이 과연 성경적인 꿈의 관점에 부합되는 것인지에 대해서 어느 정도 답변이 되리라 생각합니다.

  창세기에서부터 요한계시록에 이르기까지 하나님은 여러 채널들을 사용하여 자신의 뜻을 드러내셨습니다. 선지자들을 통하여 직접 말씀하시며 계시하셨고 그 말씀을 성령의 감동으로 기록하도록 하셨습니다. 그 기록된 말씀 속에는 꿈의 경험과 그 꿈의 의미에 대한 해석도 포함되어 있습니다. 발람 선지자의 경우에는 하나님께서 나귀의 입을 열어서 발람을 꾸짖기도 하셨습니다.

창세기 처음부터 인간은 잠을 자는 존재로 표현되었습니다. 하와를 만드실 때 아담을 깊이 잠들게 하시고 갈빗대 하나를 취하셨습니다(창 2:21 참조). 갈빗대를 취할 때 아담을 꿈을 꾸고 있었을지도 모릅니다.

구약에서 꿈을 통해서 개인의 삶의 여정이 바뀌며, 국가의 흐름이 바뀌는 것을 볼 수 있습니다. 야곱의 '사다리 꿈'은 그의 인생 여정에서 하나님의 임재와 도우심을 처음으로 의식하게 된 의미 있는 꿈이었습니다(창 28:10-22 참조). 애굽 왕 바로의 꿈과 요셉의 꿈해석은 요셉을 애굽 총리로 등극시키는 역할을 했습니다. 그리고 애굽과 주변 국가들을 7년의 대흉년으로부터 살리는 역할을 했습니다. 그 이전에 바로의 떡 맡은 관원과 술 맡은 관원이 꾸었던 꿈도 예기몽이었으며 요셉은 이 꿈을 정확하게 해석했습니다. 이 꿈해석 사건을 통해 결국 요셉은 바로의 꿈해석을 할 수 있는 자리까지 인도됩니다. 야곱의 꿈이나 바로의 꿈 모두 자신들이 의식적으로 만들어낸 꿈이 아니었습니다. 대부분의 꿈들이 그렇듯이 전혀 상상하지도 못했던 꿈을 그들이 꾼 것입니다. 그 꿈들은 분명히 하나님으로부터 온 꿈이었습니다.

요셉이 어릴 때 꾸었던 꿈도 요셉의 자기애적인 '과대자기'(grandiose self)로 인해서 생겨난 꿈이 아니라 하나님이 그에게 선명하게 각인시켜준 소위 '큰 꿈'이었습니다. 심지어 하나님의 뜻을 확인시켜준 미디안 보초병의 꿈은 적국 군사의 꿈의 세계를 통해서도 기드온에게 승리의 확신을 갖게 한 의미 있는 꿈이었습니다(삿 7:13-15 참조). 바벨론 포로 시대에 하나님은 다니엘을 적국에서 사용하시는 과정에서 느부갓네살 왕이 꾼 꿈, 즉 "마음이 번민하여 잠을 이루지 못하게" 한 꿈, 그리고 누구도 알 수 없었던 꿈을 다니엘에게 계시해주셨습니다. 그리고 그 꿈의 의미도 해석해주셨습니다. 꿈과 꿈해석을 통하여 다니엘을 바벨론 제국 역사 무대에 등장시키셨습니다(단 2장 참조). 다니엘에 대한 묘사에서 성경은 "다니엘은 또 모든 환상과 꿈을 깨달아 알더라"(단 1:17)로 기록했습니다. 다니엘은 "내가 꾼 꿈과 그 해석을 네가 능히 내게 알게 하겠느냐"고 묻는 느부갓네살 왕 앞에서 "왕이 물으신 바 은밀한 것은 지혜자나 술객이나 박수나 점쟁이가 능히 왕께 보일 수 없으되 오직 은밀한 것을 나타내실 이는 하늘에 계신 하나님이시라"(단 2:26, 27-28)라고 대답했습니다. 그는 이 대답을 통해 세상의 해몽가들이 할 수 있는 꿈해석도 있지만 그들이 할 수 없는 꿈해석의 영역이 구별되게 있음을 잘 드러내었습니다.

신약에서도 하나님이 꿈을 사용하셨습니다. 요셉이 임신한 마리아로 인하여 고민하고 있을 때 천사가 현몽해서 말씀했습니다(마 1:20 참조). 동방에서 온 박사들은 꿈에 "헤롯에게 돌아가지 말라는 지시"를 받고 다른 길로 고국에 돌아갔습니다(마 2:12). 헤롯이 아기 예수를 찾아 죽이려고 할 때 주의 사자가 요셉의 꿈에 나타나 "일어나 아기와 그의 어머니를 데리고 애굽으로 피하여 내가 네게 이르기까지 거기 있으라"는 구체적인 지시를 해주었고 요셉은 그대로 순종했습니다(마 2:13). 헤롯이 죽은 후에 다시 애굽에서 요셉에게 주의 사자가 현몽하여 "일어나 아기와 그의 어머니를 데리고 이스라엘 땅으로 가라 아기의 목숨을 찾던 자들이 죽었느니라"(마 2:20)고 말씀했고 요셉은 그 꿈의 지시에 순종했습니다.

꿈과는 다르지만 사도행전에서는 환상 경험이 언급되어 있습니다. 다메섹에 살고 있었던 아나니아 선지자는 환상 중에 주님으로부터 사울에 대한 구체적인 지시를 받았습니다(행 9:10-16 참조). 가이사랴에서 근무하던 백부장 고넬료는 환상을 통해 베드로를 청하라는 하나님의 사자의 말씀을 들었고 그 사자를 보았습니다(행 10:1-6 참조). 이튿날 베드로는 기도하던 중에 환상 속에서 큰 보자기에 각종 네발 가진 짐승과 새들이 있는 것을 보았고 그것들을 잡아 먹으라는 소리를 들었습니다(행 10:9-17).

바울은 밤에 환상을 통해 마게도냐 사람 한 사람이 서서 "마게도냐로 건너와서 우리를 도우라"고 청하는 모습을 보았고 소리를 들었습니다(행 16:9). 바울은 또한 유라굴로라는 큰 광풍을 만나 배가 거의 파선 위기에 있었던 어느 날 밤에 하나님의 사자가 환상을 통해 그에게 "바울아 두려워하지 말라 네가 가이사 앞에 서야 하겠고 또 하나님께서 너와 함께 항해하는 자를 다 네게 주셨다"(행 27:24)라고 말씀하는 것을 보았고 들었습니다.

이와 같이 성경 역사에서 하나님은 꿈 또는 환상이라는 채널을 통해서 자신의 뜻을 보이시며 행하셨음을 알 수 있습니다. 요한계시록을 끝으로 기록된 말씀의 계시는 종결되었습니다. 기록된 성경 이외에 꿈을 통해서 또다른 계시를 하실 수 있다고 하는 것은 이단적인 가르침입니다.

성경적인 관점을 요약하자면, 구약과 신약 성경 모두 꿈에 대해서 하나님과 관련해서 긍정적인 태도를 취하고 있음을 알 수 있습니다. 성경에 나타난 모든 꿈은 하나님과 관련되어 있으며 그런 점에서 신본주의적인 꿈과 해석이 필요하다고 볼 수 있습니다. 하나님은 기록된 말씀이 아직 종결되지 않은 시대에는 꿈이나 환상을 통해서 직접 말씀하시기도 하셨음을 알 수 있습니다. 오늘날 꿈의 기능의 한계를 이해할 때 '계시종결 교리'와 '성경의 충족성 교리'는 매우 중요합니다. 66권의 성경으로서 기록된 계시는 종결되었으며 이 기록된 계시는 우리가 구원을 얻기에 충분한 진리를 담고 있다는 교리입니다. 따라서 아무리 의미 있는 꿈을 꾸었다고 할지라도 성경계시를 넘어서거나 성경계시에 반하는 것이라면 성도들은 미혹되어서는 안 됩니다. 이미 구약의 예레미야 시대에도 이런 거짓 선지자들이 꿈을 가지고 백성들을 미혹했음을 알 수 있습니다:

> 내 이름으로 거짓을 예언하는 선지자들의 말에 내가 꿈을 꾸었다 꿈을 꾸었다고 말하는 것을 내가 들었노라 거짓을 예언하는 선지자들이 언제까지 이 마음을 품겠느냐 그들은 그 마음의 간교한 것을 예언하느니라

그들이 서로 꿈 꾼 것을 말하니 그 생각인즉 그들의 조상들이 바알로 말
미암아 내 이름을 잊어버린 것 같이 내 백성으로 내 이름을 잊게 하려 함
이로다 여호와의 말씀이니라 꿈을 꾼 선지자는 꿈을 말할 것이요 내 말
을 받은 자는 성실함으로 내 말을 할 것이라 겨가 어찌 알곡과 같겠느냐
(렘 23:25-28).

요한계시록 말씀 이후에도 여전히 성경에 준하는 권위를 가진 계시가 존재한다고 하거나 꿈을 통해서 그런 계시를 받았다고 주장하는 것은 비성경적이며 이단적입니다. 이미 믿는 자들은 기록된 66권의 성경말씀의 특별계시의 빛 아래에서 세상을 바라보며 하나님의 "선하시고 기뻐하시고 온전하신 뜻"을 분별하며 순종해야 할 책임이 있습니다.

꿈에 대한 건강한 접근

성경말씀이 가까이 있음에도 불구하고 개인이 매일 밤마다 꾸는 꿈에 과도한 관심과 애착 및 염려를 보이는 것은 신앙의 성숙을 방해하는 행동입니다. 그렇게 하는 이유 중의 하나는 불안과 두려움 때문입니다. 소위 길몽을 꾸면 좋아하고 흉몽을 꾸면 불안해서 하루의 삶이 꿈에 휘둘리는 삶을 사는 것은 미성숙한 모습입니다. 불길한 꿈을 꾸었을 때 삶에서 조심하는 것은 지혜로울 수 있습니다. 그러나 꿈과 현실을 구별하지 못하고 불길한 꿈을 꾸고는 해야 할 일을 하지 못한 채 집밖을 나가지 못한다면 이것은 꿈에 강박(obsession)이 되는 것입니다. 강박증(강박장애)는 불안장애의 한 장애인데 불안과 관련된 생각에 사로잡히며 불안을 감소시키는 행동을 반복적으로 함으로써 불안을 감소시키는 것이 특징입니다. 불안한 꿈을 꿀 때마다 해몽가를 찾거나 상담자를 찾거나 혹시라도

점성가를 찾는다면 이것은 심리적으로도 건강하지 못할뿐더러 영적으로 미혹되는 비성경적인 행동입니다. 예수 그리스도를 믿는 사람은 '매이는' 삶을 살지 않아야 합니다. 진리의 빛 아래에서 자유한 삶을 살아야 합니다. 불안을 회피하려는 신경증적인 삶에 집착하는 한 신앙이 자라지 않습니다. 우리의 생사화복을 주관하시는 '보이지 않는 하나님'께 시선을 고정하고 살면 꿈에 좌지우지되는 삶을 살지 않습니다.

이 세상에 살면서 우리가 경험한 수준에서 꾸는 꿈들은 '꿈풀이 사전'을 통해서 어느 정도 해석이 될 수도 있습니다. 꿈분석을 하는 정신분석가에 의해서도 어느 정도 해석이 될 수 있습니다. 어떤 의미에서는 꿈을 꾼 자신이 제일 정확하게 해석할 수 있습니다. 왜냐하면 대부분의 꿈들은 자신의 삶과 어느 정도 관련성이 있기 때문입니다. 분석심리학의 주창자였던 융이 집단무의식(collective unconscious)에서 생긴다고 이해했던 '큰 꿈'은 타인이나 전문가가 그 꿈을 해석하는데 도움을 줄 수도 있습니다. 아무튼 꿈은 자신의 삶을 반추하고 자각하는데 도움을 주는 역할을 합니다. 의식적인 차원에서 인식하지 못했던 것에 대해서 방어기제가 해제되면서 자신이 채 인식하지 못했던, 인식하고 싶지 않았던 모습을 비춰주는 거울 역할하기 때문입니다.

꿈은 때로는 '숨기기'도 하며 때로는 '드러내기'도 합니다. 그래서 꿈에 나오는 여러 다른 사람들의 모습이 그들의 모습으로 해석이 되면 꿈은 숨기는 기능을 한다고 볼 수 있습니다. 다른 사람들의 모습이 자신의 모습으로 해석이 되면 꿈은 드러내는 기능을 한다고 볼 수 있습니다. 일반적인 꿈해석의 원칙은 꿈의 내용이 비록 자신과 관련이 없어 보이는 것이라고 할지라도 그 내용이 자신과 연관되어 있다고 전제하고 해석하는 것입니다.

이 글을 준비하는 중에 꿈을 꾸었습니다. 그 꿈을 꾸고 나서 제가 발견한 사실은 꿈과 정신분열증(조현병) 사이에 유사점과 차이점이 있을 수 있겠다는 점이었습니다. 꿈은 수면하는 동안 눈이 감기고 귀가 작동하지 않고 입도 움직이지 않지만 '보고' '듣고' '말하는' 것이 현실처럼 이루어집니다. 그러나 꿈은 분명히 현실이 아니고 비현실적인 경험입니다. 정신분열증을 앓는 사람은 남들이 '보지 못하는' 것을 보며, 남들이 '듣지 못하는' 것을 듣는 환각 증상이 특징적입니다. 환각은 비현실을 의미하지만 경험하는 정신분열증 환자는 환각을 현실처럼 경험하기 때문에 병식(病識)을 갖기가 어렵습니다. 오히려 다른 사람들이 자신이 경험한 것을 이해하지 못함에 대해서 안타까워 할 것입니다. 1920년대에 미국의 목회상담학 분야에서 신학생들과 목회자들에게 임상목회훈련의 필요성을 부르짖었던 앤톤 보이슨(Anton Boisen) 목사는 자신이 정신병원에서 근무하는 원목이었지만 정신분열증을 두세 번 겪었습니다. 그 과정을 통해 그는 정신분열증이 갖고 있는 신앙적인 상징성과 그 의미에 대해서 연구하고자 했던 '상처입은 치유자'였습니다. 그는 정신분열증이 단지 정신질환일 뿐 아니라 종교적 체험과 유사한 패턴의 증상을 가진, 상징성을 띤 의미 있는 경험이 될 수도 있다는 사실에 주목하였습니다. 꿈이 현실처럼 느껴지고 어떤 경우에는 꿈인지 생시인지 구별하기가 힘들만큼 꿈이 생생하게 경험될 때가 있습니다. 마찬가지로 정신분열증을 앓는 동안 환자 자신은 환각 경험이 현실처럼 느껴지기 때문에 현실과 환각을 구별하기가 힘들 때가 많습니다. 정신분열증을 앓는 분들이 말하는 그 내용들은 꿈의 내용처럼 일부는 상징적인 의미가 있을 수 있지만 모든 것이 다 의미가 있다고 볼 수 없습니다. 꿈과 정신분열증의 차이점이 있다면 꿈은 모든 사람들이 다 경험하는 '일시적인' 비현실이며 현실과 비현실을 매일 오가는 과정이라는 점에 있습니다. 반면 정신분열증은 일부의 사람들이, 특히 청소년기부터 청년기에 이르는 일부의 사람들이 경험하는 '지속적인' 비현실이며 현실과 비현실 사이를 구별해서 오가기가 쉽지 않은 병이라는 점에서 꿈과 구별이 됩니다. 정신분열증의 증상으로 나타나는 환각 경험의 상징들은 일부의 경우에는 해석할만한 가치가 있다고 볼 수도 있습니다. 그러나 대부분의 경우는 약물처방을 통해 환각 경험이 일어나지 않도록 치료해야할 병의 '증상'(symptoms)일 뿐입니다. 마찬가지로 꿈에 나타나는 상징들 또한 일부는 해석하고 관심을 가져야 할 가치가 있는 것입니다. 그러나 그 상징들의 의미에 지나치게 집착하거나 관심을 쏟는 것은 성경적으로나 심리학적으로 볼 때 균형을 잃은 것이라고 말할 수 있습니다. 성경은 꿈에 대해서 분명히 다루고 있지만 신약에 와서는 그 언급 횟수가 줄어든다는 점은 주목할 만합니다. 교회사를 통해서 볼 때 성경 중심적인 삶을 살았던 대부분의 그리스도인들은 꿈에 집착하는 삶을 살지 않았습니다. 완전히 무시하지는 않지만 꿈에 지나치게 비중을 두고 관심을 갖거나 두려워하는 삶을 살지 않았습니다. 신약에서 예수님께서 말씀하신 것들 중에 꿈에 대해서 직접적으로 언급한 말씀이 없다는 것과 바울사도의 서신서들에서도 꿈에 대한 가르침이나 경고가 거의 없다는 것이 이 사실을 지지합니다.

꿈은 꿈을 꾸는 사람에게 생리적으로, 심리적으로, 성적으로, 그리고 영적으로 필요한 부분을 채워주는 역할을 한다고 말할 수 있습니다. 깊은 수면을 도와주고, 심리적 갈등을 해소시켜서 정신적인 균형을 맞추어주며, 성적인 욕구들도 양심의 가책을 덜어주며 만족시켜주며, 신앙적으로 하나님과의 관계에서 자신의 현주소를 깨닫게 하며 위급한 상황에서 하나님이 경고의 채널로서 사용하실 수 있는 기능을 담당한다고 볼 때 복합적이며 총체적인 꿈 이해와 해석이 필요할 것입니다. 획일적인 꿈해석이나 자신이 보고 싶고 듣고 싶은 이야기에만 초점을 맞추는 자기중심적인 꿈해석은 오히려 심리적 성장과 영적 성장을 저해할 수 있습니다. 꿈해석을 위해서 해몽가를 자주 찾아가거나 꿈분석가를 찾는 것은 심리적인 의존성이 있음을 말해줍니다. 만약 하나님이 꿈의 채널을 통해서 무엇인가 자신에게 개인적으로 깨닫게 해주셨다고 생각한다면, 꿈을 꾼 각 성도가 자신의 꿈을 반추하며 그 의미를 찾는 것이 장기적으로 유익할 것입니다. 하룻밤 꾼 꿈보다는 지속적으로 자신이 꾸고 있는 꿈을 살핌으로써 자신의 내면세계의 성숙과 변화를 이루어가는 것이 건강한 접근일 것입니다.

  전문적인 공부나 훈련과정이 없이 함부로 다른 성도들의 꿈을 이렇게 저렇게 해석하는 것은 일종의 '의료사고'를 야기할 수 있다는 점을 명심할 필요가 있습니다. 다른 성도가 꿈에 대해서 이야기를 할 때 관심을 표명하고 공감하며 경청하는 자세는 필요하다고 생각합니다. 상대방이 고민하는 꿈의 내용을 제대로 듣지도 않고 일언지하에 '개꿈'으로 평가절하하는 것은 꿈이 가진 여러 가지 기능과 의미를 쓰레기 취급하는 것입니다. 그렇다고 해서 모든 꿈들을 다 의미 있는 것으로 해석하고 접근하는 것은 꿈의 기능과 상징을 '이상화'하는 것이며 현실을 회피하게 하는 또 다른 극단적인 태도일 것입니다.

  어떤 꿈들을 평생 잊혀지지 않고 각인될 만큼 의미가 있습니다. 인생 여정에서 위로하며 격려하는 꿈, 도전하며 직면하는 꿈은 성도들의 신앙 여정에 윤활유와 같은 역할을 할 수 있습니다. 특히 꿈에서 경고적인 메시지가 있을 때에는 하나님의 세미한 음성이라고 간주하고 경성하며 각성할 필요가 있습니다.

20
혼인신고하지 않고 살면 안 되나요?

> 저는 2년 전 아내와 사별한 60대 초반의 남자 교인입니다. 얼마 전 교회의 지인에게서 다섯 살 연하의 여성을 소개받고 그와 재혼을 생각할 만큼 가까운 사이가 됐습니다. 그런데 장성한 자녀들이 재혼을 반대합니다. 이유는 상속법 개정 때문입니다. 재산의 상당 부분이 새어머니에게 넘어가고 제가 운영하는 중소기업의 경영권 승계 문제도 복잡해진다는 것이지요. "혼인신고를 하지 말고 동거하는 게 어떻겠느냐"고 이야기합니다. 자녀들의 입장을 충분히 이해하기 때문에 무척 고민스럽습니다. 혼인신고를 하지 않은 채 함께 살면 안 될까요?

2014년 초에 입법 예고된 상속법 개정안이 나오지 않았다면 형제님께서는 아마도 덜 고민스러웠을 것입니다. 현행 상속법(2014년 현재 기준으로)은 1990년에 발효된 이후 약 24년간 유지해오고 있는데, 배우자에게 상속분의 약 3/4 정도가 법적으로 보장하게 하는 개정안으로 인해서 자녀들이 상대적인 박탈감을 느낄 수 있기 때문에 재혼을 진지하게 고려하시는 형제님의 갈등이 크리라고 여겨집니다. 법률적인 부분에서는 변호사들의 전문적인 관점이 도움을 주리라고 생각하기 때문에 이 글에서는 다루지 않을 것입니다. 저는 목회상담학자로서 형제님과 자녀들, 그리고 재혼을 고려하고 있는 여성을 모두 고려하는 성경적이며, 신학적인 관점 및 상담학적인 관점에서 답변을 드리려고 합니다. 저의 개인적인 관점이 포함되었다는 점에서 객관성을 잃을 수 있다는 점을 양해해주시길 바랍니다.

만약 성인이 된 자녀들이 친엄마가 살아 있는 상황에서 친아버지가 사망하여 상속재산이 친엄마에게 많이 배분된다면, 대부분의 경우 자녀들은 친어머니의 상속부분에 대해서 큰 불만을 제기하지 않을 것입니다. 나중에 친어머니가 사망하면 다시 상속의 혜택이 있기도 하겠지만 친어머니가 노후 생활을 하는데 상속재산이 필요하다는 것을 기꺼이 이해하기 때문일 것입니다.

교착 상태에서 빠져나올 수 있는 방법

형제님의 경우에는 성장한 자녀들이 친어머니가 2년 전에 소천한 상태에서 아버지의 재혼으로 인하여 새어머니가 될 분과 법적으로 친족 관계를 맺어야 한다는 점에서 정서적으로 그 여성을 어머니로 받아들이기가 쉽지 않을 것입니다. 또 나중에 형제님이 소천할 경우에 대부분의 재산이 새어머니에게 상속이 되는 반면 그들에게는 매우 적은 양의 재산만이 상속될 것이라는 점에서 자녀들이 혼인신고를 반대하는 것으로 여겨집니다.

저는 형제님이 이러지도 저러지도 못하는 상황 속에 끼여 있는 입장에 대해서 안타깝게 생각합니다. 그리고 형세님과 비슷한 상황에 놓이는 분들이 앞으로 더욱 많아지리라 생각합니다. 그래서 형제님뿐 아니라 비슷한 처지에 있는 분들이 교착 상태에서 빠져나올 수 있는 방법들을 제안해보려고 합니다. 이 상황을 타개하려면 나무 몇 그루를 보는 강박적인 시각보다는 숲 전체를 보는 관점이 필요하다고 생각합니다. 왜냐하면 큰 그림을 보게 되면 불안은 줄어들고 지혜가 활성화될 수 있기 때문입니다.

자녀들의 제안은 형제님이 교제 중인 그 여성에 대해서 완전히 배타적인 입장이 아님을 말해줍니다. 아예 아버지가 다른 여성과 같이 사는 것 자체를 싫어해서 같이 산다면 아버지와의 관계마저 단절하겠다고 위협하는 자녀들도 있습니다. 그런 점에서 형제님의 자녀들은 아버지에게 같이 살아갈 동반자가 필요하다는 것을 이해하고 수용한 것으로 보입니다. 그리고 아버지로서 자녀들의 요구에 대해서 충분히 이해한다고 말씀하신 것으로 보아 형제님이 자녀들을 아끼며 사랑하는 분이라는 느낌을 받았습니다. 자녀들의 의견을 존중해서 혼인 신고를 하지 않고 살고 싶은 마음이 강하게 느껴집니다.

그런데 이 교착 상황을 이해하는 중요한 변수들 중의 하나는 교제하고 있는 분의 입장과 마음입니다. 형제님이 갈등하는 문제의 핵심은 자녀들의 입장에 더 비중을 둘 것인가 아니면 그 여성의 입장을 더 비중을 둘 것인지 선택해야 한다는 점에 있습니다. 그 여성이 자녀들의 입장을 이해하여 법적인 보호 장치가 없더라도 형제님을 무조건적으로 사랑해서 혼인신고를 하지 않고 사실혼 상태로 살겠다고 약속해준다면 자녀들은 환영할 것입니다. 아버지의 노년기에 대한 자녀들의 책임감도 줄어들 것이며 재산 상속에서 새어머니가 많이 개입할 수 없기 때문입니다. 그러나 지금 의뢰하신 내용으로 볼 때, 그리고 상식적으로 생각해볼 때 60대 초반의 나이에 있는 형제님과 나이 차이가 크게 나지 않을 그 여성이 형제님이 혹시라도 먼저 소천하게 될 때 사실혼자로서 법적인 보호를 현실적으로 거의 받을 수 없다는 것을 알면서도 동거하겠다고 결심하지는 않을 것입니다. 개정안의 기본 취지는 고령화로 인하여 평균 수명이 증가하고 있는 현실 속에서 평균 생존 연령이 남성보다 높은 여성 배우자의 생계가 불안정해지는 것을 방지하고 기존의 생활수준을 유지할 수 있도록 하는데 있습니다. 이 점을 염두에 두실 필요가 있습니다. 재혼을 할 때 사실혼 상태로 살려고 하는 여성은 현실적으로 매우 드물 것입니다. 예외적으로 여성 배우자가 재산 상속을 필요로 하지 않을 만큼 경제적으로 부유한 경우에는 사랑이라는 감정만으로 사실혼 관계를 맺을 수 있겠지요. 그러나 형제님이 마음에 든 그 여성은 혼인신고를 해서 배우자로서 법적인 지위를 확보해줄 것을 분명히 요구할 것이라고 봅니다. 그렇게 되면 자녀들과 이 여성 사이에서 어느 한쪽을 실망시키면서 다른 한쪽 편을 들어야 하는 상황이 될 것입니다.

재혼 vs. 독신,
기독교 신앙 패러다임으로 진지하게 고민해야

저는 가장 근본적인 질문부터 제기하면서 형제님의 상황에 대해서 조언을 드릴까 합니다. 첫째, 형제님께서 결혼을 하지 않은 채 노년기의 삶을 사는 방안에 대해서 진지하게 고민해보셨는지 묻고 싶습니다. 이 세상의 삶이 전부라고 생각하고 살아가는 불신자들의 경우에는 단 몇 년을 살더라도 새로운 사람을 만나서 덜 불편하고 더 행복한 시간을 가지는 것이 의미가 있습니다. 그러나 이 세상에서의 삶은 잠정적이며 전부가 아니며, 믿는 자에게는 영원한 삶이 기다리고 있다는 세계관을 갖고 있는 성도들의 경우에 재혼이라는 관계를 굳이 맺어야 하는지에 대해서 진지한 고민이 필요하다고 생각합니다. 현재 연령으로 볼 때 형제님은 적어도 약 30년의 결혼 생활을 이미 하셨고, 자녀들도 결혼했거나 결혼할 나이에 있는 인생발달 주기에 처해 있습니다. 아내가 떠난 후에 남은 2-30년의 삶을 위해 새로운 결혼 관계를 꼭 형성해서 살아야 하는지 점검해보시길 권합니다. 현실적으로 식사를 준비해서 먹어야 하며, 일상생활을 혼자서 꾸려가야 하며, 깊은 대화를 나눌 수 있는 상대가 없음에서 오는 외로움을 극복해야 하며, 평균 수명을 고려할 때 적어도 앞으로 20여년의 시기을 성직으로 관계할 수 있는 대상이 없이 지낸다는 것은 분명히 어려운 일일 것입니다. 그러나 저는 세상의 패러다임과 다른 기독교 신앙의 패러다임을 제안하고 싶습니다.

만약 형제님에게 자녀가 없고 상속문세도 고민할 것이 없고 하면 재혼 문제는 훨씬 단순하게 다루어질 수 있을 것입니다. 그러나 장성한 자녀들이 있고 그들이 새어머니와의 관계를 새롭게 형성해야 하며, 또 이 관계가 반드시 긍정적으로 형성된다는 것을 보장하지 못하는 상황에서 자칫하면 형제님과 자녀들과의 관계가 소원해지거나 단절이 일어날 수 있다는 점도 고려해보아야 할 것입니다. 중소기업을 운영할 만큼의 재산을 가지고 있는 형제님의 자녀들이 그 재산에 대한 기대감을 완전히 내려놓고 아버지의 삶의 행복과 질을 위해서 기꺼이 결혼을 권한다면 문제가 되지 않을 것입니다. 그러나 사례의 내용에서 표현되었듯이 자녀들은 아버지의 기업을 승계받아 운영하고 싶은 마음도 있고, 재산에 대해서도 어느 정도 상속을 받아 누리고 싶은 마음을 갖고 있다는 점입니다.

자녀들은 소천한 아내의 자녀이자 형제님의 자녀이며 이미 약 30년이라는 오랜 세월동안 대상관계를 해온 혈연관계를 맺고 있는 이들입니다. 그러나 새로 사귀고 있는 분의 경우에는 아직 법적으로나 현실적으로 서로가 헌신된 관계를 맺고 있는 것이 아니고 언제든지 관계를 정리할 수 있는 단계에 있습니다. 만약 둘 사이에서 어느 하나를 선택해야 한다면 성도님의 삶에서 오랜 세월을 관계해온 자녀들과의 관계가 일차적이라고 봅니다. 자녀들이 장성했기 때문에 성도님과 경제적으로나 심리적으로 독립적인 상태에 있지만 말입니다. 그러나 만약 결혼을 한 후라면 법적으로나 성경적으로 볼 때 아내가 된 여성과의 관계가 일차적이 될 것입니다.

남은 독신의 삶을 더 깊은 헌신과 자유의 기회로

저는 형제님이 재혼에 대하여 진지하게 고민하실 때 바울 사도가 임박한 종말이라는 세계관 속에서 결혼을 이해하면서 독신의 삶을 추천한 성경 말씀에 대해서 묵상해보시길 권합니다. 그가 추천한 독신의 삶의 정신은 21세기를 살아가는 크리스천들도 여전히 고려해야 할 중요한 의미를 담고 있다고 생각합니다. 한 번도 결혼하지 않은 성도들과 과부들(홀아비들을 포함할 수 있겠지요)을 향하여 권면한 말씀을 소개하고자 합니다: "나는 결혼하지 아니한 자들과 과부들에게 이르노니 나와 같이 그냥 지내는 것이 좋으니라 만일 절제할 수 없거든 결혼하라 정욕이 불같이 타는 것보다 결혼하는 것이 나으니라"(고전 7:8-9). 정욕을 절제할 수 없어서 죄를 짓게 되는 것을 방지하려는 목적이라면 결혼하는 것이 낫지만 자신과 마찬가지로 독신 상태가 좋은 것이라고 바울 사도는 개인적으로 추천하였습니다. 유대인들이 독신에 대해서 가졌던 부정적인 태도와는 달리 바울은 예수 그리스도의 초림과 더불어 시작된 하나님의 나라의 틀 속에서 독신의 유익과 의미를 강조한 것입니다. 그는 특히 임박한 환난에 대한 인식이 강하게 있었던 것이 사실입니다:

> 내 생각에는 이것이 좋으니 곧 임박한 환난으로 말미암아 사람이 그냥 지내는 것이 좋으니라 네가 아내에게 매였느냐 놓기기를 구하지 말며 아내에게서 놓였느냐 아내를 구하지 말라 그러나 장가가도 죄 짓는 것이 아니요 처녀가 시집가도 죄 짓는 것이 아니로되 이런 이들은 육신에 고난이 있으리니 나는 너희를 아끼노라(고전 7:26-28).

그는 고린도 교회 성도들을 아끼는 마음에서 "아내에게서 놓은 자들은 더 이상 아내를 구하지 말라"고 권면하였던 것입니다. 이어지는 말씀에서도 남편이나 아내가 죽게 되면 매임으로부터 자유로워지기 때문에 결혼할 수 있지만 "그냥 지내는 것이 더욱 복이 있으리로다"라고 재혼에 대해서 소극적인 태도를 보였습니다: "아내는 그 남편이 살아 있는 동안에 매여 있다가 남편이 죽으면 자유로워 자기 뜻대로 시집 갈 것이나 주 안에서만 할 것이니라 그러나 내 뜻에는 그냥 지내는 것이 더욱 복이 있으리로다 나도 또한 하나님의 영을 받은 줄로 생각하노라"(고전 7:39-40).

　형제님께 어리석은 질문일 수 있지만 보다 큰 그림을 그릴 수 있는 질문을 다시 드려볼까합니다. 꼭 재혼해야 할까요? 재혼하고 싶으신 마음은 충분히 이해합니다. 혹시라도 재혼하지 않기로 선택한 삶을 주 안에서 행복하게, 의미 있게 살 수 있다고 생각해보신 적이 없으신가요? 적어도 60세 초반까지 결혼생활을 해서 약 30년의 결혼생활을 했던 분으로서 또 결혼해서 새로운 사람과 살아야 할까요? 이 재혼의 삶이 현재 느끼는 호감 상태로 지속적으로 행복감을 가져다줄 수 있을까요? 만약 재혼의 삶이 형제님의 기대와는 달리 불행해진다면 어떻게 하시려나요? 바울이 권면한 독신의 삶을 여생동안 좀더 창의적으로 살아가는 방법은 어떨까요? 단지 편하기 위해서 독신으로 사는 것이 아니라 남은 인생을 결혼 관계에 매이지 않고 하나님과 하나님의 나라를 위해서 자유롭게 섬기며 기여할 수 있는 기회로 삼으려는 태도를 지향하면서 말입니다. 자신을 기쁘게 하며, 아내를 기쁘게 하려고 애쓰던 삶은 지나간 30여년으로 족하다고 여기고 에릭슨이 중년기의 이슈로 지적했던 '생산성'(generativity)을 염두에 두고 그동안 맺어왔던 관계들보다 더 넓은 범위의 타인들과의 관계에, 그리고 특히 약한 자들을 돌아보며 섬기는데 이 자유함을 사용한다면 보람되고 기쁜 삶이 되지 않을까 생각해봅니다. 중소기업을 경영하는 입장에서 직원들과 그들의 가족들을 자신의 가족처럼 여기고 대한다면 그들의 삶에 선한 영향력을 끼칠 수 있을 것입니다. 경제적인 여유분을 가지고 선한 사업에 배우자의 눈치를 보지 않고서도 마음껏 사용할 수 있는 기회로 삼을 수 있겠지요. 노년기의 삶에서 재혼을 통해 성적인 욕구를 만족시키며 행복감을 느낄 수 있는 기회를 갖지 못하는 어려움이 있겠지만, 지난 30여년의 결혼생활로 자족하면서 성적인 에너지를 긍정적인 방향으로 승화시키는 것도 크리스천들만이 할 수 있는 것이 아닐까 생각합니다.

혼인신고하는 것이 성경적이며 관계의 건강성 높여

둘째, 세상에서는 혼인신고를 하지 않고 살아도 사실혼으로 받아들이며 비난하지 않지만, 교회 공동체의 일원인 형제님의 경우에는 다른 성도들과 교회에 미치는 영향을 고려하셔야 할 것입니다. 결혼식을 꼭 할 필요는 없겠지만 혼인신고를 하고 사시는 것이 성경적인 정신에 합치한다고 생각합니다. 우선 그리스도인들은 법적인 부분에서도 법의 테두리에서 순종하는 것이 중요합니다. 사실혼은 사실상 불법이라고 볼 수 있습니다. 형제님의 경우와는 다르겠지만 젊은이들이 혼인신고를 하지 않고 부부로 살아가는 이들이 점점 늘어나고 있습니다. 이렇게 되면 결혼제도가 약화되며 부부관계가 안정을 유지하기 힘들어집니다. 작은 갈등을 견디지 못하고 헤어질 위험성이 상존하며 태어나는 자녀들도 법적인 보호를 받지 못하게 될 수 있습니다. 형제님의 경우에도 혼인신고를 하지 않고 살게 될 때에는 부부관계에서 상대방 배우자가 관계에서 안전감을 갖기 어렵습니다. 힘든 일이 있을 때 감정이 격해져서 헤어지게 되는 경우가 발생할 수 있습니다. 그렇게 되면 이혼에 준하는 죄를 짓게 될 것입니다. 쉽게 헤어지고 쉽게 만나게 되면 자신도 간음하게 되며 상대방도 간음하게 하는 것입니다.

더 나이가 노년기의 삶에서 새롭게 만나는 사람들은 이미 성격이 형성되었고 굳어져 있어서 여러 형태의 성격장애를 갖고 있을 가능성이 있다는 점을 고려해야 합니다. 이런 경우 서로 갈등처리가 어렵고 살아온 방식의 차이, 이전 결혼관계가 현재의 관계에 오버랩될 가능성 등, 예기치 않았던 심각한 문제들이 생겨날 가능성이 농후합니다. 이럴 때 혼인신고가 되어 있지 않게 되면 그 관계는 매우 취약해서 쉽게 무너질 수 있습니다. 사실혼의 경우에 만약 형제님이 소천하게 된다면 새어머니로서 역할을 했던 여성을 자녀들이 더 이상 어머니로 대우하지 않거나 경제적으로도 부양하는 책임을 하지 않을 위험성이 있습니다. 더구나 형제님이 교회에서 직분을 갖고 있을 때에는 다른 성도들에게 모범이 되기가 어렵고 지도자로서 덕을 세우기가 어려울 것입니다.

셋째, 이 난국을 해결하려면 이 상황에 관련된 당사자들의 '자기애성'(narcissism)을 인식하는 것이 중요합니다. 형제님은 함께 살기를 원하는 여성의 입장을 충분히 공감하여 상대방의 유익을 구하기보다는 희생은 줄이면서 자신의 행복을 추구하려는 점에서 어느 정도의 이기성이 있다고 보여집니다. 자녀들 역시 그런 점에서 이기성이 있다고 볼 수 있습니다. 아버지의 삶에서 누릴 수 있는 행복을 공감하고 배려하는 것보다 자신들의 입장과, 자신들의 경제적 이익을 먼저 고려하는 이기성이 있습니다. 이런 점에서 자녀들도 자신들의 동기를 점검할 필요가 있습니다. 부모의 재산이 나의 재산이 되어야 한다는 '당위적(當爲的) 사고'는 비합리적인 신념일 수 있습니다. 부모는 이미 자녀들을 양육하는데 수고를 했고, 자녀들이 독립적인 삶을 살아감에도 불구하고 부모로부터 경제적인 상속을 기대하는 것은 민법상 보장되어 있습니다. 그러나 상속을 당연시하는 태도는 바람직하지 않습니다. 부모가 유산의 혜택을 주면 은혜로 받아들이는 것이 바람직한 것입니다. 자기애성 성격장애의 증상이기도 한 '당연 의식'(sense of entitlement)에 대해서 신앙의 자녀들이라면 돌아볼 필요가 있습니다.

자기중심성 성찰하고 최선의 방법 모색해야

다시 말씀드리지만 자녀가 유산에 대한 기대나 욕심으로 인하여 부모의 혼인신고를 반대한다면 그것은 자기애적인 모습입니다. 아버지의 마음과 새어머니가 될 여성의 마음을 공감하는 능력이 약한 모습입니다. 아버지가 행복하게 사는 삶을 위해서라면 자녀들이 일부의 권리를 포기할 수 있는 것이 아버지에 대한 사랑의 표현이라고 생각합니다. 아버지가 결정한다면 존중하고 어머니로 들어오게 될 여성과의 관계에서 적응하는데 시간이 걸리겠지만 어머니로 대하는 것이 "네 부모를 공경하라"는 성경 말씀에 순종하는 것이 될 것입니다. 물론 아버지로서 자녀들을 노엽게 할 만큼 비상식적이거나 위험한 재혼을 한다면 그것은 자녀들로서 막아야 하겠지요(엡 6:1-4 참조). 상담학적으로 볼 때 정식으로 혼인신고를 하고 법적으로도 연결된 관계 속에서 새로운 자녀들과 관계할 때 재혼한 부모가 자녀들과 건강한 경계선을 유지할 수 있습니다. 자녀들과 불필요한 갈등과 위기를 미연에 방지할 수 있습니다. 자칫하면 재혼 관계로 인하여 건강하던 전체 가족관계가 역기능적으로 변할 수 있다는 점을 염두에 두시길 바랍니다.

인간은 본연적으로 자기중심성이 있습니다. 건강한 의미에서의 자기사랑과 자기중심성은 필요합니다. 그러나 적절한 자기사랑을 넘어서는 이기성은 죄며 탐욕입니다. 자기의 유익을 고려하는 것만큼 상대방의 유익을 고려하는 것이 기독교적인 사랑을 실천하는 것이라고 생각합니다. 바울 사도가 우상 제물에 대한 가르침을 주면서 한 다음에 말씀은 성도님의 상황에 직접적으로 연결되는 것은 아니지만 그 정신은 연결될 수 있습니다: "모든 것이 가하나 모든 것이 유익한 것은 아니요 모든 것이 가하나 모든 것이 덕을 세우는 것은 아니니 누구든지 자기의 유익을 구하지 말고 남의 유익을 구하라"(고전 10:23-24). 즉 성도들은 세상 사람들과는 구별된 관점과 태도를 갖고 타인의 유익을 아울러 고려하며 추구하는 결정을 내려야 할 것입니다.

넷째, 서로의 관심사를 솔직하게 이야기해서 혼인신고 전에 자녀들과 새어머니 사이에서 재산상속과 관련해서 서로가 승승(勝勝) 관계가 되는 방안을 모색해볼 수 있습니다. 예를 들면, 혼인신고 전에 형제님이 자녀들에게 재산의 일부를 섭섭하지 않게 미리 상속하는 것입니다. 현재 상황에서 자녀들의 주관심은 새어머니가 들어오는데 대한 반대에 있는 것이 아니라 새어머니에게 지나치게 많은 상속분이 돌아가는데 대한 섭섭함과 분노가 있기 때문입니다. 서로의 이기성을 솔직하게 인정하고 직면해서 형제님께서 상속재산을 미리 자녀들에게 줄 것은 주고 혼인신고를 하고 산다면 서로가 승승할 수 있는 대안이 될 수 있으리라고 생각합니다.

마지막으로 형제님이 교제하고 있는 여성이나 형제님의 자녀들이 모두 다음의 스스로 말씀에 비추어 자신의 동기, 즉 의식적인 동기와 무의식적인 동기를 점검해보기를 권합니다:

> 그러나 자족하는 마음이 있으면 경건은 큰 이익이 되느니라 우리가 세상에 아무 것도 가지고 온 것이 없으매 또한 아무 것도 가지고 가지 못하리니 우리가 먹을 것과 입을 것이 있은즉 족할 줄로 알 것이니라 부하려고 하는 자들은 시험과 올무와 여러 가지 어리석고 해로운 욕심에 떨어지나니 곧 사람으로 파멸과 멸망에 빠지게 하는 것이니라 돈을 사랑함이 일만 악의 뿌리가 되나니 이것을 탐내는 자들은 미혹을 받아 믿음에서 떠나 많은 근심으로써 자기를 찔렀도다(딤전 6:5-10).

21
잘못을 인정하지 않는 부모를 용서해야 하나요?

저는 30대 중반의 결혼한 크리스천 여성입니다. 남편과 신앙생활을 잘 하고 있습니다. 초등학교 1학년에 다니는 딸과 만 세 살을 넘긴 아들이 있습니다. 제가 도움을 받고 싶은 영역은 친정 엄마와의 관계입니다. 어느 날 딸아이를 대하는 저의 태도에 있어서 문제가 있다는 것을 알게 되었습니다. 아이가 조금만 실수해도 큰 소리로 야단치고, 종종 제가 생각해도 심했다 싶을 정도로 아이를 때릴 때도 있습니다. 제가 하고 있는 행동이 어릴 때 엄마가 저를 대했던 것과 닮아 있다는 것을 깨닫게 되었습니다. 제가 그토록 싫어하던 엄마의 모습이 저에게 있다는 사실이 너무나 싫었습니다. 화를 낼 때 주눅이 들어 아무 말도 못하며 불안에 떠는 딸아이의 모습이 제 어릴 때의 모습이라는 사실에 화가 납니다. 결혼한 후에 엄마와 종종 전화 연락을 하며 명절에는 찾아뵙기는 하지만 사실 저는 엄마와 편하다고 느껴본 적은 별로 없습니다. 의무감으로 나이가 드신 엄마에게 효도하려고 해왔습니다. 제가 싫어하는 엄마의 모습이 제 안에 있다는 것을 깨달은 후로는 엄마와의 관계가 어색하고 심지어 화가 날 때가 있습니다. 그러나 제가 엄마에 대해서 왜 화가 나 있는지에 대해서 엄마와 이야기해본 적은 없었습니다. 지난 추석에 처음으로 용기를 내어 제 속마음을 이야기했습니다. 엄마가 그냥 "그랬구나, 그동안 마음이 많이 상했겠구나. 그 때는 내가 잘 몰라서, 내가 부족해서 너에게 심하게 대했던 것 같다. 미안하구나. 용서해줄 수 없겠니?"라고 말씀해주기를 기대했던 것 같습니다. 그러나 엄마의 반응은 뜻밖에 "그런 기억이 잘 없는데…. 설령 그랬다 하더라도 네가 뭔가 말을 잘 안 듣고 해서 때렸겠지, 이제 와서 옛날 이야기해서 무슨 소용이 있겠니?" 라고 말씀하면서 더 이상의 언급을 피하셨습니다. 엄마가 그냥 미안하다고만 했어도 저는 그냥 용서를 하고 매듭을 지었을 것입니다. 그런데 자신의 잘못을 인정도 하시 않고 기억조차 잘 안 난다고 말한 엄마에 대해서 더 미워지고 용서가 잘 되지 않습니다. 자신이 한 행동에 대해서 잘못했다고 생각하지 못하는 엄마를 제가 용서해야 하나요? 용서할 수 있을까요?

먼저 자매에게 제기한 질문은 많은 크리스천들이 갈등하는 문제라는 점을 말씀드리고 싶네요. 그리고 엄마와 관계를 회복하고 화해하고 싶어 하는 마음이 귀하다는 점을 칭찬하고 싶습니다. 더 나아가 자매와 딸과의 관계가 자매의 성장과정에서 엄마와 맺었던 관계와 닮아 있다는 점을 알아차린 것은 치유와 회복 과정에서 매우 중요한 것인데 그렇게 할 수 있는 능력이 있었다는 점에 대해서도 칭찬하고 싶습니다. 뿐만 아니라 용기를 내어서 엄마에게 자신의 속마음을 열어 보인 것은 자매가 용기가 있는 분이라는 사실을 말해줍니다.

먼저 성경적인 관점에서 말씀드려 보겠습니다. 성경은 용서에 대한 구체적인 가르침과 용서와 관련된 이야기들을 많이 다루고 있습니다. 예수님이 가르쳐주신 기도에서 "우리가 우리에게 죄지은 자를 사하여 준 것 같이 우리 죄를 사하여 주옵시고"라는 내용은 용서와 관련된 명시적인 말씀이지요. 예수님은 큰 빚을 탕감 받은 신하가 자기에게 적은 양의 빚을 진 친구를 용서하지 않고 감옥에 집어넣은 경우를 비유로 말씀하신 적도 있지요(마 18:21-35 참조). 이 비유를 하기 전에 형제 용서에 대해서 묻는 베드로에게 "일흔 번씩 일곱 번이라고 할지니라"(마 18:22)고 용서에 대한 지침을 주셨지요. 바울 사도는 "아무에게도 악을 악으로 갚지 말고 모든 사람 앞에서 선한 일을 도모하라 할 수 있거든 너희로서는 모든 사람과 더불어 화목하라…악에게 지지 말고 선으로 악을 이기라"(롬 12:17-21)는 권면을 하기도 했지요. 성경 이야기를 예로 든다면, 요셉이 형들을 용서한 사건이나, 에서가 야곱을 용서하고 서로 화해한 사건에서 용서의 의미와 과정이 잘 표현됩니다. 이와 같이 성경은 용서에 대해서 예수 그리스도의 십자가 사건 속에서 하나님으로부터 이미 경험한 용서 경험을 실제 성도의 삶의 현장에서 연결해서 서로 용서하는 삶을 살라고 가르치고 있다고 말할 수 있겠습니다. 자매의 경우에 "자녀들아 주 안에서 너희 부모를 공경하라"(엡 6:1)는 말씀을 적용하여 무조건 자녀 편의 용서만을 요구하는 접근 대신에 "아비들아 너희 자녀를 노엽게 하지 말고 오직 주의 교훈과 훈계로 양육하라"(엡 6:4)는 말씀을 연결함으로써 부모와 자녀 모두가 하나님 앞에서 자신의 부족한 삶을 고백하고 서로 용서하기를 힘쓰는 것이 성경적인 관점이라고 말씀드릴 수 있겠습니다.

용서는 실용적 유익도 있다

자매의 질문의 핵심은 엄마가 자매에게 성장과정에서 많은 상처를 주었다는 사실을 기억하지 못하며 그 심각성을 인식할 수 있는 능력이 없는데도 과연 엄마를 용서할 수 있을까 또는 용서해야 하는가에 있다고 이해했습니다. 가해자가 용서의 필요성조차 느끼지 못하는데 용서하는 것이 과연 의미가 있는가 라는 질문에 대해서는 용서하는 것이 의미가 있다고 대답드릴 수 있습니다. 성경적으로나 심리학적으로 타당성이 있기 때문입니다. 성경적인 예로는 십자가 위에서 예수님을 향하여 침 뱉고 욕하며 저주하는 백성들을 향하여 "아버지여 저들을 사하여 주옵소서 자기들이 하는 것을 알지 못함이니이다"(눅 23:34)라고 그들의 용서를 구하시는 모습에서 성도들은 병식이 없는 가해자들을 향한 용서의 모범을 발견할 수 있습니다. 물론 우리는 예수님처럼 용서할 수 있는 능력이 없습니다. 그러나 예수님을 좇는 제자로서 순종할 수 있습니다. 실제 한국교회에는 손양원 목사님이 보여준 아름다운 예가 있습니다. 손목사님은 두 아들들을 죽인 원수를 용서하고 그를 양자를 삼았습니다. 자매의 엄마가 양육하는 방법을 잘 몰라서, 또는 심리적으로 함량 미달이어서 자매에게 성장기에 상처를 주었다고 이해한다면 엄마를 용서할 수 있는 용량이 커질 수 있습니다. 심리학적으로도 타당성이 있습니다. 최근의 용시 심리학은 비록 가해자가 용서를 구하지 않는 경우에도 피해자가 가해자를 자신의 마음에서 용서하고 떠나보낼 때 피해자가 용서의 최대의 수혜자가 될 수 있다는 사실을 연구를 통해 증명했습니다. 가해자를 용서

하지 않는 한 피해자의 삶이 오히려 더 고통스럽고 건강이 나빠지고 피해자의 마음 세계에 자유함과 기쁨이 없기 때문입니다. 가해자는 피해자에게 가해했는지도 모르고 밥 잘 먹고 평안하게 지내고 있는데 피해자만 혼자 끙끙거리며 고통한다면 결국 피해자만 고통스러운 삶을 살게 될 것입니다. 자매의 경우에는 자매가 엄마를 향한 용서를 결단할 때 자매만 수혜자가 되는 것이 아니라 함께 살아가는 남편과 두 자녀가 수혜자가 될 수 있다는 점에서 용서의 실용적인 유익이 있습니다.

엄마를 용서하고 보복심과 섭섭함을 내려놓고 떠나보내며 '미해결과제'에 마침표를 찍어야 할 또 다른 이유는 엄마와의 관계 경험이 딸에게 '평행과정'(parallel process)으로서 재반복되고 있다는 점입니다. 엄마 문제를 해결하지 않는 한 딸을 향한 자매의 이유 없는 분노가 해결되기가 어려울 것입니다. 자매의 마음 속에 표현되지 못한 억눌린 분노가 약자인 딸에게 표출될 때 어린 딸이 고스란히 그 공격성에 노출될 가능성이 높습니다. 그렇게 된다면 딸은 자매와 유사하게 공격성을 지닌 채 성장하게 될 것입니다. 즉 세대에서 세대로 이어지는 역기능적인 심리적 유산을 물려주게 될 가능성이 높습니다.

가해자도 한때 피해자였음을 이해해야

엄마를 용서하는 과정에서 엄마 역시 피해자였음을 깨닫는 것이 도움이 될 것입니다. 자매에게 상처를 주었음에도 불구하고 기억조차 하지 못하며 문제의식조차 갖지 못하는 엄마는 그 정도로 심리적 성숙도가 낮은 분이라는 사실입니다. 심리적 성장을 제대로 경험하지 못했을 엄마의 성장기가 어떠했을까를 직접 물어보거나 추정해보는 것이 엄마의 연약함을 이해하는데 도움이 될 것입니다. 엄마 역시 한 때 딸로서 원가족 환경에서 자라날 때 부모로부터 적절한 수준의 사랑과 돌봄을 받지 못했을 것입니다. 오히려 불안과 분노로 점철된 환경 속에서 자라면서 지금의 엄마의 성격이 오래 전에 형성되었을 것입니다. 엄마도 한 때 피해자로서 성장기를 보낸 여성이라는 점을 이해할 때 가해자인 엄마의 모습을 백 퍼센트 엄마의 책임으로만 돌리지 않는다면, 적어도 절반 정도의 책임이 있는 분으로 바라볼 수 있다면 자매의 분노의 강도는 많이 줄어들 것입니다. 그것은 마치 자매가 딸아이에게 표현하는 분노의 책임에 있어서 전적으로 자매만의 책임이 아닌 것과 같습니다. 그렇게 볼 때 엄마에 대해서는 좀 덜 분노하고 딸에 대해서는 가해자로서의 책임의 화살을 전적으로 자신에게만 돌리지 않고 덜 죄책감을 갖게 될 것입니다. 물론 이 말은 자매가 딸에게 보이는 분노 행동이 전혀 자매의 책임이 아니라고 면죄부를 주는 것이 아닙니다. 자신의 책임을 어느 정도 인식한다면 당장에라도 딸아이에게 경우에 맞지 않게, 이유 없이, 과도하게 분노하는 분노의 행동을 중지해야 할 것입니다. 힘들면 일정한 기간 동안 행동주의적인 접근을 통하여 분노 일지를 써나가면 분노했던 상황과 이유를 점검하면 자신의 분노행동의 강도와 빈번도를 서서히 줄여갈 수 있을 것입니다.

자매의 성장 시기에 엄마와 아빠의 부부관계가 건강하지 못함으로써 엄마가 분노의 사람이 되었을 가능성에 대해서도 이해하는 것이 필요합니다. 보통 부부관계가 건강하지 못하면 엄마나 아빠가 자녀들 중의 하나와 삼각구도를 형성해서 의사소통을 하기가 쉽습니다. 엄마의 경우에는 아빠에게 표현해야 할 분노를 자매에게 표현했을 가능성이 있습니다. 만약 자매가 아빠의 외모를 닮았다면 부정적인 '전이'(transference)가 일어나면서 자매에게 툭하면 화내고 때렸을 수 있습니다. 아빠의 경우에는 엄마와 긍정적인 정서가 교류되지 않을 때 딸인 자매에게 긍정적인 정서를 표현하거나 딸을 지나치게 아낌으로써 자신의 정서적 욕구를 만족시키고자 했을 수도 있습니다.

경계선 성격장애의 역동성

자매의 분노의 이슈는 상담학적으로 볼 때 경계선 성격장애의 역동성에서 이해될 수 있습니다. 딸아이가 마음에 들지 않는 행동을 할 때 그 순간에 딸이 너무 밉게 보인 나머지 사랑하는 딸이라는 사실조차 인식하지 못한 채 지나칠 정도의 분노를 폭발하고 심지어 정신없이 때리는 행동은 자매의 심리적 구조가 불안정하게 형성됨으로 인하여 나타나는 성격장애의 증상일 수 있다는 점을 인식할 필요가 있습니다. 경계선 성격장애의 이슈를 가진 사람들은 대인관계에서 이상화와 가치절하의 양극단을 오가는 매우 불안정한 대상관계를 맺는 것이 특징적입니다. 더 나아가 자매의 분노에는 우울증적 요소가 있을 가능성이 있습니다. 신뢰할 수 있는 전문적인 기독교상담사와의 상담을 권하고 싶습니다. 더 나아가 딸아이에게 그림치료나 놀이치료의 형식으로 아동상담을 받게 할 필요가 있습니다. 아동상담 경험은 딸아이가 성장했을 때 자매의 모습과 닮은 엄마가 되지 않도록 하는데 도움을 줄 것입니다.

분노의 이슈는 자신뿐만 아니라 가족 구성원인 남편과 딸과 아들 모두에게 악영향을 줄 수 있다는 점에서 자매의 가정이 마귀가 쉽게 틈탈 수 있는 취약성이 있다는 점을 인식해야 합니다. "분을 내어도 죄를 짓지 말며 해가 지도록 분을 품지 말고 마귀에게 틈을 주지 말라"(엡 4:26-27)는 말씀을 명심할 필요가 있습니다. 이 본문에서 '틈'을 NIV 성경에서는 '발판'(foothold)으로 번역했는데 분노가 자매의 취약한 부분이기 때문에 마귀가 쉽게 공략할 수 있는 발판으로 삼을 수 있다는 점에서 경각심을 가져야 할 것입니다. 마지막으로, 예수 그리스도의 십자가의 사랑으로 자신의 상처 경험을 재해석하는 관점이 필요합니다. 우리는 다 이해할 수 없지만 역기능적인 성장 환경을 허용하신 하나님의 섭리를 믿는다면 상처 경험이 반드시 마이너스가 아닙니다. 연약한 다른 지체들을 이해하며 도울 수 있는 플러스가 될 수 있다는 점도 잊지 않으시면 좋겠습니다.

22
도움이 필요한 성도를
어떻게 도울 수 있나요?

> 교인들 중에 여러 가지 어려움으로 고통하는 성도들이 눈에 띕니다. 목회자로서 먼저 다가가서 도와주고 싶은데 참 조심스럽습니다. 왜냐하면 교회에서 그분들이 다른 교인들에게 어려운 내색을 잘 드러내지 않기 때문입니다. 어떻게 접근해야 좋을지 알고 싶습니다. 상담학을 정식으로 공부한 적도 없지만 몇 번이라도 상담해주고 싶은데 고려해야 할 부분이 있다면 알고 싶습니다.

최근에(2015년 11월경) 합동측 교단신문인 기독신문과의 인터뷰 기사에서 범어교회를 시무하는 장영일 목사는 다음과 같은 솔직한 고백을 하였는데 저의 눈길을 끄는 내용이었습니다:

근래 목회에 있어 실제적으로 힘든 부분이 있다. 바로 성도들의 가정문제다. 과거에는 가정문제가 있으면 직접 불러 꾸중하기도 했지만, 이제는 전혀 건드리지 못하고 있다. 너무 개별화 됐다. 또 있다. 현대사회에 중독문제가 심각하다. 이 부분에서 목회적 기술이 전혀 없다. 교회 안에서는 중독문제가 점차 많아지고 있는데, 전문 지식이나 기술이 없으니 그냥 방치하거나, 의료기관의 치료를 권하는 성도 밖에 못하고 있다.
최근 담임목회자로서 무기력과 무능함을 느낀 사례가 있다. 얼마 전 남편이 알코올중독자인 교인이 있었다. 부부가 서로 신앙적으로 치유받기를 간절히 원하며 교회 출석했는데, 결국 다시 중독치료기관으로 돌려보내는 사례가 있었다. 병적 현상에 대해 치유할 수 있는 교회와 목회자가 없다는데 힘듦을 느낀다. 이는 메르스와 같은 새로운 바이러스가 출현하지만 현대의학이 준비되지 않아 대처하지 못하는 현상과 흡사하다. 목회적 치유가 준비되지 못한 것에 무기력을 많이 느낀다. 여전히 목사는 설교와 기도와 심방, 세 가지 패턴으로만 교인을 대하는 모습에서 사회가 만들어내는 신종 문제들을 감당하지 못하는 현실이 어렵다.

이 인터뷰 내용에서 나타난 몇 가지 부분을 정리하면 첫째, 이전에는 목회자가 성도들의 가정문제에 주도성을 가지고 접근할 수 있었지만 개인주의화된 현대 사회 속에서 살아가는 성도들의 삶에 목회자가 적극적으로 개입하기가 어렵다는 것입니다. 둘째, 목회자의 전문지식이나 상담기술이 매우 부족하다는 것입니다. 셋째, 전통적인 목회적 방법인 설교와 기도와 심방의 틀로 접근하는 것은 한계가 있다는 것입니다. 이 세 가지 부분을 염두에 두고 질문하신 분의 질문에 답해보려고 합니다.

모험성과 민감성을 갖고 접근해야

첫째, 전통적으로 목회자는 사람들을 돕는 다른 분야의 전문가들과는 달리 '주도성'(initiative)을 사용해왔다는 점에서 도움을 필요로 하는 성도에게 적극적으로 다가서는 상담 접근을 할 수도 있다는 점을 염두에 두어야 합니다. 기독교회사에서 목회자들은 목양의 틀 속에서 성도의 삶에 먼저 연락을 할 수 있고 성도가 요청하지 않더라도 심방을 하고 싶다고 제안할 수 있는 특권을 누려왔습니다. 고통 가운데 있는 성도들이 먼저 목회자에게 찾아오지 않더라도 목회자가 볼 때 도움이 필요하다고 여겨지면 먼저 손을 내밀며, 먼저 찾아가도 문제가 되지 않는 것이 최근까지도 미국교회나 한국교회의 목회 현장의 모습이었습니다. 그러나 사회가 개인주의화되고 가정도 핵가족화되면서 개인과 가정의 프라이버시를 침해하는 것을 상당히 싫어하는 문화가 형성됨으로 인하여 목회자들이 이전만큼 적극적으로 성도들의 삶에 개입하지 못하고 있는 것이 현실입니다. 대형교회에 출석하는 적지 않은 성도들의 심리 속에는 교회와 목회자가 자신들의 삶에 적극적으로 개입하지 않기를 원해서 대형교회를 선택한 면도 있을 것입니다. 교회나 목회자와 적당한 거리를 유지하면서 신앙생활을 하고 싶어하는 이들이 점점 늘어나고 있는 추세인 것 같습니다. 그럼에도 불구하고 교인들 중에는 목회자가 고통 가운데 있는 자신과 자신의 가정에 좀 더 적극적으로 관심을 표하며 접근하고 개입해주기를 바라는 이들이 여전히 적지 않게 있다고 생각합니다. 이 사실을 염두에 둘 때 불필요하게 주춤거리며 접근할 필요가 없습니다. 대부분의 경우, 인간은 모순적인 심리를 갖고 있습니다. 목회자와 적당한 거리를 두고 싶어하면서도 힘든 시기에는 목회자가 좀더 가까이, 먼저 다가와 주기를 원하는 마음을 아울러 갖는다는 점에서 모순적입니다. 이 모순적인 심리를 이해하는 것이 필요합니다. 고통 중에 있는 성도는 목회자의 주도적인 접근과 심방에 대해서 거절할 수 있는 권리가 있습니다. 따라서 목회자는 접근했다가 거절을 당할 경우에도 개인적인 서설로 받아들여서 상처받을 필요가 없습니다. 목회자로서 적절한 심리적 맷집이 이런 경우에 필요할 것입니다.

둘째, 어려움을 겪고 있는 교인에게 주도성을 갖고 접근할 때 단도직입적으로 이야기하거나 너무 저돌적으로 접근하는 것은 지혜롭지 못합니다. 상대방의 성격과 상황에 대하여 잘 이해하고 민감싱과 서전성을 유시하면서 관심을 ᅟᅠ현하는 것이 불필요한 저항을 방지할 수 있습니다. 문자 메세지나 이메일과 같은 수단을 통해서 상대방이 생각해보고 의견을 밝힐 수 있도록 물리적인 시간과 공간을 주는 것도 현명한 집근 방법이 될 것입니다.

셋째, 직접 찾아가는 목회적 돌봄의 형태를 취한다면 개별적인 심방이 적절한 방법이 될 것입니다. 여러 명이 함께 가게 되면 마음을 열기가 참 어렵기 때문에 사모와 동행하든지 아니면 한 명 정도의 신뢰할 수 있는 부교역자와 동행해서 개별적인 만남을 갖는 것이 좋습니다. 고통을 겪고 있는 성도가 마음을 열고 속깊은 이야기를 할 수 있는 환경을 만드는 것이 중요합니다. 상담을 '말을 통한 치료'(talking cure)라고 표현하기도 합니다. 여럿이 심방을 가면 말하고 싶어도 제대로 말하지 못해서 결국 치료적인 심방이 되지 못할 가능성이 매우 높습니다. 상담적인 심방을 하려면 이런 환경을 만들어주는 것이 꼭 필요합니다. 혼자서 만나는 것은 혹시라도 오해받을 수 있는 상황으로 이어질 수 있기 때문에 가능한 한 피하는 것이 좋습니다.

넷째, 몇 회기라도 개인 상담의 형태로 어려움을 겪는 성도에게 도움을 주려면 담임목회자가 상담적인 마인드를 갖고 있는 목회자라는 인식을 교인들이 가질 수 있도록 평소에 성도들과 어느 정도의 '치료적 동맹'(therapeutic alliance)을 형성하는 것이 필요합니다. 목회자가 상담 자체를 부정적으로 평가하는 발언을 하거나 인본주의적인 접근으로만 여기는 식의 설교를 하게 되면 목회자의 태도와 관심에 대해서 불신감을 갖게 될 것입니다. 성도들이 상담 받는 것을 수치스럽게 여기거나 부정적으로 여길 수 있습니다. 평소의 언행과 달리 목회자가 상담적인 접근을 하게 되면 당사자인 성도는 매우 혼란감을 느끼게 될 것입니다. 인격적인 신뢰감, 비밀보장에 대한 안전감, 상담적인 능력에 대한 신뢰감을 평소에 보여줄 때 위기를 당한 성도들이 담임목사나 교구담당 목회자에게 SOS를 요청할 것입니다.

다섯째, 목회자들의 상담은 주로 위기상담이 될 때가 많기 때문에 위기상담에 대한 이해와 위기상담을 할 수 있는 기본적인 기술을 평소에 갖추고 있어야 합니다. 병원에 가면 응급실에서 근무하는 의료진들은 다른 의료진들과는 다른 접근을 합니다. 위급한 상황에 대처할 수 있는 매뉴얼과 기술을 사용합니다. 마찬가지로 상담실에서 약속을 하고 만나는 상담과 달리 위기상담은 위기에 처한 사람들이 위기에 잘 대처할 수 있도록 지지하며 격려하고 무너지지 않도록 돕는 지혜와 기술을 필요로 합니다. 무엇보다도 위기를 당한 성도가 겪고 있는 경험을 위험한 것으로 인식할 수 있음을 충분히 공감해주는 태도와 경청하는 자세가 필요합니다. 위기가 아울러 기회가 될 수 있다는 사실을 성도가 서서히 받아들일 수 있도록 서두르지 않는 접근이 필요합니다. 그럴 때 위기 상황 속에서도 그 성도는 지나치게 당황해하거나 퇴행적인 행동을 하거나 불신앙적인 행동을 하지 않을 수 있게 될 것입니다.

위기상담을 할 때에는 어떤 어려움 속에서도 성도가 소망을 잃지 않도록 힘을 실어주는 접근이 필요합니다. 넘어지더라도 다시 일어나면 된다고 격려할 필요가 있습니다. 스트레스 자체를 변화시키기는 어렵지만 대응할 수 있는 자원을 늘여가면 최소한 견뎌낼 수 있습니다. 무엇보다도 기독교 신앙의 자원을 활성화시키는 것이 버텨내도록 하는데 도움을 줄 수 있습니다. 다른 상담전문가들과 달리 목회자는 교회공동체에 다양한 자원들을 동원하고 활용할 수 있는 점에서 위기상담자로서 장점을 갖고 있습니다. "한 사람이면 패하겠거니와 두 사람이면 맞설 수 있나니 세 겹 줄은 쉽게 끊어지지 아니 하느니라"(전 4:12)는 말씀은 위기상남의 유용성을 탁월하게 표현하는 귀한 말씀입니다.

단기상담이 원칙

여섯째, 목회자는 단기적인 상담을 하는 것이 원칙입니다. 최대 5회기 정도를 염두에 두고 상담을 진행한다면 1회기에서는 어려움을 겪고 있는 상황에 대해서 호소할 수 있는 충분한 시간과 공간을 제공하는데 초점을 맞추는 것이 좋습니다. 2회기에서 4회기까지는 본론에 해당합니다. 당면한 고통이나 위기에 대해서 동일하게 이야기를 할 수 있도록 잘 경청하면서 필요한 부분에 대해서는 짧게 공감적인 반응을 보이면서 상담자의 생각과 느낌에 대해서 피드백하는데 짧게 시간을 쓸 수 있겠습니다. 5회기는 전체 회기를 마무리하면서 어떤 관점의 변화가 있는지, 호소문제가 어느 정도 경감되었는지, 미진한 부분이 있는지, 전문적인 상담의 필요성이 있는지를 점검하고 마무리하면 되겠습니다. 필요하다면 각 분야의 전문상담자에게 의뢰하는데 초점을 맞추어 진행할 수 있겠습니다. 한 회기를 구조화한다면 첫 5분내지 10분 정도는 마음을 열 수 있도록 하는데 쓰는 것이 좋습니다. 그 다음 내담자 성도가 30분에서 40분 정도 이야기하도록 하고 마지막 5분에서 10분 정도는 상담자인 목회자가 들었던 말을 핵심적인 말로 요약하고 공감하면 좋겠습니다. 목회자 나름대로 재해석할 수 있는 부분이 혹시 있다면 간단한 피드백 정도로 할 수 있겠습니다.

일곱째, 상담을 종결할 무렵에 상담한 교인에게 이중관계의 어려움에 대해서 설명하면서 상담 후에 자칫 목회자를 피하려고 하는 심리가 생길 수도 있다는 점을 미리 알려주는 것이 지혜롭습니다. 그래서 상담 후에 생길 수 있는 불필요한 불안이나 긴장을 피할 수 있도록 민감하게 배려해주어야 합니다. 상담 잘 하고 나서 교인을 잃을 수 있다는 경우가 이런 경우입니다. 마음을 열고 상담한 후에 찾아올 수도 있는 수치심을 극복하지 못해 교회출석을 회피하게 되고 다른 교회로 옮겨가는 경우가 자주 생깁니다. 상담 후에 수치심이 생길 수도 있다는 점을 상담 종결부에서 미리 이야기해주는 것이 좋습니다. 불안이나 수치심은 예측할 수 있는 감정이며 정상적인 감정이라는 사실을 알려주고 상담 이전 관계처럼 편안하게 대할 것이라고 약속해줌으로써 상담한 교인의 불안을 낮추어 주는 것이 지혜로운 방법입니다. 예방주사를 맞혀서 종결하는 것이 효과적입니다. 상담한 목회자로서 여전히 그 교인과 신실하게 관계하고 싶다는 의사를 분명하면서도 진정성 있게 밝히는 것이 내담자에게 도움을 줍니다. 덧붙인다면, 이중관계의 어려움을 예방하기 위해서 지켜야 할 원칙은 일반 목회자는 교회에서 장기상담을 하겠다고 성도들에게 알리고 그렇게 행동하는 것입니다.

여덟째, 비밀보장의 중요성은 아무리 강조해도 지나치지 않습니다. 특히 지역교회는 교인들이 서로 연결되어 있고 자칫 말이 새어나가면 상담을 받은 교인의 입장에서는 목회자에 대해서 신뢰감이 무너지며 심지어 매우 분노할 것입니다. 비밀이 지켜지지 않았다는 것을 안 후에는 그 목회자의 설교조차 듣는 것이 어렵게 되어 결국 교회를 떠나게 될 것입니다. 뿐만 아니라 다른 교인들에게 그 목회자에게 상담 받지 말라고 '전도'할 것입니다. 그렇게 되면 교인들이 더 이상 마음을 열고 상담 받으러 오지 않게 될 것입니다. 평소에 목회자가 비밀보장을 철저하게 지킨다는 평판은 양들이 목자에게 쉽게 접근할 수 있도록 하는 윤활유 역할을 할 것입니다.

타 전문가들에게 잘 의뢰해야

아홉째, 지역 교회 목회자로서 성도들을 도와줄 수 있는 범위를 넘어서는 경우에는 전문상담사들이나 정신과의사에게 의뢰하는 것이 필요합니다. 지역내에 신뢰하고 소개할 수 있는 각 분야의 전문가들의 명단과 연락처를 갖고 있다가 필요할 때 바로 소개할 수 있는 전문성이 필요합니다. 의뢰한 후에는 어떻게 진행되고 있는지 한 번씩 관심을 갖고 '팔로우업'(follow-up)을 하는 것이 좋습니다. 위기 상황이 오래 진행되면 일부의 성도들 중에는 우울증이나 정신분열증으로 진전될 수도 있습니다. 이럴 경우에 정신과의사의 진단과 처방을 받을 수 있도록 잘 설명해 주는 것이 성도의 불필요한 저항과 불안을 감소시켜줄 수 있겠습니다.

제가 협동목사로 섬기는 남서울교회 상담실은 2016년 1월 첫 주를 기해서 외부 교회 성도들에게 저렴한 상담료로 전문적인 심리상담을 제공하고 있습니다. 개척교회 목회자, 신학생, 선교사, 또는 탈북자 및 가족에게는 매우 저렴한 상담료로 상담서비스를 제공하고 있습니다. 한국목회상담협회와 한국기독교상담심리치료학회의 홈페이지, http://www.kapc.or.kr과 http://www.kaccp.org에 접속하시면 전문가들의 명단과 상담센터들의 명단과 연락처를 확인하실 수 있습니다. 지방에 있는 목회자들의 경우에도 각 지역에 전문 기독교상담사들의 연락처를 확보하고 그들의 전문성 수준에 대해서 평소에 정보를 갖고 있는 것이 위기 상황에 처한 성도를 의뢰해야 할 때 도움이 될 것입니다.

열째, 상담학 관련 서적들을 정기적으로 읽어가면서 상담에 대한 기본적인 지식을 보강하는 것이 도움이 됩니다. 인간이해를 돕는 상담학 관련 책들이 많이 출간되고 있습니다. 정신의학 관련서적을 읽음으로써 인간의 정신병리에 대한 이해를 갖추는 것도 위기에 처한 교인을 이해하고 적절한 도움을 제때에 받을 수 있도록 하는데 유익합니다. 예를 들면, 정신분열증의 핵심증상들이 무엇인지를 모르면 정신분열증이 발병되었는데도 모르고 우울 증상으로만 이해하고 상담만 하고 있다면 병을 악화시키는 결과를 가져오게 될 것입니다. 현재 5판으로 사용되고 있는 『정신질환의 진단 및 통계 편람』(학지사)은 기본적으로 비치하고 각 병에 대한 증상들을 숙지하는 것이 도움이 될 것입니다.

마지막으로, 평소 설교를 통해서 인간의 마음을 이해하는 능력을 '성도들에게 보여줄 필요가 있습니다. 적용을 할 때에 목사님이 성도들의 마음의 갈등과 인간의 한계를 깊이 있게 공감하고 있음을 보여줄 때 위기를 겪고 있는 성도들이 하나님의 위로와 격려를 경험할 수 있을 것입니다. 더 나아가 도움이 필요할 때 개별적으로 목회자에게 상담을 신청하는 용기까지 갖게 될 것입니다.

23
상습적인 가정폭력자 교인을 어떻게 도울 수 있나요?

> 제가 목회하는 교회에 한 중직자 성도가 있습니다. 부임 초기에 목회를 안정화 하는 데 많은 도움을 주신 분으로, 부인과 자녀들도 교회의 일꾼으로 봉사하고 있습니다. 그런데 모범적으로만 보였던 그 중직자가 상습적인 가정 폭력자라는 사실을 뒤늦게 알게 됐습니다. 일부 교인들은 이미 알고 있던 눈치입니다. 목회자로서 어떻게 하면 좋을까요?

쉽지 않은 상황 처해 있는 목사님의 입장이 이해가 되며 안타깝네요. 이러지도 저러지도 못하는 '이중구속'적인 상황이기 때문입니다. 자칫 둘 다 잃어버릴 수 있는 난감한 상황입니다. 목사님은 좋은 의도로 도와주려고 하지만 공이 어느 방향으로 튈지 예측하기가 쉽지 않아서 목사님의 입장에서는 불안하기도 하고 두렵기도 할 것입니다. 중직자의 한 가정 뿐 아니라 교회 전체에 파장을 끼칠 수 있는 사안이어서 더욱 힘드시리라 생각합니다. 저는 이 답변에서 주로 성경적인 가르침을 중심으로 말씀을 드리고자 합니다. 사람을 기쁘게 하는 목회보다는 하나님을 기쁘게 하는 목회가 우선되는 것이 성경적인 목회이기 때문입니다.

죄를 인식하는 것이 우선

우선, 이 상황을 이해하고 접근할 때 목사님은 인간의 죄성이라는 핵심 문제를 인식하고 다루어야 할 것입니다. 중직자가 장로라고 가정하고 말씀드리겠습니다. 그 장로의 상습적인 가정폭력 행동은 심리학적인 이해를 통해 진단하기 전에 하나님 앞에서 심각한 죄라고 진단하는 것이 중요합니다. 행동으로 죄를 '표출'하는 그 장로는 하나님께 죄를 상습적으로 저질러 온 죄인입니다. 물론 우리 모두가 다 하나님 앞에서 죄성을 갖고 있으며 예수 그리스도의 은총과 용서가 필요합니다. 문제는 이 분의 행동은 단회적인 죄악이 아니라 '상습적이며' '만성화된' 죄악이라는 점입니다. 더욱이 가장 가까운 이웃을 상해하는 죄악입니다. 가정폭력은 성경적으로 "살인하지 말라"는 십계명을 어기는 심각한 죄입니다. 예수님은 산상보훈에서 십계명을 재해석하시면서 형제에게 미련한 놈이라고 하는 자도 지옥 불에 들어가게 되리라고 경고하셨습니다: "옛 사람에게 말한 바 살인하지 말라 누구든지 살인하면 심판을 받게 되리라 하였다는 것을 너희가 들었으나 나는 너희에게 이르노니 형제에게 노하는 자마다 심판을 받게 되고 형제를 대하여 라가[히브리인의 욕설]라 하는 자는 공회에 잡혀가게 되고 미련한 놈이라 하는 자는 지옥 불에 들어가게 되리라"(마 5:21-22). 하물며 배우자를 폭행하는 것은 더 중한 죄입니다. 하나님의 형상으로 지음받은 한 인간을, 예수 그리스도의 피로 값 주고 사신 하나님의 자녀에게 상습적으로 폭행하는 것은 하나님을 향하여 폭력을 행사하는 죄악입니다. 마태복음 25장에서 지극히 작은 자에게 베푼 선행을 예수님은 자신에게 베푼 것이라고 간주하셨습니다. 예수님과 연결된 자에게 행한 악행 또한 예수님에게 행하는 것이라는 사실을 인식해야 할 것입니다. 사울이 예수님을 만나기 전에 그는 예수님을 직접 박해한 적이 없었습니다. 그러나 다메섹으로 가는 길에 예수님은 그에게 "사울아 사울아 네가 어찌하여 나를 박해하느냐"(행 9:4)라고 말씀하셨습니다. 아내에게 상습적으로 폭행하면서도 예배에 참석하거나 장로로서 대표기도를 한다면 그는 이사야를 통해서 하신 하나님의 말씀을 듣고 회개해야 할 것입니다: "너희가 손을 펼 때에 내가 내 눈을 너희에게서 가리고 너희가 많이 기도할지라도 내가 듣지 아니하리니 이는 너희 손에 피가 가득함이라"(사 1:15).

예수님은 "만일 네 오른손이 너로 실족하게 하거든 찍어 내버리라"(마 5:30)고 극단적인 표현을 사용하시며 죄의 심각성을 지적하셨는데 손이 배우자를 때리거나 자녀를 때리는데 사용된다면 이 말씀의 의미를 진지하게 받아야 할 것입니다. "네 이웃을 네 몸과 같이 사랑하라"는 적극적인 계명을 실천하기는커녕 자신에게 의지하는 가족 구성원에게 폭력(violence)을 행사하는 것은 분명히 죄악이며 마귀적입니다. 따라서 가해자가 죄로 인식하도록 '의식화'하는 것이 중요합니다. 가해자인 장로는 죄로 인식하지 않을 가능성이 큽니다. 피해자에게 책임을 돌리며 어쩔 수 없이 때렸다고 생각하거나 맞아도 당연하다고 생각할 가능성이 높습니다. 죄인식이 없으면 회개하지 않습니다. 하나님을 두려워하지 않을 것입니다. 그런 경우에는 목사님은 그 장로를 개별적으로 불러서 엄하게 꾸짖고 회개하고 가정이 회복될 때까지 권징을 행사해야 합니다.

성경적인 권징 절차

중직자의 잘못에 대해서 접근할 때에는 성경적으로 볼 때 "장로에 대한 고발은 두세 증인이 없으면 받지 말 것이요 정죄한 자들을 모든 사람 앞에서 꾸짖어 나머지 사람들로 두려워하게 하라"(딤전 5:20)는 말씀이 연결됩니다. 가정 내에서 일어나는 일이기 때문에 비밀이 많을 수 있고 정보가 왜곡될 가능성이 있기 때문에 두세 명의 증인들을 확보해서 교회의 권징절차를 밟는 것이 지혜롭고 성경적입니다. 목사님이 자신을 방어하는데도 도움이 될 것입니다.

　목사님이 담임목사로 부임하던 초기에 교회가 안정을 찾는데 기여했던 장로라고 할지라도 '편애'하거나 눈감아주는 식의 접근을 한다면 그것은 하나님이 기뻐하는 방식이 아닙니다. 전통적으로 권면과 징계는 목회적 돌봄의 중요한 수단이었습니다. 그러나 언제부터인가 권징을 한국교회에서 찾아보기가 어려워졌습니다. 물론 무조건 처벌하고 징계하는 것이 능사가 아닙니다. 그러나 목사님이 만약 불안을 잘 처리하실 수 있는 힘과 믿음이 있다면 정황을 잘 파악하고 가정폭력이 상습적으로 이루어졌다는 것이 확실하다면 예수님이 제안하신 방식을 따를 것을 권합니다. 그것은 먼저 장로님을 개별적으로 만나서 사실여부를 확인하고 일정한 기간의 권징을 받을 것을 제안하는 방법입니다: "네 형제가 죄를 범하거든 가서 너와 그 사람과만 상대하여 권고하라 만일 들으면 네가 네 형제를 얻은 것이요 만일 듣지 않거든 한두 사람을 데리고 가서 두세 증인의 입으로 말마다 확증하게 하라 만일 그들의 말도 듣지 않거든 교회에 말하고 교회의 말도 듣지 않거든 이방인과 세리와 같이 여기라"(마 18:15-17). 예수님의 말씀처럼 만약 그가 듣지 않거나 수용하겠다고 해놓고 나중에 말을 바꾸거나 할 때에는 "한 두 사람을 데리고 가서 두세 증인의 입으로" 사실 여부를 확증하는 절차를 밟아야 할 것입니다. 그래도 듣지 않으면 교회를 대표하는 당회에서 공개적으로 다루거나 교회 성도들 앞에서 권징 절차를 밟아야 할 것입니다. 권징을 받지 않고 다른 교회로 떠날 경우에는 떠나도록 할 필요가 있습니다. 비록 그 장로님의 가족이 교회에서 차지하는 비중이 크다고 할지라도 목사님은 거기에 의존하면 안 됩니다. 그 중직자의 역할은 목사님의 교회에서 그 시점까지만 유효한 '잠정적인 대상'(temporary object)일 가능성이 높습니다. 다른 교회가 그 장로님 가족을 그 교회 구성원으로 받아들이는 문제는 목사님이 다룰 부분은 아닙니다. 받아들이는 교회의 목사가 하나님 앞에서 져야 할 책임입니다.

바울은 감독의 자격을 여러 가지로 제시했는데 장로를 포함하는 감독은 "책망할 것이 없으며…절제하며…구타하지 아니하며…다투지 아니하며…자기 집을 잘 다스려"(딤전 3:2-4)야 하는 면에서 그 장로는 여러 면에서 자격 미달입니다. 물론 그 자격들을 다 갖추어야만 목사나 장로가 될 수 있는 것은 아닙니다. 그러나 일단 상습적인 가정폭력을 행사하는 장로라면 여러 면에서 결격 사유에 해당된다는 점에서 심각성이 있습니다. 자신의 가정만 아니라 교회 공동체에도 악영향을 주는 암적인 지도자가 될 수 있다는 점에서 위험합니다. 상습적인 가정폭력 가해자는 '예후'(prognosis)가 좋지 못합니다. 즉 심리치료를 받는 경우에도 치료적 변화가 더디고 효과가 약하는 의미입니다. 말로는 잘못했다고 시인하고 용서를 구할 수도 있지만 그 악습은 계속 이어질 가능성이 높습니다.

도움이 시급한 피해 가족

피해자가 외부인이 아니고 가족 구성원이라는 점에서 이 악은 더욱 교묘하고 사악합니다. 가족 구성원의 입장에서는 외부의 도움을 청한다는 것은 둘 다 잃어버리는 이중구속적인 행동이기 때문입니다. 남편 또는 아버지의 중직자의 위치 상실과 가족의 수치심과 더 나아가 교회로부디의 징계를 받아야 한다는 점에서 도움을 청해도 결과적으로 자신에게 별로 도움이 될 것이 없는 특성이 있습니다. 마치 근친강간의 피해자가 가해자 가족을 경찰에 고소하지 못하는 이유와도 비슷합니다.

어떤 이들은 이 상황에서 예수님이 용서에 대해서 하신 말씀을 연결하여 용서할 것을 요구하기도 할 것입니다: "그때에 베드로가 나아와 이르되 주여 형제가 내게 죄를 범하면 몇 번이나 용서하여 주리이까 일곱 번까지 하오리이까 예수께서 이르시되 네게 이르노니 일곱 번뿐 아니라 일곱 번을 일흔 번까지라도 할지니라"(마 18:21-22). 이 본문은 피해자가 주님 앞에서 고민하고 취해야 할 태도이지 가해자가 피해자에게 요구할 수 있는 내용이 아닙니다. 그렇게 요구한다면 무례한 일입니다. 어떤 이들은 "아내들이여 자기 남편에게 복종하기를 주께 하듯 하라"(엡 5:22)는 말씀을 인용하며 폭력을 행사하는 남편이라도 순종하면 언젠가는 남편이 감동을 받아 회개할 것이라고 상담하기도 합니다. 간혹 효과가 있기도 하지만 이것은 말씀을 부분적으로 해석하며 오용하는 것입니다. 이 말씀은 "그리스도를 경외함으로 피차 복종하라"(엡 5:21)는 앞 절의 말씀과 이어지는 "이와 같이 남편들도 자기 아내 사랑하기를 자기 자신과 같이 할지니"(엡 5:28)는 말씀과 연결해서 해석해야 균형을 이룰 수 있습니다. 이미 상습적인 폭행을 행사하는 경우에 피해자의 정신세계는 많이 망가졌고 판단력조차 흐려져 있는 상태일 가능성이 높습니다. 자신이 주님이 사랑하는 자녀로서 맞고 살아야 하는 무가치한 존재가 아니라는 사실조차 모르고 있을 가능성이 높습니다. 무지함과 어리석음이 반복되는 상황에서 가해자가 말씀을 오용하는 것은 하나님이 역겨워하실 행동입니다. 역사적으로 볼 때 남편이 아내를 폭행하는 것을 법으로 금지한 것이 미국의 경우도 1910년에서야 미연방대법원에서 이루어졌다고 합니다. 한국의 경우에는 1997년 12월 31일에 법률 제 05487호로 '가정폭력방지법'이 제정되었습니다. 그동안 법으로도 보호받지 못한 채 배우자에 의해서, 또는 부모에 의해서 때로는 무자비한 폭행에 노출된 채 지내온 사람들이 너무 많았다는 사실은 안타까운 현실이었습니다.

단호하면서도 온유하게 가르치라

가해자가 자신의 문제점과 죄를 고백하고 다시는 같은 악행을 반복하지 않겠다고 약속하더라도 일정 기간의 자숙기간 및 유예기간을 갖는 것은 그리스도의 몸된 교회의 유기성과 건강성을 위해서 필요합니다. 더 나아가 이 기간 중에 가해자에게 가정폭력 상담프로그램과 같은 프로그램을 이수하도록 권징 절차에서 요구할 수도 있겠습니다. 예방적으로는 평소에 성도들에게 가정폭력이 갖고 있는 성경적 의미와 신학적 의미를 설교나 세미나로 교육하는 것이 필요합니다.

개척 당시부터 상당한 힘을 행사해왔던 장로님을 인간적으로 두려워하면 목사님은 불안 때문에 회피하거나 순응하는 신경증적인 방법을 쓸 가능성이 높습니다. 이 과정에서 목회지를 잃을 수도 있다는 점을 염두에 두되 "잃으면 잃으리라"는 심정으로 접근해야 "몸은 죽여도 영혼은 능히 죽이지 못하는 자들을 두려워하지 말고 오직 몸과 영혼을 능히 지옥에 멸하실 수 있는 이를 두려워"(마 10:28)하는 목회를 하실 수 있습니다. 물론 목사님이 성도들의 가정에서 일어나는 모든 역기능성들을 다 치료하고 구조할 수 없다는 사실도 겸손하게 인정할 필요가 있습니다. 그러나 이 사례의 경우에는 중직자의 가정이기 때문에 다른 성도들의 가정까지 영향을 줄 수 있다는 점에서 목사님은 용기 있게, 지혜 있게 개입해야 할 것입니다. 혹시 목사님이 그 장로와 동반의존적인 관계를 맺고 있다면 선지자적인 목소리를 내어야 할 상황에서도 침묵할 위험성이 높습니다. 이사야는 이런 선지자를 '벙어리 개'라고 진단했습니다(사 56:10).

에스겔 선지자를 통하여 하나님은 살진 양과 파리한 양 사이에서 심판하시겠다고 선포하셨습니다. 하나님의 백성들은 확대 가족의 일원이었는데 그들 중에서 힘센 양이나 염소들은 약한 양이나 염소들에게 폭력적인 행동을 한 것을 하나님은 다음과 같이 묘사했습니다: "너희가 옆구리와 어깨로 밀어뜨리고 모든 병든 자를 뿔로 받아 무리를 밖으로 흩어지게 하는도다"(겔 34:20). 하나님은 새 목자, "내 종 다윗" 즉 예수 그리스도를 세우셔서 양들을 심판하고 구원하실 것을 에스겔을 통해 예언하셨습니다; "그러므로 내가 내 양 떼를 구원하여 그들로 다시는 노략 거리가 되지 아니하게 하고 양과 양 사이에 심판하리라"(겔 34:22). 이 말씀에 비추어 볼 때 장로님의 가정에서 가정폭력을 상습적으로 당하는 피해자 가족들은 양의 가죽을 뒤집어쓴 이리에게 상습적으로 노략당하며 유린당하는 주님의 양들입니다.

디모데에게 권면한 바울의 권면은 이 사례에 유용하게 적용될 수 있겠습니다: "범사에 오래 참음과 가르침으로 경책하며 경계하며 권하라(correct, rebuke, and encourage)"(딤후 4:2). 권징의 절차이기도 하지만 먼저 잘못된 점을 확인하고 지적하고, 회개하며 행동 수정할 것을 권면하고 꾸짖고, 낙망하지 않도록 위로하고 격려하는 자세입니다. 그러나 가해자 장로의 반응은 말세의 사람들의 모습일 가능성이 있다는 점을 예측하고 놀라지 말아야 할 것입니다: "때가 이르리니 사람이 바른 교훈을 받지 아니하며 귀가 가려워서 자기의 사욕을 따를 스승을 많이 두고 또 그 귀를 진리에서 돌이켜 허탄한 이야기를 따르리라"(딤후 4:1-4). 그는 자신의 잘못된 악습과 죄악을 지적하고 회개할 것을 촉구하는 주님의 음성을 들을 수 있는 귀가 할례 받지 못한 나머지 자신의 이기적인 욕구를 채워주는 목회자를 찾아갈 가능성이 있습니다. 만약 그렇다면 그것은 그분의 몫입니다. 예수님께서는 제자들이 복음을 전파할 때 복음을 받아들이지 않는 자들에 대해서 단호한 태도를 취할 것을 명하셨다는 점을 목사님은 주목해야 합니다: "누구든지 너희를 영접하지도 아니하고 너희 말을 듣지도 아니하거든 그 집이나 성에서 나가 너희 발의 먼지를 떨어버리라"(마 10:14).

딘호히면서도 온유한 태도의 훈계를 제안한 성경 말씀도 고려할 본문입니다: "주의 종은 마땅히 다투지 아니하고 모든 사람에 대하여 온유하며 가르치기를 잘하며 참으며 거역하는 자를 온유함으로 훈계할지니 혹 하나님이 그들에게 회개함을 주사 진리를 알게 하실까 하며 그들로 깨어 마귀의 올무에서 벗어나 하나님께 사로잡힌 바 되어 그 뜻을 따르게 하실까 함이라"(딤후 2:24-26). NIV 성경에서는 "하나님께 사로잡힌 바 되어"라는 번역과 달리 "그의 뜻을 행하도록 그들을 포로로 잡은 마귀의 올무"라고 번역했습니다. 이 번역을 따른다면 그 장로의 상습적인 가정폭력은 마귀의 뜻에 순종하는 것이며, 장로님은 마귀의 포로가 된 자입니다. 심리적인 해석 뿐 아니라 영적인 분별력을 통하여 그의 행동을 '의식화' 시킴으로써 하나님 앞에서 회개하고 두려움에 떨도록 해야 할 것입니다.

'연결짓기'와 '구별짓기'

가해자 장로는 사실상 가족을 폭행하는 것일 뿐 아니라 예수님을 폭행하고 있다는 사실을 깨달아야 합니다. "누구든지 나를 믿는 이 작은 자 중 하나를 실족하게 하면 차라리 연자 맷돌이 그 목에 달려서 깊은 바다에 빠뜨려지는 것이 나으니라"(마 18:6)고 말씀하신 예수님의 말씀이 그의 마음에 파문을 일으키도록 목사님은 그에게 직언해야 할 것입니다. 바라기는 그가 병식이 없어서, 죄인식이 없어서 그와 같은 가정폭력을 행하는 분이길 바랍니다. 폭행을 당하는 배우자나 자녀가 느끼는 수치심과 자괴감, 무력감, 그리고 분노감을 공감하지 못하는 수준의 인성을 갖고 있는 자신의 벌거벗은 상태를 직면할 수 있기를 바랍니다.

이런 어려운 상황에서 목사로서 가정폭력에 노출된 중직자의 가정에 어디까지 '연결짓기'를 하며 어디서부터 '구별짓기'를 할 것인지 지혜롭게 고민해야 할 것입니다. 피해자를 구조해야겠다는 일념으로 지나치게 관여하거나 과잉 접근하게 될 때 오히려 피해자와 가해자가 한 팀이 되어서 목사를 공격하게 되는 일이 벌어질 수도 있기 때문입니다. 목사님의 입장에서는 배신을 당하는 셈이 되겠지요. 피해자들을 옹호해야 할 책임이 있는 상담자가 자신의 '역전이' 역동성을 잘 인식하지 않으면 피해자와 자신을 지나치게 동일시하는 우를 범할 수 있습니다. 마찬가지로 목사님의 경우에 혹시라도 자신의 성장기에 가정폭력의 피해자가 아니었는지 점검할 필요가 있습니다. 혹은 피해자인 어머니를 보호해주지 못한 채 두려움과 공포감 또는 무력감으로 성장기를 보내지 않았는지 점검할 필요가 있습니다. 자신의 미해결과제가 새로운 피해자 가족에게 무의식적으로 연결되어 지나치게 반응할 위험성이 있기 때문입니다. 자신의 문제점을 투사해서 가족들을 의식화시킬 수 있는 위험성도 있습니다. 따라서 역전이 역동성을 인식하면서 접근하는 것이 중요합니다.

심리상태 이해하기

끝으로, 가해자와 피해자의 심리적 상태를 이해하는 것은 이 상황을 지혜롭게 대처하며 치료하는데 중요합니다. 상습적인 가정폭력의 가해자들은 일반적으로 자존감이 낮습니다. 자신이 성장기에 가정폭력의 피해자였을 가능성이 있습니다. 성격장애의 틀에서 보면 반사회성 성격장애와 자기애성 성격장애, 그리고 경계선 성격장애의 이슈를 갖고 있을 가능성이 높습니다. 특히 경계선 성격장애의 경우에는 불안정한 정서 때문에 폭발적인 분노표현이 폭행으로 이어질 가능성이 높습니다. 흔히 싸이코패스라고 불리기도 하는 반사회성 성격장애가 밖으로는 잘 드러나지 않지만 방어기제가 해제되는 가정에서 드러날 수 있다는 점을 이해할 필요가 있습니다.

2014년 9월 29일자 "가정폭력범죄의 처벌 등에 관한 특례법"에 따르면 가정폭력에 대해서 인지한 자로서 수사기관에 보고해야 할 의무가 있는 대상에서 목회자들은 명시적으로 나와 있지 않습니다. 현행법에서 볼 때 목회자들이 보고하지 않은 것에 대해 법적인 책임을 없다고 보여집니다. 법적인 문제로 가는 것은 목회자의 입장에서 피하는 것이 좋을 것입니다. 피해자가 필요하다면 스스로 변호사의 도움이나 경찰의 도움을 받도록 안내하는 것은 필요할 것입니다.

24
장기 결석하는 교인을
어떻게 도울 수 있나요?

> '가나안' 성도라는 신조어가 사용되고 있습니다. 교회에 안나가는 성도라는 뜻이라고 하네요. 한국교회 신교 신자들의 숫자가 점점 줄고 있습니다. 그 이유 중의 하나가 교회에 장기적으로 결석하는 이들이 늘어나고 있는데 있다고 봅니다. 물론 가톨릭교회로 개종하는 이들의 숫자도 한 몫을 했으리라 생각합니다. 목회자로서 장기 결석하는 교인들을 어떻게 이해하는 것이 좋을까요? 그들을 구체적으로 도울 수 있는 방법은 무엇일까요?

하나님은 인간의 몸이나 정신에 병이 생길 때 그 병을 진단해서 치료할 수 있도록 기회를 주기 위해서 각 병이 갖는 구체적인 증상들(symptoms)이 있도록 우리를 설계하셨습니다. 증상이 없는 병이 있다면 가장 위험한 병일 것입니다. 치료할 수 있는 기회를 놓쳐 버리기 때문입니다. 따라시 증상은 유기체인 몸의 어디에선가 문제가 있음을 호소하며 알리는 상징(symbols)으로서 중요한 역할을 한다고 볼 수 있습니다.

바울 사도는 예수 그리스도와 교회와의 관계를 머리와 몸의 지체들로 비유하면서 교회 공동체가 유기성을 갖고 있음을 잘 지적했습니다(고전 12장 참조). 개인적인 관점으로 볼 때 한 지체의 장기 결석은 그 개인 성도나 그 성도가 속한 가성 내부에 문제가 있음을 호소하는 증상일 수 있습니다. 그러나 시스템적인 관점에서 볼 때 장기 결석은 그 성도가 출석했던 교회 공동체의 내부에 문제가 있음을 호소하는 증상일 수 있습니다.

따라서 어떤 교인의 장기적인 결석을 이해하려면 개인과 시스템을 아울러 고려하여 접근하는 '심리체계적'(psychosystemic) 접근이 필요합니다.

장기 결석하는 성도의 행동을 '의미 있는' 무언의 의사소통과 상징으로 해석하는 눈을 가져야 합니다. 아울러 증상을 경보음으로 알아듣는 귀가 열려야 할 것입니다. 증상 자체를 두려워해서 병원에 가지 않는 사람들이 있습니다. 아픈데도 그 증상을 애써 무시하며 진통제 수준에서 경보음을 진정시키고 경보기를 꺼두는 이들이 있습니다. 이것은 어리석은 행동입니다.

미성숙한 목회자는 장기 결석이라는 증상으로 경보음을 내는 성도의 행동을 무시할 가능성이 높습니다. 자신의 목회지에서 경보음이 울릴 때 다른 성도들마저 그 소리를 듣지 못하도록 조치를 취할 수도 있습니다. 부인(denial), 억압(suppression), 투사(projection), 그리고 합리화(rationalization)와 같은 방어기제들을 사용하여 경보음을 인식하지 않을 수 있습니다. 증상을 호소하는 성도가 있다는 부교역자의 보고조차 애써 무시하며 듣지 않으려고 할 수 있습니다.

증상을 하나님이 주신 은총으로 이해할 때 목회자는 증상이 '계시적'이며 주변에서 알아차려주길 바라는 상징임을 알고 반응할 수 있습니다. 증상의 변화에 관심을 갖고 귀를 기울이며 그 의미에 대해서 탐색한다면 그 증상은 장기 결석하던 성도가 이전보다 더 교회 공동체에 안정된 애착 관계를 형성할 수 있도록 돕는 기회를 제공할 수 있습니다.

장기 결석은 위기 증상이지만 기회가 될 수 있어

장기 결석은 결석하는 성도와 목회자 모두에게 일종의 '위기'(crisis) 경험입니다. 위기(危機)라는 한자어가 내포하고 있는 의미처럼 위기는 위험한 경험인 동시에 기회를 제공하는 경험입니다. 이 위기 상황에서 목회자가 위험한 것만 인식하면 장기 결석을 목회자를 거부하는 '공격성' 행동으로 해석할 위험이 있습니다. 그래서 속으로는 "차라리 그가 다른 교회로 떠나면 좋겠어" 또는 "교회에 유익보다는 피해를 줄 수도 있는 사람이야"와 같은 생각으로 합리화할 수 있습니다. 이렇게 되면 정보를 잘못 해석하는 어리석은 '인지왜곡'이 일어나게 됩니다. 이같은 인지왜곡이 생기면 목회자는 불안한 상황에서 지혜롭게 대처하는 대안을 모색하지 못합니다. 이런 목회자의 뇌는 위기라는 불안상황에서 미성숙하게 반응하기 때문입니다.

불안에 대해서 신경증적으로 반응하는 세 가지 방식을 규명한 정신분석학자 캐런 호니(Karen Horney)의 이해가 장기 결석에 대처하는 목회자의 신경증적인 방식을 이해하는데 도움을 줄 수 있습니다. 불안에 취약한 신경증적인 목회자는 회피하기, 공격적으로 반응하기, 그리고 거리두기의 방식을 경직되게 사용할 가능성이 높습니다. 예를 들면 회피하기 기제를 사용하는 목회자는 심방을 가거나 연락해서 불안한 상황을 적극적으로 타개하는 방안을 강구하지 않습니다. 구체적인 행동을 미루거나 막연히 기다립니다. 거리두기 방식을 사용하는 목회자는 처음부터 아예 교인들에게 별 애착하지 않습니다. 교인들이 '떠나면 떠나고, 있으면 있고' 식의 목회를 할 가능성이 높습니다. 공격적으로 반응하는 목회자는 모든 문제를 장기 결석하는 교인 탓으로 돌릴 것입니다. 때로는 설교 시간을 통해서 공개적으로 수치심을 주거나 다른 교인들에게도 경고하는 메시지를 보내기까지 할 것입니다.

반면에 하나님 중심적인 자세로 목회하면서도 심리적으로 어느 정도 성숙한 목회자는 한 교인의 장기 결석을 기회로 인식할 것입니다. 그 성도의 장기 결석이라는 증상이 가져다 줄 기회가 무엇인지를 기대히면서 소망 중에 접근힐 것입니다. 그 성도의 회복이 선제 교회 공동체에 가져 다줄 기회와 의미를 인식하고 그 성도에게 적극적이지만 민감성 있게 다가서는 접근을 할 것입니다. 거절당하는 것을 두려워하지 않고 인내하면서 지속적으로 관심을 표할 것입니다. 장기결석자에게 관심을 표할 때에는 여러 번 거절당할 것을 예상하는 것이 지혜롭습니다. 거절을 견딜 수 있는 심리적인 맷집이 필요할 것입니다.

장기 결석자를 대하는 목회자의 태도를 다른 성도들이 예의주시한다는 사실을 자각해야 할 것입니다. 같은 교인의 입장에서 목회자가 과연 어떻게 대처하는지 주목합니다. "나도 장기 결석을 하거나 다른 교회로 간다고 하면 목사님이 어떻게 반응할까?"라고 생각할 것입니다. 만약 담임목사가 미성숙하게 반응하는 경우를 본다면 다른 성도들이 담임목사에 대해서 실망할 것입니다. 그래서 다른 성도들도 교회를 떠나야 할 경우가 올 때 아예 아무런 증상조차 표출하지 않고 어느 날 갑자기 교회를 떠날 가능성이 높습니다.

장기 결석의 심리적 역동성을 이해해야

한 교인의 장기 결석은 상담과정에서 자주 일어나는 '저항'(resistance) 현상과 비슷한 면을 갖고 있습니다. 장기 결석은 개인적으로 자신의 영적 성장과 발달을 '사보타지'(sabotage)하는 결과를 가져오기 때문입니다. 상담 과정에서 내담자는 변화를 위해서 상담을 원했지만 정작 변화의 중요한 시점이 될 때 무의식적으로 저항을 경험합니다. 변화를 원했으면서도 더 이상 변화하고 싶지 않은 '모순'적인 행동을 하는 것입니다. 대표적인 예는 상담 약속 시간에 자꾸 늦게 오는 경우입니다. 그리고 이유를 대며 상담약속을 약속 전날 또는 당일에 취소하는 것입니다. 때로는 상담 약속을 까맣게 잊어서 나타나지 않기까지 합니다. 자신을 탐색하기 보다는 상담자에 대해서 호기심을 표현할 수 있습니다. 상담 시간에 졸기까지 합니다. 과제를 주어도 잊어버리거나 하지 않습니다. 변화를 위한 구체적인 노력을 하지 않습니다. 상담료를 까먹고 내지 않기도 합니다. 정

정신분석학에서는 "저항이 일어나는 곳에 상담의 핵심 문제가 있다"고 표현하는데 저항을 잘 다루면 상담은 더 치료적으로 진전될 수 있습니다. 그러나 저항의 역동성을 알아차리지 못하거나 알아도 대처하는 방법을 모르면 상담은 교착 상태에 빠지거나 종결될 위험성이 높습니다. 장기결석의 경우도 마찬가지입니다. 저항으로서의 장기결석을 잘 이해하고 다루면 개인적으로나 교회적으로 변화가 일어나는 계기가 됩니다. 그러나 이해하지 못하거나 대처하지 못하면 개인적으로 퇴보하게 됩니다. 교회 전체적으로는 쇠퇴하게 될 것입니다.

목회자는 상담 과정에서 일어나는 저항의 현상이 특정한 교인이나 몇명의 교인들의 삶에서 나타날 때 미리 알아차리고 다루어야 할 능력을 갖추어야 합니다. 예배 시간에 늦게 오기 시작하거나, 주로 앞자리에 앉던 교인이 뒷자리에 앉기 시작할 때 의미있는 행동 변화를 감지하고 관심 있게 관찰할 필요가 있습니다. 그럴듯한 이유를 대고 예배에 반복적으로 빠지거나 예배 시간에 졸기 시작하면 위험 증상으로 이해할 수 있습니다. 목회자에 대하여 불평하거나 십일조와 같은 중요한 헌금을 내지 않을 때 그것은 '수동공격적'인 증상으로서 이해될 수 있습니다. 목회자에 대해서 또는 교회 공동체에 대해서 무엇인가 불만이나 분노를 표현하는 저항으로 해석될 수 있다는 뜻입니다.

저항이 반드시 부정적인 것이 아니라는 점을 이해하는 것이 중요합니다. 저항은 일종의 힘이며 에너지이기 때문입니다. 무엇인가 중요한 이슈가 있음을 알려주는 상징으로 해석하고 저항을 다루는 유연성 있는 전략이 필요합니다. '이에는 이, 눈에는 눈' 식으로 반응하면 효과적이지 못합니다. 오히려 저항을 의미 있는 행동으로 재해석해주고 목회자가 관심 있게 보고 있다는 것을 따뜻한 태도로 알려주면 저항은 줄어들며 긍정적인 변화가 일어날 수 있습니다.

교인의 장기 결석 현상은 자살 현상과 비슷합니다. 그것은 일종의 영적 자살 과정입니다. 타교회에 이사해서 정착하면 문제가 안 되지만 장기 결석으로만 끝나면 영적인 자살이 됩니다. 그리스도의 몸된 교회 공동체로부터 '소외'되며 '단절'됨으로써 영적인 생동력을 잃어버리기 때문입니다. 살았다는 이름은 있지만 실상은 죽은 자와 같은 '동면'(冬眠) 상태에 빠지기 때문입니다.

그렇다면 자살 위험자들이 자주 표현하는 행동들은 장기 결석자들의 행동을 파악하는데 도움이 될 수 있겠습니다. 자살 신호를 보내는 사람이 보이는 신변 정리 행동에 대해서 주변에게 감수성 있게 인식하고 반응하면 자살 예방에 도움이 됩니다. 마찬가지로 장기 결석자가 교회에서 신변을 정리하는 행동을 할 때 감수성 있게 반응하면 장기 결석을 예방하거나 불필요하게 타교회로 전출하는 것을 방지할 수 있습니다. 신변 정리 행동의 예를 든다면, 교회에서 차지했던 중요한 역할들에 대해서 맡기거나 위임하는 행동, 교회를 떠나겠다는 암시적인 말, 전화번호를 바꾸는 것. 전화해도 받지 않는 것, 카톡 방에서 철수하는 것, 이메일에 답장하지 않는 것과 같은 행동들입니다. 장기 결석은 목회자나 교회가 알아차릴 때까지 보내는 구조 요청 상징일 수 있습니다. 자살자의 자살 암시 행동도 무의식적으로 자신을 구조해달라는 메시지이기 때문입니다.

자살에 취약한 심리적 장애들을 가진 사람들이 있는 것처럼 장기 결석에 취약한 심리적 이슈를 가진 성도들이 있습니다. 목회자가 이와 같은 이슈를 가진 사람들에 대하여 상담학적인 지식을 어느 정도 갖추는 것이 진단과 대처에 유익할 것입니다. 성격장애에서는 경계선 성격장애와 강박성 성격장애가 장기 결석과 관련성이 있는 심리적 이슈일 수 있습니다. 이상화와 평가절하가 특징인 불안정한 정서와 사고, 극심한 공격성, 불안정한 대인관계, 충동성, 그리고 자살시도가 특징인 경계선 성격장애적 심리구조를 가진 성도들은 목회자의 입장에서 참으로 힘든 대상이 아닐 수 없습니다. 호불호가 너무 뚜렷해서 안 좋을 때에는 극단적으로 교회나 목회자를 향해서 극단적인 분노를 표현하기 때문입니다. 이런 사람들은 시간이 흐르면 다시 후회하고 스스로 교회출석을 할 가능성도 있습니다. 물론 이런 패턴을 반복할 것이라는 예측하며 이해하여 대처하는 지혜가 필요합니다. 완벽주의가 특징인 강박성 성격장애적 심리구조를 가진 사람들은 사소한데 목숨을 걸며, 자신의 경직된 사고의 틀을 고집함으로써 불완전한 교회공동체에 대해서 실망하거나 분노함으로써 장기 결석 상태에 빠질 가능성이 있습니다. 불안에 취약한 사람들도 장기 결석자 위험군에 포함될 수 있습니다. 대인기피증, 공황장애, 또는 특정 공포증을 갖고 있는 사람들은 사람들이 많이 모인 자리나 낯선 사람들이 있는 자리를 회피합니다. 아는 사람이 별로 없고 교회에 대한 애착도나 헌신도가 약해서 '불안한 애착'(anxious attachment) 상태에서 신앙생활을 하는 교인들은 작은 부정적인 변화에도 언제든지 장기 결석 상태에 진입할 수 있습니다. 교회에서 부지 중에 상처를 입은 것이 트라우마가 되어 장기 결석이 일종의 외상후 스트레스장애적인 증상이 되는 이들도 있습니다. 우울증과 씨름하는 성도들도 장기 결석에 취약한 위험군에 포함됩니다. '사회적 철수'가 우울증의 중요한 증상이기 때문입니다. 형식적인 신앙생활을 하는 성도들도 위험군에 포함됩니다. 겉으로는 웃고 있지만 속으로는 교회를 떠날 궁리와 기회를 찾고 있는 성도들의 겉모습만 본다면 그들을 회복시킬 수 있는 목양의 기회를 놓치게 될 것입니다.

장기 결석이라는 증상이 고질화되고 만성화되기 전에 목회자가 잘 알아차리고 지혜롭게 연락하며 심방하는 전략이 필요합니다. 한두 번의 접근으로 쉽게 문이 열릴 것이라고 생각하지 않는 것이 지혜롭습니다. 인내하며 문을 두드리는 자세를 견지하는 것이 중요합니다. 증상을 알아차리고 관심을 가지면 그 증상은 제 역할을 하고 자연스럽게 사라집니다. 즉 장기 결석이라는 증상은 사라지고 그 성도는 예전보다 더 강한 애착과 헌신을 하며 신앙생활할 수 있게 될 것입니다.

장기 결석이라는 증상을 치료하는 방안을 강구해야

장기 결석자가 교인들 중에 늘어난다면 그것은 교회 시스템이 역기능적일 가능성을 알려주는 상징일 수 있습니다. 치료의 필요성을 알려주는 증상입니다. 교회가 성도들이 애착해서 신앙생활을 할 수 있는 '안아주는 환경'을 제공하지 못하고 역기능적이 되면 성도들은 그 교회를 빨리 떠나고 싶을 것입니다. 그렇게 되면 장기 결석자들이 늘어나는 것은 예측할 수 있는 증상입니다. 장기 결석 하는 교인들을 희생양으로 삼는 교회가 된다면 목회자와 평신도 지도자들의 책임이 큽니다. 각 성도나 가족이 교회의 유기체의 일부로서 존중받고 인정받지 못한다는 생각이 들면 무가치감, 무존재감, 무소속감을 느끼게 되어 결국 교회를 떠나게 되는 것입니다. 이럴 경우에는 교회와 목회자 모두 정신을 차리고 교회가 순기능적으로 변화할 수 있도록 노력해야 할 것입니다.

회피성 성격장애적 증상을 가진 목회자들이 적지 않습니다. 이들은 장기 결석을 하는 성도가 있을 때 그것을 목회자에 대한 불만과 분노로 해석한 나머지 거절감을 느끼며 같이 분노로 반응하여 연락을 취하거나 방문하지 않고 그냥 방치하는 길을 선택합니다. 이들은 먼저 주도성을 갖고 해결하는 능력이 약합니다. 부득이하게 심방을 할 경우에도 그 성도가 불평과 원망을 쏟아낼 때 '담아내기'(containing) 할 수 있는 심리적인 그릇이 크지 않아서 방어적으로 대하게 되어 효과적인 심방을 하지 못합니다. 한두 명이 장기 결석을 하면 그나마 담아내지만 여러 명이 장기 결석을 할 때에 목회자의 심리적인 그릇의 용량 한계로 인하여 잘 대처하지 못한다면 그들의 장기결석은 목회자의 책임과 몫이 큽니다. 방치해두었다가 그 성도가 스스로 정리해서 다시 출석하기 시작하면 마치 아무 일도 없었다는 듯이 관계하는 목양 방식은 목회자의 성격장애적 이슈와 밀접하게 연결됩니다. 이럴 경우에는 목회자 자신이 상담을 받아야 합니다. 갈등 처리가 미숙하며 불안을 성숙하게 직면하지 못하는 원인들을 탐색하며 그 역동성을 치료적으로 해결해야 할 것입니다. '오면 오고, 가면 가고' 식의 목양 태도는 교인의 개인적인 선택과 결정에 수동적으로 반응하는 자세입니다. 성경적인 목양 태도가 분명히 아닙니다. 하나님께서 에스겔 선지자를 통해서 질타한 병리적인 목자의 모습은 "상한 자를 싸매 주지 아니하며 쫓기는 자를 돌아오게 하지 아니하며 잃어버린 자를 찾지 아니"하는 모습이었음을 기억하면 좋겠습니다(겔 34:4).

25
치명적인 암 환자의 임종을
어떻게 도울 수 있나요?

> 치료가 현실적으로 불가능한 암환자 성도가 있습니다. 환자는 치유에 대한 소망의 끈을 놓지 않고 있습니다. 심방해주기를 바라고 또 치유기도를 원합니다. 목회자로서 이 환자와 가족들에게 '완치'에 대한 기대를 심어주며 치유기도를 해주어야 할지 아니면 천국소망을 이야기하며 남아 있는 가족들이나 주변 사람들과의 관계를 잘 정리할 수 있도록 도와주어야 할지 고민입니다.

현대 의학의 발달로 인하여 암환자들의 생존률이 계속 높아지고 있습니다. 이전에는 암으로 진단받으면 당사자는 마치 사망선고를 받는 것처럼 충격적으로 여겼습니다. 그러나 지금은 대부분의 암들이 조기에 발견되기만 하면 효과적인 치료 과정을 통하여 완전히 치료되어 정상적인 삶의 수명까지 살 수 있는 길이 열려 있습니다. 더 나아가 이전에는 불치 단계라고 여겨졌던 말기 암환자들의 생존률도 높아지고 있습니다. 그럼에도 불구하고 의학적으로 가망성이 완전히 없다는 진단을 받고 호스피스 병동에서 죽음을 맞이하는 환자들이 여전히 많이 있습니다. 의학적으로는 더 이상의 치료가 불가능하다는 진단에도 불구하고 자연치유 방법을 통하여 기적적으로 회복되어 새 삶을 살아가는 이들의 사례들이 책이나 방송을 통해서 소개되기도 합니다.

불치의 병이라고 진단받은 환자가 기적적으로 다시 회복되기를 바라는 마음을 갖는다는 것은 충분히 이해가 되고 자연스럽습니다. 일부의 사람들은 자신의 상태를 현실로 받아들이고 죽음을 준비하기도 하지만 대부분의 사람들은 더 살고 싶은 의욕을 보이며 무슨 방도를 써서라도 희망의 끈을 놓지 않기 때문입니다.

 삶의 애착이 강하고 여전히 살고 싶어서 목회자에게 치유기도를 원하는 성도의 마음에 어떻게 부응해야 진정으로 치유적인 것이 될지 고민하시는 목사님의 갈등하는 마음이 느껴집니다. 저는 온 교회가 치유기도를 하면서 살려달라고 했지만 얼마 가지 않아서 환자 성도가 소천함으로써 때로는 교회공동체 전체가 믿음이 흔들리며, 심지어 환자 가족들 중에서 기독교 신앙을 포기하는 경우를 상담 현장에서 접한 적이 있습니다. 그리고 개인적으로 목사님과 비슷한 상황에 직접 부딪혔던 경험이 있습니다. 1990년 경 미국 일리노이주의 피오리아 시에 있는 감리교의료원에서 임상목회교육(CPE) 레지던트 과정 중이었던 것으로 기억합니다. 어느날 그 병원에 혈액암으로 인해 입원한 한 한인 여집사님을 방문하게 되었습니다. 저는 몰랐지만 그분은 이미 여러 차례 그 병원에 입원한 적이 있었습니다. 하루는 그분의 병실을 방문하려고 하는데 담당 의사가 나오면서 환자의 상태가 이삼일을 넘기기 어려운 치명적인 상태이니까 가족들과도 잘 이야기해서 임종 준비를 할 수 있도록 이야기를 해달라고 저에게 말했습니다. 환자를 방문하는 동안 저는 내적으로 갈등했습니다. 의사의 말대로 죽음을 준비할 수 있도록 직면해서 이야기하고 가족들과도 구체적으로 이야기를 할 수 있는 기회를 만들어야 할지 아니면 모르는 척하고 그냥 환자의 이야기를 들어주는 수준에서 마무리해야 할지 고민했습니다. 결국 직면해서 이야기하지 못한 채 병실 방문을 마무리할 무렵 그 여집사님은 예상대로 저에게 치유기도를 부탁했습니다. 그 때 마음에 갈등이 크게 일어났습니다. 의사의 현실적이며 과학적인 진단을 알고 있는 상황에서 치유적인 기도를 한다는 것 자체가 제 자신을 속이는 것 같았기 때문입니다. 결국 저는 쉬운 길을 택했습니다. 그 환자 집사님이 원하는 기도를 하고 병실을 나왔습니다. 개인 수퍼비전 시간에 이 고민을 저의 수퍼바이저에게 나누었을 때 수퍼바이저가 저에게 던진 질문은 잊혀지지 않습니다. "관직, 너는 힐링이 꼭 몸이 낫는 것만이 힐링이라고 생각하는 것 같아! 치명적인 병으로 오랫동안 시달려온 그 환자가 잘 죽는 것이 힐링이라고 생각할 수는 없을까? 거듭되는 치료 과정에서 겪어야 하는 고통으로부터 자유해지는 것도 힐링이라고 볼 수 없을까?" 그 원목 수퍼바이저의 피드백은 저에게 새로운 시각을 열어주었습니다. 그동안 한국교회 목회자들과 성도들은 죽음을 긍정적이고 적극적으로 받아들이려는 시도를 별로 하지 않았다고 생각합니다.

이중구속 상황을 극복하는 창의적인 대안

첫째로, 목사님의 상황은 자칫 이중구속(double-bind)적인 상황이 될 수 있다는 점을 언급하고 싶습니다. 환자 성도가 치유 기도를 원하는데 안한다는 것은 목회자로서 본문을 다하는 것이 아닌 것 같고, 하자니 회복될 가능성이 거의 없는 상황에서 치유기도를 했음에도 불구하고 결과적으로 소천할 가능성이 매우 높기 때문입니다. 가족들과 성도들이 목사님이 기도했는데도 낫지 않았다고 하는 점에서 기도의 능력에 대하여 의심과 회의를 겪게 할 수 있기 때문입니다. 자칫 이러지도 저러지도 못하는 상황에 처하는 것입니다. 그러나 앞의 저의 경험에서 제가 배웠던 바를 적용해서 제안해보겠습니다. 불치의 병으로 죽어가는 성도를 위하여 병 낫기를 위하여 진심으로 최선을 다해 기도하되, 그럼에도 불구하고 생명의 주관자가 되신 하나님께서 죽음의 과정으로 이끄신다면 환자를 병의 고통으로부터 놓아주시며 자유케 하시는 하나님의 은총으로 받아들일 수 있는 믿음과 용기와 담대함을 환자가 가질 수 있도록 기도하는 방안이 어떨까요? 즉 이것 아니면 저것을 선택하기 보다는 양자를 모두 균형 있게 선택함으로써 창의적이며 성경적인 대안을 시행하는 것이겠지요.

저는 다윗이 우리아의 아내에게서 낳은 아이가 여호와의 치심으로 심히 앓아 죽게 되었을 때 취한 행동에서 배울 수 있는 성경적인 원리가 있다고 생각합니다. 다윗은 "그 아이를 위하여 하나님께 간구하되 다윗이 금식하고 안에 들어가서 밤새도록 땅에 엎드렸"습니다(삼하 12:16). 7일 만에 그 아기가 죽었을 때에 신하들은 "아이가 살았을 때에 우리가 그에게 말하여도 왕이 그 말을 듣지 아니하셨나니 어떻게 그 아이가 죽은 것을 그에게 아뢸 수 있으랴 왕이 상심하시리로다"(삼하 12:18)라고 수군거렸습니다. 다윗은 그 아이가 죽었다는 소식을 듣고 "땅에서 일어나 몸을 씻고 기름을 바르고 의복을 갈아입고 여호와의 전에 들어가서 경배하고 왕궁으로 돌아와 명령하여 음식을 그 앞에 차리게 하고" 먹었습니다(삼하 12:20). 예상치 못한 다윗의 행동에 당황해하는 신하들에게 다윗은 "아이가 살았을 때에 내가 금식하고 운 것은 혹시 여호와께서 나를 불쌍히 여기사 아이를 살려주실는지 누가 알까 생각함이거니와 지금은 죽었으니 내가 어찌 금식하랴 내가 다시 돌아오게 할 수 있느냐 나는 그에게로 가려니와 그는 내게로 돌아오지 아니하리라"고 대답하면서 하나님의 절대적인 주권과 섭리에 순종하는 놀라운 신앙인의 모습을 보였습니다(삼하 12:23). 이 사건을 통해 다윗에게서 배울 수 있는 신앙 자세는 인간 편에서는 자유의지를 사용하여 하나님의 선하심을 믿고 최선을 다해 기도하되 그 결과에 대해서 하나님의 응답으로 믿고 순종하고 수용하는 태도입니다. 기도한 후에 원하는 결과가 오지 않았다고 좌절하거나 분노하는 것은 '자기애적인'(narcissistic) 미성숙이라고 볼 수 있습니다. "하나님의 No는 하나님의 Yes"라고 말한 신학자 칼 바르트의 표현은 이 사례에서도 적절하다고 생각합니다.

둘째, 치유기도를 할 때 먼저 환자의 심리 상태를 잘 이해하고 기도하는 지혜가 필요합니다. 불치의 병을 앓고 있는 환자는 밀려드는 두려움과 불안, 외로움, 또는 분노로 힘들어할 것입니다. 퀴블러-로스(Kübler-

Ross) 박사는 불치의 병으로 죽어가는 환자들이 겪는 애도 과정을 다섯 단계로 규명한 바 있습니다. 첫째, 충격 및 무감각 단계, 둘째, 분노 단계, 셋째, 흥정하기 단계, 넷째, 우울 단계, 그리고 마지막으로 수용 단계입니다. 남아 있는 가족들도 이와 비슷한 과정을 겪습니다. 따라서 치명적인 병과 싸우는 환자 성도를 위해서 기도할 때에 이 애도 단계의 틀을 염두에 두고 기도하면 성도의 입장에서는 목사님이 성도의 마음을 공감하면서 기도하는 것이 느껴질 것입니다. 예를 들어, 분노 단계에 있는 성도라면 성도가 느끼는 그 분노의 감정을 인정하며, 수용하며, 대변해주며, 호소하는 기도를 하면서 치유 기도를 하는 것입니다.

셋째, 죽음을 예견하며 생존 기간을 예측하면서 사는 환자들에게 주어진 역설적인 은총은 삶을 마무리할 수 있는 기간이 주어진다는데 있다는 점을 언급하고 싶습니다. 전혀 준비 없이 예측하지 못한 상황에서 사고로 죽는 사람들은 유가족들과 헤어지면서 마무리 작업을 하지 못한 채 떠남으로써 유가족들에게 고통을 줍니다. 그러나 불치병을 앓는 환자들은 자신의 영적 상태를 점검하며 하나님 앞에서 참회하며 용서하지 못했던 이웃들과 화해하며 용서를 구하지 못했던 이웃들에게 용서를 구할 수 있는 기회를 가질 수 있다는 점에서 은총을 받은 자들입니다. 특히 가장 가까운 이웃인 배우자나 자녀, 부모, 형제자매들과 관계를 정리하면서 마침표를 찍을 수 있는 기회를 가짐으로써 유가족들의 마음에 안타까움과 죄책감을 남기지 않을 수 있는 기회가 주어졌다는 것이 불치병이 가져다주는 역설적인 선물입니다.

넷째, 환자와 가족에게 최선을 다해서 병 낫기를 위해서 기도하도록 권면하되, 최종적인 결과는 선하신 하나님의 손에 의탁하는 믿음을 갖도록 격려하는 기도가 필요합니다. "병이 낫기를 위하여 서로 기도하라 의인의 간구는 역사하는 힘이 큼이니라"(약 5:16)는 야고보의 권면을 믿고 기도하되 그 결과에 대해서는 하나님의 크신 섭리와 뜻에 맡기는 자세가 성경적임을 가르칠 필요가 있습니다. "내 아버지여 만일 할 만하시거든 이 잔을 내게서 지나가게 하옵소서 그러나 나의 원대로 마시옵고 아버지의 원대로 하옵소서"(마 26:39)라고 기도하신 예수님의 기도는 치명적인 병으로 죽어가는 성도를 위한 기도의 좋은 모범이 된다고 생각합니다.

이때 진단적인 차원에서 고려할 점은 환자가 심리적으로나 영적으로 너무 취약하고 어린 상태에 있어서 방어기제들을 사용하는 경우입니다. 예를 들면, 환자가 너무 적극적으로 회복에 대한 자신감을 표현하거나, 죽음의 가능성에 대해서는 전혀 언급하려고 하지 않거나 회피하는 경우입니다. 이것은 내면의 진정한 갈등과 불안을 접촉하기를 두려워하는 미성숙함 때문입니다. 이럴 때에는 애도 과정에서 마치 첫째 단계인 충격감 및 무감각의 상태가 가져다주는 방어기제적인 기능처럼 이해해서 존중해줄 필요가 있습니다. 바울의 표현처럼 아직 단단한 음식을 소화하기에는 어려운 상태일 때에는 젖 먹는 수준에서 대화하며 돌봄을 제공하는 민감성이 필요할 것입니다(고전 3:1-2 참조).

다섯째, 구체적으로 치유기도를 할 때, 기도 내용 속에 로마서 8:38-39절의 말씀을 인용하여 죽음의 두려움을 물리칠 수 있도록 돕는 것이 필요합니다: "내가 확신하노니 사망이나 생명이나 천사들이나 권세자들이나 …다른 어떤 피조물이라도 우리를 우리 주 그리스도 예수 안에 있는 하나님의 사랑에서 끊을 수 없으리라." 비록 인간은 부족하고 연약하지만 삼위 하나님의 사랑은 흔들림이 없으며, 하나님은 언약적인 사랑과 은총을 베푸시는 분이심을 기도를 통해 확인할 때 병과 씨름하는 성도는 마음에 큰 위로와 용기를 얻게 될 것입니다. 아울러 기도할 때 성도의 몸과 마음과 정신과 영혼이 강건해지도록 기도할 수 있습니다. 특히 고후 4:16-5:1절의 말씀은 겉사람은 낡아지고 죽지만 속사람은 오히려 날로 새로워진다는 사실과 그리스도 안에서 죽는 성도들에게는 하늘에 있는 영원한 집이 있다는 사실을 믿음의 눈으로 바라보도록 하는데 도움을 줄 수 있습니다: "그러므로 우리가 낙심하지 아니하노니 우리의 겉사람은 낡아지나 우리의 속사람은 날로 새롭도다…만일 땅에 있는 우리의 장막 집이 무너지면 하나님께서 지으신 집 곧 손으로 지은 것이 아니요 하늘에 있는 영원한 집이 우리에게 있는 줄 아느니라."

여섯째, 치유기도를 할 때 고려할 부분은 상담자 역할을 하는 목회자 자신의 내면에서 일어나는 역동성입니다. 불치의 병으로 씨름하는 환자 성도와 대화하며 기도할 때에 크게 세 가지 영역을 염두에 두어야 할 것입니다. 첫째는 환자와 목사 사이에서 실제로 오가는 대화의 역동성입니다. 둘째는 환자 성도 내면의 역동성입니다. 예를 들면, 목사님에게 치유 기도를 부탁하지만 속으로는 "목사님, 기도를 해도 저는 결국 죽을 것입니다!"라고 생각할 수 있습니다. 셋째는 돕는 입장에 있는 목사님 내면의 역동성입니다. 예를 들면, 환자가 요청해서 치유기도를 하지만 속으로는 "과연 이 환자가 살 수 있을까? 거의 살 가능성이 없는데! 어떻게 하면 죽음을 준비하도록 말을 할 수 있을까"라는 생각이 오갈 수 있다는 점입니다. 특히 '역전이'의 내적 역동성을 잘 인식할 필요가 있습니다. 목사 자신이 자신의 죽음에 대한 공포증을 해결하지 못했다든지, 애도 과정을 잘 처리하지 못한 채 지내왔을 경우입니다. 그럴 경우에 환자가 죽음의 가능성에 대하여 적극적으로 이야기하거나 치유기도를 더 이상 원치 않을 때 목사는 회복 가능성에 대해서 더 강조할 수 있습니다. 그리고 환자의 이야기를 경청하기 보다는 기분을 긍정적인 쪽으로 선회하려고 애써 노력하는 행동을 할 수 있습니다. 이렇게 되면 환자 성도는 목사와 진정한 접촉과 공감을 경험하기가 어렵고 효과적인 목회적 돌봄이 일어나기가 어렵습니다.

힐링의 의미를 재정의해야

일곱째, 힐링은 단지 신체적인 건강을 회복하는 것만을 의미하지 않는다는 점을 인식하는 것입니다. 힐링은 전인격적으로 이해되어야 합니다. 비록 신체적으로는 기능을 잃으며 심지어 죽는다고 할지라도 핵심적인 것과 영원한 것을 얻는다면 그것은 진정한 힐링이 될 것입니다. 예수님께서는 눈이 범죄하거나 손이나 발이 범죄하는 일에 사용될 때 한쪽 눈을 빼어 버리거나 한쪽 손발을 찍어 내버리고 천국에 들어가는 것이 온전한 눈과 몸을 가진 채 지옥에 들어가는 것보다 낫다고 친히 말씀하셨습니다(마 5:29-30 참조). 이 말씀의 정신을 연결해본다면 성도가 치명적인 병으로 죽어간다고 할지라도 그 과정을 통해 그가 예수 그리스도의 복음 안에서 하나님 아버지와 화해하며 성화 경험을 한다면 그 투병 과정과 죽음 경험은 힐링이 될 것입니다.

성경에서 불치의 병으로 죽음을 앞두었으나 기도할 때 15년의 생명을 연장받았던 히스기야는 치유 기도의 대표적인 성경적 사례입니다. 하나님께서는 그의 기도를 들으셨고 긍휼히 여기셨습니다. 이사야를 통해 "네 집을 정리하라"는 준비시키는 작업을 하도록 하셨으나 곧 생명 연장을 약속하는 말씀을 전하도록 하셨습니다(열하 20:1-11 참조). 안타깝게도 히스기야가 15년 생명을 연장 받았던 것은 역설적으로 좋은 결과를 가져오지 못했습니다. 개인적으로는 생명이 연장됨으로써 기쁘고 보람이 있었겠지요. 그러나 그는 해이해진 마음과 교만한 마음으로 문병을 온 바벨론 사신들에게 유다 왕국의 보물고와 군기고를 자랑삼아 보여주고 말았습니다. 그 행동이 나중에 바벨론 왕국이 침공하여 유다 왕국을 멸망시키는 단초를 제공하는 결과를 가져왔습니다. 죽음에 준하는 투병 과정을 통과하면서 영적으로 갱신되지 않는다면 회복되는 것이 더 치명적일 수 있음을 그의 사례는 성도들에게 교훈하고 있습니다.

여덟째, 환자의 마음을 공감하는 입장에서 말씀드려보려고 합니다. 신앙인을 포함해서 대부분의 사람들은 죽음에 대해서 두려움을 느낍니다. 불안이 심한 분은 자다가도 자신이 살아 있는지를 확인해달라고 가족을 깨우는 경우까지 있을 정도입니다. 몸이 아프고 약해지고 심리적으로도 약해지고 영적으로도 약해질 수 있습니다. 따라서 죽음을 연상하게 하는 성경본문이나 찬송을 회피하는 반응을 보일 수 있습니다. 그런 행동을 이해하고 존중할 필요가 있습니다. 두려움이라는 반응은 이성으로도 통제가 되지 않을 때가 있기 때문입니다.

아홉째, 치명적인 병으로 죽어가는 성도와 동행하면서 그 과정을 지켜보는 목회자 자신도 슬픔을 느낀다는 사실을 자각할 필요가 있습니다. 목회자 자신의 예견하는 애도과정을 잘 처리하는 것이 중요합니다. 그렇지 못할 때 다른 성도의 죽음에 직면해서 역전이 역동성으로 인하여 적절한 목회적 돌봄을 제공하지 못할 가능성이 있습니다.

열째, 많은 말을 하는 기도보다는 기도 속에 성령 하나님의 임재를 경험할 수 있는 침묵을 통한 치유기도를 추천하고 싶습니다. 사망의 음침한 골짜기를 통과할 때 주의 지팡이와 막대기가 안위하시는 것처럼, 목사가 병자 성도의 손을 잡아주고 이야기를 들어주고, 함께 웃고, 함께 울 수 있는 시간과 환경을 제공할 수 있다면 이것이 힐링의 환경이 아닐까요?

열한번째, 환자 뿐 아니라 환자의 가족들도 환자와의 관계를 마무리할 수 있는 시간이 주어져야 한다는 점에서 그들을 돕는 목회적 접근이 필요합니다. 혹시라도 환자가 치명적인 병으로 죽어가고 있다는 것을 가족들이 숨기고 있을 때 이것은 장기적으로 도움이 되지 못합니다. 직면하기보다는 회피함으로써 단기적으로 고통을 경감시키며 늦출 수 있으나 장기적으로 유족들이 애도 과정을 겪을 때 정상적으로 슬퍼하지 못함으로써 애도가 늦추어질 가능성이 높습니다. 환자는 자신의 상태를 알 권리가 있으며 가족들과 진실에 직면해서 관계를 정리할 수 있는 시간과 공간이 필요합니다. 야곱이 죽기 전에 열두 아들들에게 축복하며 자신의 삶을 마무리할 수 있었던 것은 야곱 자신에게, 그리고 열두 아들들 모두에게 의미 있는 경험이었을 것입니다(창 49장 참조).

결론적으로, 목사님은 표면적인 대화에서 만족하고 환자가 원하는 소위 치유기도를 해주는 것으로 만족할 것인지 아니면 좀더 심층적인 대화를 유도하며 죽음의 가능성에 대해서도 직면하는 접근과 기도를 할 것인지를 스스로 결정해야 할 것입니다. 직면하는 경우에는 환자의 상태와 심리적 영적 성숙도 등을 잘 고려하여 적절한 수준에서 민감성 있게 접근하는 지혜가 있어야 할 것입니다.

끝으로, 치유 기도를 통해 기적이 일어나는 경우와 일어나지 않는 경우 모두 하나님의 신비의 영역에 속한다는 사실을 겸손히 인정하는 자세가 필요합니다. 초대 예루살렘교회에 핍박이 있었을 때 요한의 형제 야고보 사도는 투옥되어 죽임을 당했습니다. 그러나 베드로는 투옥되어 죽임을 당하기 전날 밤에 천사의 도움으로 옥에서 기적적으로 탈출하여 살았습니다. 이 때 교회는 베드로를 위하여 간절히 하나님께 기도하고 있었습니다(행 12:5 참조). 베드로가 기도하는 자들에게 찾아갔을 때 영접하러 나온 아이가 베드로인 줄 알고 들어가 베드로가 대문 밖에 서있다고 이야기했지만 때 기도하던 사람들은 아이에게 "네가 미쳤다"고 반응했습니다. 즉 그들을 베드로를 위해서 간절히 기도했지만 실제로 베드로가 놓임을 받게 될 것이라고는 상상하지 못했던 것입니다. 치유기도를 할 때 인간의 생각과 상식을 뛰어넘는 기적이 일어난다는 점에 대해서 여지를 남겨두는 겸손함도 필요합니다. 하나님이 왜 베드로는 살려주시고 왜 야고보는 죽게 허용하셨는지 우리는 알 수 없습니다. 이것은 하나님의 신비입니다. 이 신비가 하나님의 주권적인 영역임을 겸손하게 인정하는 것은 우리의 몫입니다. 바울의 경우에 그는 육체의 가시를 뽑아주길 세 번이나 간절히 기도했지만 하나님은 그 기도에 응답하지 않으시고 약할 때에 더 강하다고 말씀하셨습니다(고후 12:7-10 참조). 이와 같이 성도의 삶에서 치명적인 병으로 죽는 것이 더 유익하다고 여기실 때에는 그렇게 하시는 하나님의 선하심을 의지하는 믿음을 발휘하는 것은 우리의 몫입니다.